HENRI HEINE

ET SON TEMPS.

Typographie Firmin-Didot. — Mesnil (Eure).

LOUIS DUCROS,

PROFESSEUR A LA FACULTÉ DES LETTRES DE POITIERS.

HENRI HEINE

ET SON TEMPS.

(1799 — 1827.)

PARIS,

LIBRAIRIE DE FIRMIN-DIDOT ET Cᴵᴱ,

IMPRIMEURS DE L'INSTITUT, RUE JACOB, 56.

1886.

A M. RODOLPHE REUSS,

CONSERVATEUR DE LA BIBLIOTHÈQUE MUNICIPALE DE STRASBOURG.

Mon cher ami,

Quel autre nom que le tien pourrais-je inscrire en tête de ce volume? N'est-ce pas toi qui m'as appris à connaître et à goûter la poésie allemande d'autrefois? et ce Livre même des Chants (*das Buch der Lieder*), que j'ai dû si souvent feuilleter, pour écrire les pages qui suivent, n'est-ce pas toi qui me l'as donné un jour, comme pour m'encourager dans cette étude de l'allemand que ton amitié et nos longues causeries du soir me rendaient plus facile et plus douce? Et puis, il me semble qu'en te dédiant ce volume, je le dédie du même coup à Strasbourg, au vieux Strasbourg, que personne ne connaît et n'aime mieux que toi. Permets donc que j'associe à ton nom le souvenir de tant d'amis Strasbourgeois qui, par leur hospitalité si cordiale durant mon long séjour parmi eux, ont fait de l'Alsace ma seconde patrie. C'est en songeant à eux comme à toi que je me plais à traduire ici ces mots de Heine à un ami : « Ce que j'ai aimé, je l'aimerai toujours. »

Louis DUCROS.

INTRODUCTION.

Si un écrivain allemand méritait, semble-t-il, d'être
étudié par les Français, c'est, à coup sûr, celui que
nous avons appelé nous-mêmes « le plus Français
des Allemands » : et cependant la vie de Heine n'a
été écrite jusqu'ici que par des Allemands et des Anglais. N'y a-t-il pas là une lacune à combler et comme
une dette de reconnaissance à payer au grand poète
qui avait fait de la France sa patrie d'adoption? Le
17 février 1886 il y a eu trente ans que s'est éteint à
Paris l'auteur du « Livre des Chants »; beaucoup de
ceux qui l'ont connu ont eu le temps de publier leurs
souvenirs sur telle ou telle partie de la vie du poète ;
enfin ses « Mémoires », si longtemps attendus, ont
paru récemment : le moment nous a paru opportun
pour écrire une étude sur Heine. Qu'on nous permette
de dire en quelques mots comment nous avons conçu
cette étude.

Il est impossible de bien comprendre l'originalité
de Henri Heine, si on ne commence pas par se fami-
liariser avec l'histoire de son temps et de son pays.
Par exemple, l'auteur « de l'Allemagne » n'est pas
un de ces écrivains, assez nombreux dans l'histoire

des lettres, qui, ayant un beau jour quitté leur pays pour aller vivre à l'étranger, s'essaient et réussissent peu à peu à apprendre la langue et les mœurs de leur nouvelle patrie. Heine n'est pas un Allemand qui s'est lentement et péniblement acclimaté en France : quand il vint chez nous, il était déjà à moitié des nôtres par son éducation première. Cette éducation, à demi française, l'état de l'Allemagne au début de ce siècle peut seul nous l'expliquer et c'est pourquoi nous avons dû raconter, avec quelques détails, l'occupation française sur les bords du Rhin et particulièrement à Dusseldorf, la ville natale du poète. Une telle page d'histoire, que nous avons écrite d'ailleurs, est-il besoin de le dire? à l'aide de documents impartiaux et presque tous allemands, est le commentaire indispensable des *Reisebilder* et, en général, de toutes les œuvres où éclatent les sympathies de Heine pour la France.

Mais, d'autre part, si Heine a aimé Paris et la France, il est, avant tout, un poète allemand et ses poésies sont incontestablement son plus beau titre de gloire. Or, il est toute une école de poètes qu'on ne peut se dispenser d'étudier, à propos de Henri Heine, parce que ces poètes furent ses premiers maîtres : nous voulons parler des romantiques. Nous avons donc abordé ce problème, si difficile à résoudre : qu'est-ce le romantisme allemand? Avons-nous fait à cette question une réponse satisfaisante, avons-nous été assez heureux pour cueillir « la fleur bleue » ? Nous comptons, en tous cas, sur l'indulgence de ceux qui ont cherché, avant nous, cette fleur symbolique du romantisme : ils savent combien elle prend plaisir à se dérober, surtout à des yeux français.

Notre étude, à la fois biographique et littéraire, embrasse toute la jeunesse de Heine et va jusqu'à la publication du livre qui a rendu notre poète immortel : *le Livre des Chants*. A partir du moment où Heine vient à Paris (3 mai 1831) sa vie et ses œuvres sont mieux connues du public français ; c'est donc la période qui a précédé son arrivée en France que nous étudierons dans ce livre. Cette période est à la fois la plus intéressante et la plus glorieuse de la vie de Henri Heine : en le suivant, en effet, de Bonn à Gœttingue et de Gœttingue à Berlin, nous apprenons à connaître la jeunesse allemande du commencement de ce siècle, les professeurs illustres que Heine eut pour maîtres et pour amis, les sociétés d'hommes de lettres et de femmes célèbres qu'il fréquenta le plus assidûment et dont il nous aidera lui-même à faire le portrait. Nous assisterons en même temps à la formation et à l'épanouissement de son génie poétique, puisque, dans les derniers chapitres, nous aurons à analyser successivement les divers poèmes de ce « Livre des Chants » qui est, sans contredit, l'œuvre la plus originale et la plus belle de Henri Heine.

Nous avons été précédé, dans notre travail, par un

Allemand, M. Strodtmann, auquel nous devons de très utiles renseignements biographiques (1) ; mais, nous tenons à le dire, nous ne lui devons que cela. Même en ce qui concerne la vie de Heine, nous avons pu assez souvent rectifier ou compléter le biographe allemand. Pour tout ce qui regarde, soit l'histoire littéraire et politique de l'Allemagne à l'époque de Heine, soit l'appréciation des œuvres et du génie de notre poète, nous en revendiquons toute la responsabilité. Un auteur allemand (2) a dit que, même après le livre de M. Strodtmann, la biographie parfaite de Heine était à écrire. Nous ne nous flattons pas d'avoir été l'heureux auteur de cette biographie-là : nous avons prétendu seulement être un biographe bien informé et personnel.

Un dernier mot sur nos citations. C'est un vrai plaisir, sans doute, de raconter la vie d'un poète : on a le droit, que dis-je ? le devoir charmant d'appeler

---

(1) M. Strodtmann est, comme on sait, l'auteur d'une biographie complète de Heine (*H. Heine's Leben und Werke*, von Adolf Strodtmann. 2 Bände, Berlin. Franz Duncker, la 1re édition est de 1867-1869, la 2e est de 1874).

M. Stigand a publié en anglais une biographie de Heine : *The Life, Work and Opinions of Heinrich Heine*. London, Longmanns, Green and Co, 1875. Notre ouvrage ne doit absolument rien au livre de M. Stigand. Mentionnons aussi une très courte biographie, plutôt une brochure qu'un livre, que M. Carpeles vient de joindre à l'édition populaire des œuvres de Heine (*H. Heine's Biographie*, von G. Carpeles. Hamburg, Hoffmann und Campe, 1885). Enfin M. Émile Montégut a publié assez récemment, dans la *Revue des Deux-Mondes* (15 mai 1884), une brillante *Esquisse littéraire sur Henri Heine*.

(2) M. Carpeles, *H. Heine Biographische Skizzen*, Berlin (sans date), p. 116.

la poésie au secours de la biographie et de la critique et d'interrompre de temps en temps son prosaïque récit pour écouter parler le dieu lui-même. Mais, hélas! ce dieu va nous parler à travers des traductions, dans une langue qui n'était pas la sienne, grand et sérieux chagrin pour un critique qui aime son poète et voudrait le faire aimer! Nous aurons pourtant le courage de citer Heine très souvent et cela pour deux raisons : d'abord Heine a revu lui-même la plupart des traductions françaises que nous donnons ici (1) ; ensuite et surtout nous espérons que le lecteur qui sait l'allemand voudra bien lire l'original que nous donnons toujours en note.

Plutarque, qui est devenu, comme on sait, « le bon Plutarque », depuis qu'il a été lui-même si élégamment trahi par Amyot, raconte qu'un jour on invitait le roi de Sparte, Agésilas, à aller entendre un homme qui imitait la voix du rossignol. Agésilas s'excusa, disant qu'il avait encore dans l'oreille le chant du rossignol lui-même. Nous supplions nos lecteurs de suivre l'exemple d'Agésilas et de préférer à nos maladroites imitations françaises les chansons originales du rossignol allemand.

(1) Nous renvoyons généralement, pour les citations, à la fois à l'original (*Œuvres complètes de Heine*, publiées en allemand par Hoffmann et Campe), et à la traduction française qu'a publiée la librairie Calmann-Lévy.

HEINE ET SON TEMPS

(1799-1827.)

CHAPITRE PREMIER.

L'enfance de Heine.

En quelle année naquit Heine ? rien de plus difficile à résoudre que cette question si simple, si nous en demandons la solution au poète lui-même : Je suis né dans le mois de décembre 1799, écrira Heine à son professeur, Hugo, dans une lettre en latin qu'on peut lire encore sur les registres de l'Université de Gœttingue (1). Gardons-nous de prendre au mot l'auteur de cette lettre, car nous aurions alors devant nous un étudiant de quarante-six ans, ce qui nous entraînerait aux conclusions les plus fâcheuses sur la date des amours et des vers de notre poète. En réalité Heine, dans cette lettre, s'est vieilli de vingt ans.

En quelle année naquit-il donc réellement ? Au commencement de l'année 1800, nous répond encore Heine lui-même, à la fois dans les *Reisebilder* et dans la courte biographie qu'il envoya, en 1835, à Philarète Chasles. Cette fois il se rajeunit, ce qui est moins surprenant de la part d'un poète. « Le poète est tout à fait comme la femme : il

(1) Natus sum mense decembri anno 1799.

1

tomberait à genoux, s'il osait, devant cette faux qui tranche la jeunesse : « Monsieur le bourreau, encore un moment ! » C'est de Chateaubriand que Sainte-Beuve parle ainsi et il lui reproche de s'être rajeuni d'un an en voulant faire croire qu'il était né en 1769. C'est aussi d'un an qu'a menti Heine et, si l'on veut enfin avoir la vraie date de sa naissance, ce n'est pas au premier jour de l'année 1800, mais le 13 décembre 1799 qu'il faut la placer. Ne le croyez donc pas quand il vous dit, dans les *Reisebilder,* qu'il est « un des premiers hommes du dix-neuvième siècle » ; il est, au contraire, parmi les derniers nés du siècle passé (1).

Ce qui reste vrai, et nous élève en même temps au-dessus de ces minutieuses discussions de date, qui ont leur importance cependant si l'on tient à l'exactitude en littérature, c'est la remarque plus générale que fait Heine sur ses premières années : « les derniers rayons du dix-huitième siècle et la première aurore du dix-neuvième éclairèrent mon berceau. » Heine devait être à la fois un enfant du siècle philosophique et un disciple du romantisme naissant.

Au milieu du dix-huitième siècle vivait à Altona un marchand juif nommé Meier Schamschen Popert, lequel avait deux filles, Jette et Mathe. Celle-ci épousa un certain Heymann Heine, originaire de Bückebourg, petite ville située

---

(1) C'est dans une lettre à M. Saint-René Taillandier (8 novembre 1851) que Heine donne, avec la date vraie de sa naissance, la raison qui poussa ses parents à le faire inscrire seulement en 1800 : on voulait le soustraire au service du roi de Prusse. Les archives de sa famille furent brûlées depuis à Hambourg, mais Heine put se procurer son extrait de naissance : il portait la date que nous avons indiquée. C'est cette même date que donne Maximilien Heine dans son livre de « Souvenirs » et que M. Strodtmann a définitivement adoptée. On remarquera, du reste, que Heine n'aurait pu « être un des premiers hommes du dix-neuvième siècle, » même s'il était né en 1800, puisque le dix-neuvième siècle ne commence réellement que le 1er janvier 1801. Son fameux jeu de mots est donc faux de tous points.

entre Minden et Hanovre et capitale de la principauté de Lippe-Schaumbourg. Heymann Heine et Mathe Popert, voilà les aïeux de Henri Heine. Mathe, ayant perdu successivement son mari et sa sœur Jette, épousa le mari de celle-ci, un certain Bendix Utzig Schiff, encore un de ces noms rébarbatifs que le poète aurait eu de la peine à faire entrer dans ses strophes harmonieuses. Ce veuf et cette veuve apportaient chacun en mariage six enfants; mais ce sont les enfants de Mathe qui nous intéressent seuls, car l'un d'eux fut le père de notre poète.

L'aîné de ces six enfants fut Salomon Heine, le millionnaire de la famille, le riche banquier de Hambourg, « l'oncle Salomon » enfin, que nous rencontrerons sur notre chemin toutes les fois que le poète criera famine. Il sera temps d'esquisser la physionomie originale de l'oncle Salomon lorsque celui-ci interviendra dans la vie du poète besoigneux, comme une providence, qui aimait sans doute à se faire prier, mais qui en somme fit au neveu des loisirs sans lesquels celui-ci ne serait pas devenu l'immortel auteur des Lieder (1).

Le second fils, Samson, fut le père de notre poète : imaginez, sur un éventail à la Pompadour, le portrait, dessiné par Watteau, d'un homme encore jeune d'années, mais jeune surtout par la gaieté qui brille dans ses yeux et par le bon et fin sourire qui erre sur ses lèvres; voyez-le en uniforme rouge de pourvoyeur de l'armée, les cheveux poudrés à blanc et retenus coquettement par une queue ; et dites-vous que, lorsque la parole sortira de ces lèvres, vous entendrez une voix plus que jeune, une voix enfantine, claire et sonore comme la voix « d'un rouge-gorge au milieu des bois, » une voix si joyeuse et si chaude, qu'en écoutant les jolies « fanfares de cette belle humeur », vous devinez

(1) Un des fils de Salomon Heine, Charles, épousa une Française, Mlle Cécile Furtado ; tout le monde connaît à Paris (et surtout les malheureux) Mme veuve Furtado Heine.

tout de suite que c'est « tous les jours fête » et qu'il y a
toujours un coin de « ciel bleu » dans cette âme insouciante
et candide : tel était le père de Heine, tel, du moins, il nous
apparaît dans « les Mémoires », récemment publiés, de notre
poète.

Samson Heine, après avoir passé les premières années de
sa jeunesse à Hanovre et à Hambourg, vint se fixer à Düsseldorf, où il se mit à vendre du velours. Le marchand de
velours, bien qu'il ne « sût guère compter et qu'il jouât au
négociant comme les enfants jouent au soldat », paraît
avoir joui cependant d'une modeste aisance.

C'est à Dusseldorf qu'il épousa la jeune Betty, devons-
nous dire Betty *von* Geldern ou Betty *van* Geldern ? Dans
l'admirable sonnet des Lieder que Heine a dédié à sa mère,
il écrit en tête « A ma mère, née v. Geldern » (1) et ce *v.*
peu compromettant peut aussi bien signifier *von* que *van*
Geldern. Dans ses Mémoires, le faux-fuyant dont il se sert
pour nommer son grand-père maternel n'est pas moins singulier : il lui décerne, non la particule allemande généralement usitée, « *von*, » mais la particule française « *de* »
qu'on s'étonne de rencontrer dans un nom allemand (2).
C'était une tradition de famille que le père de Betty avait
obtenu, en récompense d'un service rendu, une lettre de noblesse. Par malheur celle-ci a échappé à toutes les recherches,
et il pourrait bien se faire que le grand-père de Betty, le
riche Isaak, eût été simplement appelé van Geldern en souvenir d'un séjour qu'il avait fait en Hollande avant de s'é-
tablir à Dusseldorf.

Quand on étudie un grand poète, une des premières
questions à se poser, c'est de se demander ce que fut sa mère.
Ici la meilleure source d'informations nous fait défaut : nous

(1) Geborene *v.* Geldern.
(2) Der alte Lazarus *de* Geldern.

voulons parler de la correspondance entre Heine et sa mère ; nous n'avons que deux ou trois lettres insignifiantes de Heine à celle-ci. Essayons pourtant, en interrogeant les œuvres du poète, et surtout ses récents Mémoires, de faire connaissance avec Betty (Élisabeth). Il ne faudrait pas la juger d'après la poésie insérée dans l' « Allemagne, *un Rêve d'hiver,* » où elle nous apparaît comme une bonne mère, mais encore plus comme une bonne femme de ménage :

« De Harbourg je fus dans une heure à Hambourg. C'était le soir ; les étoiles me saluaient ; l'air était doux et frais.

Et lorsque j'arrivai près de madame ma mère, sa joie fut presque de l'effroi : « Mon cher enfant ! » s'écria-t-elle, en frappant ses deux mains.

Mon cher enfant, voilà bien treize ans que je ne t'ai vu. Tu dois avoir faim ; dis-moi, que vas-tu manger ?

J'ai du poisson, de l'oie et des oranges de Portugal ». — « Alors donne-moi du poisson, de l'oie et des oranges de Portugal. »

Et pendant que je mangeais avec grand appétit, ma mère, toute gaie et heureuse, me demandait ceci, me demandait cela et parfois me faisait des questions captieuses.

« Mon cher enfant, et te soigne-t-on bien, là-bas, en pays étranger ? Ta femme est-elle bonne ménagère et te raccommode-t-elle tes bas et tes chemises ?

— Le poisson est excellent, ma petite mère ; mais il faut le manger en silence ; on attrape si vite une arête dans le gosier. Ne me trouble pas maintenant. »

Et quand j'eus dévoré ce brave poisson, on me servit l'oie. Ma mère me demandait ceci, me demandait cela et parfois me faisait des questions captieuses.

« Mon cher enfant, dans quel pays vit-on le mieux ? estce ici ou en France ? à quel pays donnes-tu la préférence ?

— L'oie allemande, chère petite mère, est bonne, cependant les Français garnissent mieux les oies que nous. Ils ont aussi de meilleures sauces... (1) »

Nous serons plus près de rendre justice à Betty si nous rappelons qu'elle avait reçu « une éducation savante », ayant été la compagne d'études d'un frère qui devint plus tard un médecin distingué ; et, ce qui prouverait, non seulement la culture, mais la santé de son esprit, c'est que son auteur favori était Gœthe. Un autre livre l'intéressait, du reste, à l'égal des *Élégies romaines*, c'est *l'Émile*, qui exerça une influence vraiment extraordinaire sur les esprits allemands à partir de Herder. En lisant *l'Émile*, Betty devint un vrai pédagogue, ce qui n'a rien que de très-naturel chez une femme du dix-huitième siècle et une lectrice de Jean-Jacques.

Si nous nous demandons maintenant ce que notre poète dut à ses parents, en nous souvenant de ce qu'il fut lui-même, nous pourrons dire : Heine, par le fond même de sa nature, fut tout l'opposé de son père. Qu'on se rappelle en effet ce gai sourire qui éclairait le doux visage de Samson Heine, et qu'on songe au rire si connu et si différent de Henri Heine, à ce rire sardonique qui soulevait le coin de ses lèvres et qu'aucun de ses portraitistes n'a oublié. On a là deux natures et peut-être aussi deux destinées diffé-rentes : autant le père fut content de la vie, autant, à lire les poésies du fils, de la première à la dernière, il semble que la vie lui ait refusé tous les bonheurs ou, tout au moins, celui qui, à ses yeux, contenait tous les autres : le bonheur d'être aimé.

Ce n'est pas, du reste, Samson Heine qui prit en mains et dirigea l'éducation du poète enfant, il était pour cela trop enfant lui-même. C'est Betty qui se chargea de ce soin :

(1) Heine, *Œuvres complètes*, édit. allem. (Hamburg, Hoffmann und Campe, 1868), t. XVII, p. 181. Traduction française, Calmann-Levy, éditeur, 1883. *Poèmes et Légendes*, p. 248.

comme son rival dans la poésie allemande, Gœthe, et comme son égal dans la poésie française, A. de Musset, Heine nommait en première ligne sa mère quand il songeait plus tard aux personnes qui avaient fait l'éducation de son jeune esprit : « Elle joua le principal rôle dans l'histoire de mon développement... C'est elle qui fit le programme de toutes mes études et, avant même ma naissance, commencèrent ses plans d'éducation. »

A vrai dire, si Betty se prépara très tôt, comme on voit, à ses devoirs d'éducatrice, elle apporta à l'accomplissement de ces devoirs plus d'ardeur que de réflexion : elle appartenait à cette dangereuse classe de pédagogues qui se lèvent chaque matin avec un nouveau plan d'éducation dans la tête et avec le même enthousiasme pour toutes leurs nouveautés : « Ma mère rêvait pour moi de grandes choses, des destinées de haut vol et tous ses plans d'éducation visaient ces buts élevés...

Ce fut d'abord le prestige de l'empire qui éblouit ma mère : la fille d'un fabricant de fer des environs, son amie, devenue duchesse, lui avait raconté que son mari avait gagné beaucoup de batailles, qu'il aurait bientôt de l'avancement et parviendrait au grade de roi ; — voici, hélas ! que ma mère, rêvant pour moi les épaulettes les plus dorées ou les charges les plus brodées à la cour de l'Empereur, voulut me consacrer tout entier à son service. Aussi devais-je alors m'adonner de préférence aux études qu'exige une pareille carrière... Je dus prendre des leçons particulières pour me mettre en état de devenir un grand stratégiste, ou, en cas de besoin, un administrateur de provinces conquises.

A la chute de l'empire, ma mère dut renoncer à la magnifique carrière qu'elle avait rêvée pour moi...; elle tourna désormais d'un autre côté les vœux brillants qu'elle formait pour mon avenir. La maison Rothschild, dont mon père connaissait particulièrement le chef, avait, dès cette époque, commencé sa fabuleuse prospérité... et ma mère affirmait que l'heure avait sonné où un grand esprit pouvait atteindre dans le commerce la fortune la plus colossale... ; aussi décida-t-elle que je devais devenir une puissance financière et il me fallut étudier les langues étrangères, la tenue des livres... (1). »

En fin de compte, non seulement Henri Heine n'embrassa aucune des carrières que l'ambition de sa mère avait rêvées pour lui, mais le métier qu'il choisit était le seul auquel n'eût pas songé la fertile imagination de Betty ; je me trompe, elle y avait songé, mais pour en détourner son fils : « Bref, elle fit tout ce qui était possible pour me détourner de la poésie, m'interdisant le théâtre et défendant expressément aux servantes de me raconter des histoires de revenants ; la poésie lui causait un véritable effroi. »

Et, malgré tout, Heine fut poète tout simplement parce qu'il était né poète, ce dont ne s'était pas avisée Betty ; en sa double qualité de mère ambitieuse et de pédagogue à principes, elle avait demandé aux livres ses règles d'éducation, et aux gens qu'elle avait vu réussir dans le monde ses plus beaux projets d'avenir, au lieu de commencer, ce que ne font jamais les mères ambitieuses, ni les pédagogues « livresques », par interroger simplement les aptitudes et le naturel de son enfant : « Elle fut coupable de l'infertilité de mes efforts dans des carrières bourgeoises qui ne répondaient jamais à mon naturel. »

Heureusement pour l'enfance de Heine, Betty rachetait par de sérieuses qualités d'esprit et de cœur cette déplorable manie de pousser son fils dans les carrières les plus diverses et les moins faites pour lui plaire. Ce que Heine dut à sa mère, il s'est plu à nous le rappeler lui-même en prose et en vers : « et la porte brune où ma mère m'apprenait à écrire les let-

(1) Heine, *Mémoires*, traduction de M. Bourdeau. Paris, 1884. Calmann-Lévy, p. 18.

tres avec la craie... ah ! si je suis devenu écrivain, cela a coûté assez de peine à ma mère (1). » Mais c'est surtout le « Livre des chants » qui nous apprendra ce que Betty était pour son fils ; c'est là que Heine a dédié deux sonnets admirables, l'un, pourrait-on dire, à l'esprit, l'autre au cœur de sa mère (2).

« Qui aime sa mère n'est jamais méchant, » a dit quelque part le Heine français, Alfred de Musset. Que Heine n'ait jamais été méchant, nous n'oserions l'affirmer. Il suffit, pour le moment, après avoir dit ce que nous savons de sa mère, de montrer que Heine sut l'apprécier et l'aimer. Jusque dans ses derniers jours il eut pour elle une sollicitude touchante : il prenait bien soin de lui cacher sa maladie, veillait à ce qu'on écartât d'elle les journaux indiscrets ou les amis maladroits qui lui auraient révélé la vérité, et, grâce à ces soins pieux, Betty ignora toujours ce que savait le monde entier ; ses dernières années ne furent pas attristées par la pensée des horribles souffrances qu'endurait son fils.

Longtemps, douze ans après l'avoir vue pour la dernière fois, Heine pensait à elle en ces termes :

« Ma vieille mère m'aime tant ! dans les lettres qu'elle m'écrit, je vois comme sa main a tremblé et comme son cœur était ému ! Ma mère, je l'ai toujours présente à la pensée. Il y a douze ans, douze ans passés, que je ne l'ai pressée sur mon cœur.

« L'Allemagne ! je ne soupirerais pas tant après elle, si ma mère n'était pas là-bas ! ma patrie ne périt pas, mais ma vieille mère peut mourir (3). »

(1) *Le Tambour Legrand*, p. 226.
(2) On trouvera plus loin (chapitre VI) ces deux sonnets.
(3) Heine, *Œuvres complètes* (édit. all.), t. XVII, p. 248. Betty eut quatre enfants, trois fils et une fille. Le premier des fils était Henri ou plutôt Harry Heine ; après lui, Charlotte Heine, laquelle épousa plus

Comment s'appelait au juste notre poète ?

Heine exigeait qu'on mît en tête de ses œuvres : « H. Heine » et il défendait à son éditeur de rien ajouter à cet H. énigmatique (1). Nous croyons deviner pourquoi il tenait à garder à demi l'anonyme ; ce n'est que lors de son passage au christianisme qu'il prit le prénom de « Heinrich » ; de par son extrait de naissance il s'appelait « Harry » ; son père l'avait ainsi nommé pour faire honneur à l'un de ses correspondants de Londres qui s'entendait merveilleusement au commerce du velours. On le voit, l'initiale (H.) adoptée par Heine était faite pour rassurer sa conscience de Juif et sa conscience chrétien, puisqu'elle commençait à la fois ses deux prénoms.

Mais *Harry*, qui s'était déjà changé en *Heinrich* en Allemagne, devint naturellement *Henri* en passant en France. Du reste, notre poète ne dut pas regretter beaucoup *Harry* : c'était le nom d'un laid petit âne qui s'arrêtait tous les matins devant les maisons de Dusseldorf, attendait patiemment que Michel, son maître, eût chargé les balayures que les servantes avaient soigneusement amoncelées devant les portes et repartait de son petit trot dès que la voix de Michel criait : *Harrüh !* Ah ! que ce maudit cri désespérait l'enfant qui se l'entendait répéter sur tous les tons par ses camarades, par ceux mêmes qu'il aimait le plus ! Voici par exemple le gentil petit Franz aux cheveux blonds et au visage de jeune fille :

tard un négociant, Moritz von Emden, de Hambourg ; enfin deux autres fils, Gustave Heine, ou, comme l'appelle Maximilien dans ses Souvenirs, « Gustave von Heine », qui devait vivre à Vienne et fut l'éditeur du *Fremdenblatt*. Le plus jeune des enfants, Maximilien, élut domicile à Saint-Pétersbourg où il épousa, nous dit-il lui-même, Henriette von Arendt « veuve de l'illustre médecin impérial et conseiller secret von Arendt ; » on ne peut parler avec plus d'éloge de son prédécesseur.

(1) Heine, *Correspondance* (trad. franç.) 1ʳᵉ série, 382. Lettre à Campe, 24 juillet 1840.

il l'entoura un jour de ses bras, appuya tendrement sa joue
sur celle du jeune Heine, et resta longtemps tout sentimental
contre sa poitrine ; puis il lui cria tout à coup dans l'oreille
un « Harrüh » qui fit rire aux éclats toute la classe ; ce cri
retentissait encore douloureusement au cœur de Heine lorsque, à cinquante années de distance, il écrivait ses Mémoires
au milieu des plus atroces douleurs.

Sterne suppliait les parrains de ne jamais « nicodémiser »
leurs filleuls. Heine leur eût instamment conseillé de ne jamais les appeler « Harry »; c'était un nom à rendre fou celui
qui le portait, car rien n'égale l'acharnement des enfants
à s'amuser d'un ridicule, d'une grosse bêtise, laquelle, tout
simplement parce qu'elle est répétée tout les jours, devient
le jeu le plus divertissant de toute la classe. Heine nous
raconte, avec la finesse psychologique qui lui est ordinaire,
quelques-uns des tours cruellement ingénieux que lui jouait
l'inépuisable malice de ses camarades : « Pour me narguer,
mes camarades d'école me priaient de leur enseigner comment il fallait prononcer mon nom et celui de l'âne, pour
éviter cette confusion. Mais ils se montraient rebelles à la
leçon que je leur donnais ; c'étaient des quiproquos insensés :
chacun en riait, mais moi j'en pleurais (1). »

Il était dit que le nom lui-même de Heine, comme son
prénom, mettrait la patience du poète à de rudes épreuves
par suite des étonnantes métamorphoses que ce nom
devait subir en voyageant. De *Heine* qu'il était, il devint
d'abord « *Enn* », puis « *Enne* »; enfin nom et prénom se
fondirent en un seul mot : « *Enrienne* » (*Un rien*, disaient
les malins), mot très facile à prononcer pour des Parisiens,
mais de physionomie on ne peut moins germanique, ce qui
d'ailleurs était loin de déplaire à notre poète : il est certain
en effet qu'un Allemand, désireux d'importuner à Paris

(1) *Mémoires* (traduction Bourdeau), p. 96.

Heinrich Heine, devait avoir quelque peine à le découvrir dans M. Enrienne.

Heine fut, dès ses premières années, ce qu'il restera toute sa vie : un enfant terrible. Il ne se faisait guère de gaminerie dans le quartier dont il ne fût le héros. Une seule chose paraît l'empêcher de jouer un bon ou plutôt un méchant tour à quelque voisin, c'est la réflexion que sa mère a la main lourde ; ses camarades et lui en firent mainte fois la dure expérience.

Quant à M. Heine père, après ce qu'on en sait par les « Mémoires », on ne s'attend guère à ce qu'il inspirât une grande terreur au jeune polisson. Il avait pourtant imaginé d'enfermer Harry, toutes les fois qu'il était en faute, dans le poulailler ; mais cette prison devint bien vite un lieu de plaisance pour l'enfant ; il apprit à faire le coq et il le fit si bien que son chant mit en émoi toute la basse-cour. Plus tard, quand sa sœur et ses frères furent assez grands pour jouer avec lui, c'est dans le poulailler qu'on allait prendre ses ébats en commun. De là cette charmante poésie du recueil intitulé « *le Retour* » :

« Mon enfant, nous étions enfants, deux enfants petits et joyeux ; nous nous glissions dans le poulailler et nous nous cachions sous la paille.

Nous chantions — kikereki, — et lorsque des gens venaient à passer, ils croyaient que c'était le cri du coq.

Il y avait des caisses dans la cour, nous les couvrions de tapisseries et nous nous installions là ; nous y faisions une grande maison et nous recevions.

La vieille chatte du voisin venait souvent nous faire visite ; nous lui faisions toutes sortes de courbettes et de compliments.

Nous lui demandions de ses nouvelles avec une sollicitude affectueuse ; depuis, dans le monde, nous avons fait de même avec plus d'une vieille chatte.

Puis nous nous asseyions ; nous parlions raisonnablement,
comme des gens graves, nous nous plaignions : combien
tout allait mieux de notre temps !

L'amour, la fidélité, la foi, comme tout cela a disparu
de la terre ! et que le café est cher ! et que l'argent est
rare !... (1). »

Dans la maison paternelle on suivait strictement les pres-
criptions de la religion juive ; mais ce que Harry observait
le plus volontiers, c'était le repos du sabbat : un jour, un
incendie se déclare, on amène les pompes et les curieux sont
pris pour faire la chaîne ; quand on présenta un seau à
Harry : « Je ne dois pas le prendre, dit-il, c'est aujourd'hui
jour de sabbat. »

Le petit orthodoxe pensait pourtant qu'il est avec le ciel
de Jéhovah des accommodements, témoin ce certain jour
que ses camarades israélites et lui étaient en extase devant
une belle grappe de raisin, qui, d'un espalier, s'inclinait
jusqu'à terre ; les camarades de Heine résistèrent à la tentation en se disant que le jour du sabbat il est défendu de
cueillir des fruits ; mais le jeune Harry, qui n'avait pas
quitté des yeux les beaux raisins dorés, tout à coup s'élança
vers la treille et mordit à belles dents les raisins l'un après
l'autre. « Rouge Harry ! s'écrièrent ses camarades (Heine
avait alors des cheveux rouges qui brunirent plus tard.)
Rouge Harry ! qu'as-tu fait là ? » — Rien de mal, s'écria le
gourmand, je ne dois rien prendre avec les mains, mais la
loi ne défend pas de mordre et de manger. »

Quand on est si malin casuiste à cet âge, il n'y a guère

______

(1) Heine, *Buch der Lieder*, édition populaire de Hoffmann et Campe,
p. 206. Nous citerons, pour toutes les poésies du *Livre des chants*, cette
petite édition, de préférence aux œuvres complètes, parce qu'elle est
ou doit être dans toutes les mains de ceux qui lisent l'allemand et
qu'il sera ainsi plus facile au lecteur de se reporter au texte même.
Traduct. franç : *Drames et Fantaisies*, p. 247.

à espérer qu'on devienne plus tard un homme bien religieux et nous verrons en effet Heine parler avec la plus
grande irrévérence des différents dieux qu'il adorera tour
à tour. Nous l'entendrons plus tard plaider en maint
endroit de ses ouvrages et avec la plus sincère conviction ce qu'il appellera « la réhabilitation de la chair », qui
fut peut-être sa religion préférée, et nous reconnaîtrons là
le jeune Harry, toujours amateur du fruit défendu et toujours prêt à le manger, en dépit du sabbat.

A dix ans, Heine fut mis à l'école, ou plutôt au lycée de
Dusseldorf. Qu'enseignait-on dans ce lycée, quels en étaient
les maîtres et qu'y apprit notre poète, mais, avant tout,
pourquoi y avait-il à Dusseldorf un lycée français ? Ce qu'il
y aura d'essentiellement français chez Heine, l'état politique de l'Allemagne au commencement de notre siècle peut
seul nous l'expliquer. Il est donc nécessaire qu'avant même
d'aborder les années de collège du jeune Harry, nous es-
sayions de connaître les grands événements politiques qui
vont faire de ce petit Germain un lycéen français.

CHAPITRE II.

Dusseldorf sous la domination française.

Le voyageur qui visite les bords du Rhin et pousse jusqu'à Dusseldorf éprouve, en arrivant dans cette ville, une
désagréable surprise : il a encore présent à l'esprit ce ravis-
sant décor d'opéra-comique qui a fini par lasser son admiration, tant il a vu de jolies montagnes se mirer dans les
flots bleus du Rhin avec leur poétique couronne de ruines
gothiques ou de verdoyantes forêts. Il vient de quitter l'antique cité d'Agrippine, Cologne et son dôme glorieux, qui
lui a semblé résumer toute la poésie du moyen âge en une
œuvre définitive et sublime. Mais, après Cologne, quel
changement ! la vallée du Rhin s'élargit tout à coup, on
est moins dans une vallée que dans une plaine, ce que les
Allemands expriment par un de ces mots composés, intra-
duisibles en français, une vallée plane (*Thalebene*) ; aux
rocs escarpés et aux ruines poétisées par la légende ont succédé les cheminées des usines : nous arrivons à Dusseldorf.

Dusseldorf est une grande et belle ville, mais une ville
toute moderne ; on remarque, sur les quais, plus de mouvement et d'activité que dans aucune autre ville du Rhin ;
le fleuve est ici large de plus de 200 pieds et transporte
vers Mayence ou Rotterdam les produits les plus divers
sortis des fabriques qui environnent la ville. A l'intérieur,
de beaux magasins situés dans de larges rues, un musée de
tableaux modernes et, à côté du musée, l'embellissement
qui est de rigueur dans toute ville allemande, un vaste jardin public, le *Hofgarten*, le jardin de la cour avec de belles allées et de vertes pelouses ; au bout du parc, le *Jägerhof*,
la maison de chasse, où ont séjourné en 1811 Napoléon et
Marie-Louise.

Telle est la ville, éminemment industrielle et commerçante, tel est le pays plat où est venu au monde le plus grand poète de l'Allemagne après Gœthe. La tradition ne dit pas qu'on ait jamais vu s'égarer jusqu'à cet endroit du Rhin la belle et dangereuse *Lorelei*, et c'est là pourtant qu'a passé son enfance celui de ses adorateurs qui l'a le mieux, le plus divinement chantée ; c'est là, c'est sur les bords les moins enchanteurs du Rhin, les plus dénués de ruines pittoresques et de beautés romantiques, qu'est né le dernier et le plus grand des Romantiques. Ce qui prouve une fois de plus que l'esprit souffle où il veut et que les grands poètes n'obéissent jamais complètement à la fameuse loi des milieux, puisqu'ils se permettent parfois, comme Heine, de naître à côté et en dehors des milieux les plus poétiques, les plus favorables à l'éclosion de leur génie.

Ce qui, à Dusseldorf, eut une influence véritable sur l'esprit du jeune Heine et détermina en partie la tournure de son talent, ce n'est pas le pays lui-même, si peu inspirateur : c'est l'histoire même de sa ville natale, ce sont les événements si prodigieux, si dramatiques, qui bouleversèrent Dusseldorf pendant les premières années de notre poète. Ces événements firent sur son imagination d'enfant une impression ineffaçable et, en outre, ils déterminèrent d'avance le genre d'instruction qu'il allait recevoir. Que se passait-il donc en Allemagne tandis que le jeune Harry allait à l'école ou plutôt au « lycée » de Dusseldorf ? Répondre à cette question, ce ne sera pas seulement raconter au milieu de quels événements et par quels maîtres se fit l'éducation de Heine adolescent, ce sera du même coup expliquer pourquoi Heine devait fatalement mériter un jour qu'on lui reprochât de ne pas aimer assez l'Allemagne.

Maximilien Heine raconte, dans ses *Souvenirs*, que Mᵐᵉ Heine adressait souvent à ses trois fils, Henri, Gustave et Maximilien, une prière : « Promettez-moi, leur disait-elle, de ne jamais vous établir dans un petit État ; choisissez votre résidence dans quelque grande ville. » Ce que Mme Heine redoutait si fort pour ses enfants, c'était ce que les Allemands ont exprimé dans leur histoire par le mot *Kleinstaaterei*, un mot qu'ils ne prononcent jamais sans colère, parce qu'il signifie à la fois la division ou plutôt l'émiettement de leur pays en tout petits États et les maux de toute sorte qui résultèrent pour eux de la vie politique la plus dispersée qui fût jamais. Précisément les bords du Rhin étaient, à l'époque qui nous occupe, la terre classique de la *Kleinstaaterei*, de ces principautés lilliputiennes, de ces duchés in-12 qui avaient le privilège de posséder les pires despotes. Un Français, surtout s'il a l'inappréciable bonheur de vivre dans une vraie grande ville, ne peut se figurer les mesquines intrigues qui agitaient ces petits États et les futiles querelles qui mettaient en feu une de ces villes rhénanes à la fin du siècle passé (1).

On rencontrait alors sur les bords du Rhin trois espèces de « petits États » : des fiefs de *chevalerie*, des *villes d'empire* et des *principautés ecclésiastiques*.

Les *chevaliers d'empire* étaient, pour la plupart, des chevaliers d'industrie.

Les *villes d'empire*, telles que Ulm, Augsbourg, Nüremberg, qui avaient eu une si brillante fortune dans les siècles précédents, étaient alors dans la plus profonde décadence ; les patriciens ignorants y empêchaient tous les progrès de l'industrie, et partout on se demandait s'il ne faudrait pas vendre le territoire même de la ville pour éviter la banqueroute (2).

(1) Pour s'en faire une idée, il faudrait lire, au début même du roman historique de König, *les Clubistes de Mayence*, l'amusant et instructif récit d'une de ces batailles tragi-comiques que se livraient fréquemment dans les rues de Mayence les étudiants et les corporations de métiers.

(2) Freytag, *Bilder aus der deutschen Vergangenheit. Aus Neuer Zeit*, *passim*.

Quant aux *principautés ecclésiastiques,* on les rencontrait surtout dans le pays qui nous intéresse, la vallée du Rhin étant en Allemagne « la rue des curés » (1). Veut-on voir ce qu'était, à l'époque qui nous occupe, une de ces principautés ecclésiastiques, la ville de Cologne, par exemple, dont il sera si souvent question dans les œuvres de Heine. Qu'on se figure des tas de fumier croupissant dans les rues tout le long du jour ; la nuit, pas le moindre éclairage ; dès le soir, on risque, en pleine ville, de se casser bras et jambes ; les alentours sont encore moins sûrs : on s'y heurte à des bandes de fainéants déguenillés. Pourquoi travailleraient-ils du reste ? il est bien plus commode et lucratif d'entrer dans la grande corporation (Gilde) des mendiants, laquelle ne compte pas moins de cinq mille individus : vous « achetez » à la corporation une chaise que vous plantez devant la porte d'une église et vous voilà rentier ; que si, par malheur l'escarcelle n'est pas assez pleine après l'office, vous en serez quitte pour faire invasion chez les particuliers et pour leur ravir la moitié de leur dîner (2).

Tel est, en résumé, le pays que les Allemands reprochent à Heine de n'avoir pas su aimer d'un ardent patriotisme. Mais où donc était, à cette époque, la patrie de l'Allemand ? Sans doute Arndt se chargera plus tard de nous l'apprendre dans des strophes brûlantes que nous admirerions sans réserve, si, par endroits, elles ne hurlaient pas une haine par trop bestiale contre « l'héréditaire ennemi ». Mais à la fin du dix-huitième siècle et pendant l'enfance de Heine, l'histoire de l'Allemagne donnait un démenti formel aux vers du poète qui veut voir la patrie de l'Allemand « partout où retentit la langue allemande ». Dans les villes dont nous venons de parler, on se servait bien de la

____

(1) *Die Pfaffengasse,* « l'allée des prêtres ».
(2) Freytag, ouvrage cité p. 351 et suivantes.

langue allemande, mais c'était beaucoup moins, comme le
veut Arndt, « pour chanter des *lieder* au Dieu qui est
dans les cieux » que pour s'injurier et se quereller partout où se rencontraient des habitants de villes voisines,
aux foires et aux marchés annuels. Le plus souvent on ne
se bornait pas à s'insulter entre Allemands, on en venait
aux coups : les gens de Mayence avaient grand plaisir à
se battre avec leurs voisins du Palatinat et, réciproquement, les gens du Palatinat ne se tenaient pas de joie
quand ils apprenaient que les Français avaient pris
Mayence. Un historien allemand, racontant la vie de Guillaume de Humboldt dans les dernières années du dix-huitième siècle, reconnaît que « l'Allemagne n'était pas alors
un État pour lequel on pût s'enthousiasmer » (1).

Il y avait bien, au-dessus des villes et principautés, ennemies et jalouses les unes des autres, le saint Empire ro-
main-germanique, le *Reich* : mais, en Europe, il n'était plus
guère connu que par la fameuse plaisanterie de Voltaire
qui ne le trouvait ni saint, ni empire, ni germanique. Quant
au peuple allemand lui-même, une aigle double placée sur
la porte des maisons de poste lui apprenait, il l'eût peut-
être ignoré sans cela, qu'il était sujet de « l'empereur allemand ». Parfois les cloches des églises se mettaient à
carillonner dans toutes les villes d'Allemagne : elles annonçaient au peuple que son empereur venait de mourir ; aussitôt les électeurs se réunissaient à Francfort ; on prenait
bien soin de claquemurer les coreligionnaires de Heine
dans leur rue des Juifs (*Judengasse*), le chrétien étant
seul digne d'assister à une aussi importante solennité ; et,
une fois l'empereur élu et acclamé sur la place du *Roemer*,
on serrait les augustes oripeaux qui avaient servi au couronnement et l'Allemagne, un moment mise en gaieté par

(1) M. Haym : *W. von Humboldt*, R. Gaertner, p. 251 ; Berlin, 1856.

les pièces d'or que le « trésorier » avait jetées à la foule avide, était aussitôt rendue à son antique misère, à « sa misère impériale », car empire et gueuserie ne faisaient qu'un dans la langue comme dans la réalité (1).

On peut se figurer maintenant une ville des bords du Rhin, vers 1792 : les seuls signes de vie qu'on y rencontre, ce sont ces petites querelles qui mettent aux prises les bourgeois et les non-bourgeois ; d'ailleurs, pas la moindre liberté de presse, des lois criminelles atroces, le paysan partout esclave, les Juifs traités comme des parias, tout un monde archéologique. Or, un beau matin, les habitants de cette antiquaille sont réveillés de leur torpeur et de leur routine séculaires par les accents entraînants de la *Marseillaise* : ce sont les soldats de Custine qui font leur entrée dans Mayence ; ils apportent au peuple allemand « non le fer et le feu, mais la liberté » et aussi l'égalité pour tous, même pour les Juifs !

Est-il étonnant que les provinces du Rhin se soient données à la France ? L'Allemagne, un moment du moins, salua tout entière avec enthousiasme ce « premier rayon du soleil nouveau » (2) qui se levait sur l'Europe. Et d'ailleurs nos armées victorieuses, en introduisant, partout où flottait le drapeau tricolore, les conquêtes de la Révolution, ne venaient-elles pas réaliser, sur le sol allemand, l'idéal politique rêvé par les plus nobles esprits de l'Allemagne au dix-huitième siècle ? Ces droits de l'homme et du citoyen, que nous offrions alors aux populations rhénanes, comme une magnifique revanche de leurs défaites, tous ces appels à la liberté, qu'était-ce autre chose que le triomphe des théories généreuses par lesquelles Kant avait proclamé naguère « la dignité humaine et l'autonomie de la raison » ? Et n'est-ce pas ainsi que Schiller entendait l'ère nouvelle lorsqu'il appelait

(1) *Die Reichsmisère.*
(2) Expression de Gœthe.

de ses vœux, dans les tirades enflammées de Karl Moor, le
renversement des préjugés et des vieilles barrières sociales ?
Nos voisins ne s'y trompèrent pas : « l'Allemagne se sentit
remuée dans sa vie la plus intime (1) ; » de toutes parts les
regards et les cœurs se tournèrent vers Paris. Le barde
Klopstock déserta les vieux bois de chênes de ses bien-aimés
Chérusques et il s'écria que, « eût-il cent voix, il n'en aurait
pas assez pour fêter la liberté de la Gaule. » Le raisonnable
Hegel lui-même, alors étudiant à Tubingue, céda à l'entraî-
nement général ; il oublia, pour un moment, Aristote et même
cette précoce sagesse qui l'avait fait surnommer par ses condisciples « le petit vieux », et, devenant jeune tout à coup,
un beau dimanche il s'en alla gaîment, avec son ami Schelling, planter un arbre de la liberté dans les environs de Tubingue. Plus hardi que son ami, Schelling traduisait en allemand la *Marseillaise*, au grand scandale du duc Charles
de Wurtemberg, lequel accourut tout effaré à Tubingue et,
tenant en main l'impertinente chanson : « Voilà, dit-il, une
sale chansonnette française ; ce sont les bandits de Marseille
qui la chantent ; » puis, se tournant vers Schelling, il lui demanda s'il avait quelque remords de ce qu'il avait fait :
« Altesse, répondit le jeune homme, qui avait autant d'a-
plomb que de théologie, nous péchons tous de diverses manières. » Cet enthousiasme pour notre Révolution gagna la
capitale même de la Prusse : les dames de la haute société
berlinoise se mirent à porter des rubans tricolores et le recteur du gymnase de Joachimsthal, dans un discours so-
lennel, exalta la Révolution française aux applaudissements
du ministre Hertzberg. Enfin qu'on nous permette de citer
ce dernier fait qui nous met au cœur je ne sais quelle douce

(1) Perthes : *Politische Zustände und Personen in Deutschland, zur
Zeit der französischen Revolution.* Gotha, 1862. I, 5 : « Die französische
Revolution trat ein ; Deutschland fühlte den Stoss bis in sein innerstes
Leben... »

tristesse : le foyer glorieux d'où rayonnaient alors sur la haute Allemagne les idées libératrices de notre Révolution, c'était Strasbourg. L'historien le plus prussien de l'Allemagne, M. Treitschke, convient que « c'est à Strasbourg que les Souabes allèrent écouter l'Évangile nouveau ».

Cet amour, que l'Allemagne entière ressentit un moment pour la Révolution française, resta, il est vrai, sauf sur les bords du Rhin, purement platonique, et cela pour deux raisons : d'une part les crimes de la Terreur éloignèrent de nous ceux mêmes qui avaient salué avec la plus sincère allégresse l'aurore de la Révolution : « Hélas ! les délices du rêve d'or sont passées ! » soupirait Klopstock. Et, d'autre part, l'Allemagne ne pouvait sortir si tôt de son apathie et de son indifférence politiques. Dans les villes et les campagnes, lorsqu'on entendit parler des idées nouvelles « on s'émut d'abord, on écouta avec intérêt les récits des voyageurs ; le soir, à la veillée, on chuchotait, on se proposait tout bas de faire disparaître certains abus, les paysans devenaient çà et là moins maniables ; mais tant que les Français ne vinrent pas en personnes, tout ce mouvement ne fut guère qu'une ride légère à la surface de l'eau (1). »

Les Français arrivent enfin et tout change : les Allemands des bords du Rhin, entraînés par la généreuse emphase de nos proclamations, commencent alors leur éducation politique ; car nous ne conquérons pas seulement les provinces, mais les cœurs, dans cette brillante campagne du Rhin ; dans tout le Palatinat, aussi bien que dans les villes du Rhin, la fête de « l'union fraternelle avec la nation française » fut célébrée avec la plus grande solennité. A ces fêtes républicaines, de 1797 à 1798, ce n'était plus une poignée de républicains qui discourait ou chantait des hymnes

_____

(1) Freytag, ouvrage cité p. 354.

devant une foule indifférente : des populations entières sont soulevées par nos chants révolutionnaires, on voit défiler partout des processions de jeunes filles, des cavalcades de jeunes gens portant les couleurs tricolores. Après les discours habituels des généraux français, on entendait, au pied du *Freiheitsbaum* (arbre de la liberté), des orateurs féminins de la meilleure bourgeoisie locale faire l'éloge de « la bienfaitrice, de la libératrice toute-puissante : la République. Le pays rhénan se donnait vraiment à la France (1). »

Nous n'avons pas à raconter ici les campagnes du Rhin : nous avons voulu simplement esquisser la physionomie politique de l'Allemagne et particulièrement des bords du Rhin pendant les années d'enfance de notre poète. Nous comprendrons mieux maintenant l'histoire toute locale de Dusseldorf, histoire que nous allons raconter, autant que possible, d'après les souvenirs de Heine lui-même (2).

(1) A. Rambaud, *Les Français sur le Rhin* (1792-1804); Paris, Didier, 1883, p. 211.

(2) La prospérité de Dusseldorf ne date que d'hier : au temps de Heine, sa population était le dixième de ce qu'elle est aujourd'hui. Dusseldorf n'avait alors que 9,000 habitants. Ce ne fut d'abord, au XIIIe siècle, qu'un humble village tout à fait en rapport, nous disent ses historiens, avec la petite rivière de la Dussel qui se jette dans le Rhin près de là et donna son nom au village. Ni les Romains, ni Charlemagne n'avaient honoré ses alentours de la moindre forteresse. Ce n'est qu'au quinzième siècle que Dusseldorf commence à compter, du jour où ses maîtres, les ducs de Berg, y fixent leur résidence. Ceux-ci venaient d'hériter du duché de Juliers sur la rive gauche du Rhin, et Dusseldorf se trouvait être le point le plus central de leurs possessions : c'est ce qui commença sa fortune; désormais les états de Berg-Juliers siégèrent à Dusseldorf. En 1511, la famille des ducs de Berg s'éteignait et le pays de Berg-Juliers passa au duc de Clèves et de la Marche : il y eut alors un vaste duché composé des provinces de Clèves, Mark, Juliers, Berg, dont Dusseldorf fut la capitale. A la mort du dernier duc de ces provinces réunies, en 1609, éclata la lutte de succession de Juliers, qui se termina en 1624 par le traité de Dusseldorf : le vaste duché fut partagé en deux, et les États de Berg-Juliers échurent à la maison

C'est dans la campagne de 1795, le 6 septembre, que les Français entrèrent pour la première fois à Dusseldorf ; le commandant palatin de la ville signa une capitulation qui livrait aux Français, avec 350 canons, 10,000 fusils et le passage du Rhin. Les Français occupèrent la ville jusqu'au 31 mai 1801, époque à laquelle ils durent l'évacuer en vertu d'une clause du traité de Lunéville ; ils y rentrèrent en 1806 ; jamais les pays n'avaient si souvent changé de maître et c'est pourquoi le petit Heine et ses condisciples avaient tant de peine à apprendre la géographie : « A cette époque les Français avaient bouleversé toutes les frontières ; tous les jours les pays étaient enluminés de nouveau ; ceux qui étaient bleus auparavant devinrent tout d'un coup verts, beaucoup se couvrirent même d'un rouge de sang ; les âmes, dont le manuel donnait le nombre exact, furent tant de fois troquées et mêlées que le diable n'aurait pu les reconnaître... Il y eut beaucoup d'avancement parmi les princes ; les anciens rois reçurent de nouveaux uniformes. On pétrit de nouvelles royautés qui eurent autant de débit que les petits pains tout chauds ; plusieurs potentats au contraire furent mis à la porte de leur pays et durent chercher à gagner leur pain d'une autre manière (1). »

C'est en vertu d'un de ces échanges d'âmes, signé à Paris le 25 décembre 1805, que la Prusse céda à la France ses possessions situées dans le duché de Clèves, sur la rive droite palatine de Neubourg ; mais, à travers toutes ces vicissitudes, Dusseldorf resta la capitale de ces divers États et, à la fin du dix-huitième siècle, le prince électeur palatin, Charles-Théodore, qui était en même temps *Landesherr* de Berg-Juliers, résida souvent à Dusseldorf où il fonda une superbe galerie de tableaux, une académie de peinture et fit ajouter à la ville une partie neuve qui s'appela de son nom Karlstadt. Il était nécessaire d'aborder ces détails historiques, malgré leur aridité, pour bien comprendre le rôle que vont faire jouer à Dusseldorf les conquêtes de la Convention et les plans politiques de Napoléon Ier.

(1) *Reisebilder*, édit. all., p. 239, édit. franç., t. I, p. 180.

du Rhin ; d'autre part l'électeur Maximilien-Joseph, duc de Berg, ayant été élevé au trône de Bavière, abandonna aux Français, en paiement de sa nouvelle grandeur, le duché de Berg, et c'est ainsi que fut formé le grand-duché de Clèves-Berg qui fut donné à Murat et dont la capitale fut Dusseldorf. Le 20 mars 1806, Maximilien Joseph fit un gracieux discours d'adieu à ses sujets et le grand-duc Murat entra dans ses nouveaux États. Le jeune Heine, alors âgé de sept ans, assista, perché sur la statue de bronze du grand électeur, Jean Wilhelm, qui décorait (1) la place du Marché, à la cérémonie qui annonçait aux habitants de Dusseldorf ce changement de régime :

« Jean Wilhelm dut être un brave seigneur, aimant beaucoup les arts et lui-même très habile. Il fonda la galerie de tableaux de Dusseldorf, et à l'observatoire on montre encore une coupe en bois qu'il a artistement ciselée dans ses heures de loisir... Il en avait vingt-quatre par jour.

Dans ce temps-là les princes n'étaient pas des personnages tourmentés comme ils le sont aujourd'hui. La couronne leur poussait sur la tête et y tenait fermement. La nuit ils mettaient un bonnet de coton par-dessus et dormaient tranquillement, et tranquillement à leurs pieds dormaient les peuples ; et quand ceux-ci se réveillaient le matin, ils disaient : Bonjour ! père. Et les princes répondaient : Bonjour ! mes enfants.

Mais tout à coup les choses changèrent. Un matin, à Dusseldorf, lorsque nous nous réveillâmes et que nous voulûmes dire : Bonjour, père ! le père était parti et dans toute la ville régnait une sourde stupéfaction. Tout le monde avait une mine funèbre, et les gens s'en allaient silencieusement sur le marché et y lisaient un long papier, affiché sur la porte de la maison de ville. Le temps était sombre et ce-

____

(1) Elle décore toujours la place du marché, où on peut très bien se figurer toute la scène que va raconter Heine.

pendant le mince tailleur Kilion portait sa veste de nankin, qu'on ne lui voyait jamais qu'au logis, et ses bas de laine bleue tombaient sur ses talons, de manière à laisser passer tristement ses petites jambes nues ; et ses lèvres minces tremblaient tandis qu'il lisait le papier affiché sur cette porte. Un vieil invalide du Palatinat lisait à peu près à haute voix et, à chaque mot, une larme bien claire coulait sur sa blanche et loyale moustache. J'étais près de lui et je pleurais avec lui et je lui demandais pourquoi nous pleurions. Il me répondit : « L'électeur remercie ses sujets de leur loyal attachement pour lui (1). » Puis il continua de lire et, à ces mots : « et il les dégage de leur serment de fidélité, » il se mit à pleurer encore plus fort. C'est une chose inexprimable que de voir ainsi pleurer si fort tout à coup un vieil homme, avec un uniforme passé et un visage de soldat couvert de cicatrices. Pendant que nous lisions, on enleva l'écusson électoral qui décorait l'hôtel de ville. Tout prit un aspect inquiétant et désolé : on eût dit qu'on s'attendait à une éclipse. MM. les conseillers municipaux se promenaient lentement avec des figures dégommées ; même le tout-puissant commissaire de police semblait n'avoir rien à interdire et regardait tout avec une indifférence pacifique, quoique le fou Aloïsius dansât, selon son habitude, sur sa jambe droite, en faisant des grimaces et psalmodiant les noms des généraux français.

Pour moi je m'en allai à la maison, où je me mis à pleurer en disant : L'électeur nous remercie. Ma mère chercha tendrement à me calmer, moi je savais ce que je savais, je ne me laissai pas persuader ; j'allai me coucher en

(1) M. R. Goecke, qui a publié une histoire du grand-duché de Berg sous la domination française, donne l'acte officiel par lequel l'électeur déliait ses anciens sujets de leur serment de fidélité. *Das Grossherzogthum Berg unter J. Murat, Napoléon Ier, und Louis Napoléon (1806-1813.)* Köln, Dumont-Schaunberg, 1877, p. 4.

pleurant et dans la nuit je rêvai que le monde allait finir...

Lorsque je me réveillai, le soleil reparaissait comme d'ordinaire sur la fenêtre ; dans la rue on entendait les tambours et, lorsque j'entrai dans la chambre de mon père pour lui donner le bonjour, je le trouvai en manteau à poudrer et j'entendis son perruquier qui lui disait que ce matin même on devait prêter serment au nouveau grand-duc Joachim (Murat), dans la maison de ville ; que celui-ci était de la meilleure famille, qu'il avait épousé la sœur de l'empereur Napoléon ; qu'il avait vraiment bonne tournure avec ses belles boucles de cheveux noirs, qu'il ferait bientôt son entrée et plairait certainement à toutes les femmes. Pendant ce temps le tambour se faisait toujours entendre dans la rue ; je sortis devant la porte de la maison et je vis la marche des troupes françaises, ce joyeux peuple de la gloire qui traversa le monde en chantant et en faisant sonner sa musique, les visages graves et sereins des grenadiers, les bonnets d'ours, les cocardes tricolores, les baïonnettes étincelantes, les voltigeurs pleins de jovialité et de point d'honneur et le grand tambour-major tout brodé d'argent, qui savait lancer sa canne à pommeau doré jusqu'au premier étage et ses regards jusqu'au second aux jeunes filles qui regardaient par les croisées. Je me réjouis de voir que nous aurions des soldats logés à la maison (ce qui ne réjouissait pas ma mère), et je courus à la place du marché. Elle avait un aspect tout différent. Il semblait que l'univers eût été badigeonné à neuf. Un nouvel écusson était appendu à la maison de ville, le balcon était recouvert de draperies de velours brodé, des grenadiers français montaient la garde, messieurs les vieux conseillers avaient revêtu des visages neufs et leurs habits des dimanches ; ils se regardaient à la française et se disaient : *bonjour !* De toutes les fenêtres regardaient les dames ; des bourgeois curieux et des soldats bien luisants couvraient la place ; et moi, ainsi que d'autres enfants, nous grimpâmes sur le grand cheval de l'électeur pour regarder à notre aise toute cette foule tumultueuse du marché.

Le long Kurz nous dit qu'il n'y aurait pas d'école ce jour-là à cause de la prestation de serment. Enfin le balcon se remplit de messieurs bariolés, de drapeaux, de trompettes, et M. le bourgmestre, dans son célèbre habit rouge, lut un discours qui s'allongeait comme un bonnet de coton tricoté dans lequel on jette une pierre... mais non pas la pierre philosophale. J'entendis les derniers mots : il dit distinctement « qu'on voulait nous rendre heureux » ; et, à ces mots, les trompettes sonnèrent, les drapeaux s'agitèrent, les tambours roulèrent et les *vivat* retentirent de toutes parts. Et moi-même je criai *vivat,* tout en m'accrochant de toutes mes forces à la perruque du vieil électeur. Cette précaution était nécessaire car la tête me tournait ; je croyais déjà voir tous ces gens marcher sur la tête, parce que le monde s'était renversé, lorsque le vieil électeur me dit tout bas : « Tiens-toi ferme à la vieille perruque. » Et ce ne fut qu'au bruit du canon qui résonnait sur le rempart que je revins à moi, et je descendis lentement du cheval électoral.

En revenant à la maison, je dis à ma mère : « On veut nous rendre heureux, c'est pourquoi il n'y a pas d'école (1). »

Murat fut nommé grand-duc de Berg et l'air martial, le bouillant courage de celui que Napoléon avait nommé « l'homme le plus brave et le plus brillant qui fût jamais à la tête d'une cavalerie », ne firent que rehausser aux yeux des compatriotes de Heine le prestige des armes françaises. Dès son entrée à Dusseldorf, le nouveau grand-duc sut plaire à ses sujets par la rondeur militaire de ses discours. Le bourgmestre lui ayant souhaité la bienvenue dans une

---

(1) Heine, *Œuvres compl.* (édit. all.) t. I, p. 228, édit. franç., *Reisebilder,* t. I, p. 170.

harangue pleine d'onction et de protestations de dévouement, « il est impossible, répondit Murat, qu'on puisse m'aimer dans un pays pour lequel je n'ai encore rien fait ; mais on m'aimera, je vous en réponds. » Murat tint parole, et ce fut avec un sincère chagrin qu'on apprit tout à coup à Dusseldorf, dans l'été de 1808, qu'il quittait les bords du Rhin pour aller prendre possession du royaume de Naples. « Une nouvelle distribution de couronnes venait d'avoir lieu à Bayonne. Par suite de l'étrange imbroglio qui y prévalut, le frère aîné de l'empereur monta sur le trône d'Espagne et céda celui des Deux-Siciles au grand-duc de Berg. Le grand-duché de Berg passa au fils aîné du roi de Hollande et de la reine Hortense à qui l'empereur portait une affection particulière (1). » Heine dès lors n'était plus seulement citoyen français, il devenait sujet de Napoléon et c'est pourquoi il saluera plus tard dans Napoléon III « son légitime souverain, lequel, n'ayant jamais abdiqué, ne cesse d'être le maître de droit de ses États occupés par la Prusse » (2). Nous allons suivre maintenant le jeune Heine au lycée français de Dusseldorf.

(1) *Mémoires* de Beugnot, t. I.

(2) *Aveux*, p. 261. Ce n'est pas à Napoléon III qu'échut en 1808 le duché de Berg, comme le disent M. Strodtmann et M. Stigand (*The Life of Heine*, London, 1876), mais au fils aîné du roi de Hollande. Napoléon III n'était que son troisième fils.

CHAPITRE III.

Heine au lycée. — Le tambour Legrand. — Premières lectures. —
Heine négociant à Francfort.

Par un décret du 17 mars 1808, le grand maître de
l'Université, Fontanes, créa dans le grand-duché de Berg,
à la place des établissements de Jésuites, qui avaient
été fermés, des lycées qui furent tous organisés sur le
même modèle, sans qu'on eût égard aux mœurs et aux besoins des différents pays. Les jeunes lycéens n'étant, pour
Napoléon, que de futurs soldats, on introduisit partout la
discipline militaire, laquelle a toujours fait beaucoup d'in-
disciplinés par une juste revanche de la nature et de la
jeunesse qu'on ne comprime pas impunément : ce n'est pas
la jeunesse de Heine qui nous donnerait un démenti sur
ce point. L'historien allemand le mieux informé de tout ce
qui se passa en Allemagne sous la domination française,
Perthes, nous décrit ainsi le lycée où entra le jeune Heine :
« Une partie des écoliers, on les nommait des internes,
étaient aussi bien séquestrés que l'avaient été auparavant
les élèves des couvents ; on faisait la lecture pendant le repas ; les élèves ne recevaient leurs lettres que des mains du
censeur, le proviseur leur donnait leur argent de poche ;
ils étaient divisés en compagnies commandées par des ser-
gents. Quand ils sortaient, ils marchaient en rang, le censeur, et le maître d'études en tête ; le chapeau à la bonaparte, une tunique grise avec des collets rouges de soldat
composaient l'uniforme ; le roulement du tambour annonçait le commencement et la fin des classes. » A part le censeur qu'aujourd'hui sa grandeur attache au rivage et le
chapeau bonaparte qui a d'ailleurs été remplacé par une

coiffure non moins militaire, on avait déjà, à Dusseldorf, tout le régime actuel dans sa classique beauté. Hâtons-nous de dire que Heine était externe, ce qui fut très heureux pour lui et pour nous, car, sans cela, il n'eût pu écouter les leçons du tambour Legrand, lequel lui plaisait beaucoup plus que le tambour du lycée et nous-mêmes y aurions perdu quelques-unes des plus belles pages des Reise-bilder.

Quant à l'enseignement dans le lycée de Dusseldorf, il devait se faire en français et un tiers des heures de classe était affecté à la grammaire et à la littérature françaises. Le biographe allemand de Heine, M. Strodtmann, ajoute qu'on chassa des lycées les maîtres allemands, ce dont nous nous permettons de douter, car les [noms des maîtres de Heine sont pour la plupart allemands ; d'ailleurs nous avons toujours montré dans l'art de franciser un peuple par les écoles une maladresse, et une faiblesse dont les Allemands ont bien raison de se moquer : hélas ! nous n'égalerons jamais ceux qui sont les premiers pédagogues du monde dans l'art d'annexer les jeunes intelligences.

Les maîtres, au lycée de Dusseldorf, étaient presque tous jésuites. Heine parlera toujours d'eux avec plaisir, comme Voltaire avait fait des pères qui l'avaient élevé : chez l'un du reste comme chez l'autre, le diable n'y perdra rien. Voyons, en revanche, si les jésuites de Dusseldorf eurent à se louer de leur élève.

Harry ne paraît pas s'être distingué particulièrement en mathématiques, ce qu'on pardonne aisément à un futur poète. « La science des chiffres faisait mon grand embarras à l'école. Je comprenais peu l'addition ; la soustraction allait déjà mieux ; il y a dans cette opération une règle principale : quatre de trois ne se peut, il faut emprunter une dizaine. Mais je conseille à chacun, dans ce cas, d'emprunter quelques sous de plus, on ne sait pas ce qui peut arriver (1). » Heine appliquera bientôt cette règle de la soustraction avec une virtuosité que l'oncle Salomon sera à même d'apprécier.

Quant à l'allemand, on l'enseignait fort bien au lycée, à en croire les souvenirs reconnaissants de Heine. Ce qui est certain, pour qui connaît la langue de Heine, c'est que les professeurs d'allemand du lycée ne pouvaient rêver un élève qui leur fît un jour plus d'honneur. « Je compris beaucoup mieux la langue allemande et ce n'est pas un jeu d'enfant, car nous autres, pauvres Allemands, qui sommes déjà accablés de logements militaires, d'impôts personnels et de mille corvées, il nous faut encore nous charger d'*Adelung* et nous tourmenter avec le datif et l'accusatif (2). »

Le latin et le grec parurent être à Heine deux langues rébarbatives : malheureusement il leur garda toujours rancune de tout le mal qu'il avait eu à apprendre leurs rudiments et l'on verra plus tard comment ces deux langues se vengèrent d'avoir été dédaignées, en refusant à sa Muse, qui se prétendait païenne, cette connaissance et cet amour de la beauté antique par lesquels Gœthe dominera Heine de toute sa hauteur olympienne. « Pour le grec je ne veux pas seulement en parler. Les moines du moyen âge n'avaient pas tout à fait tort lorsqu'ils prétendaient que le grec est une invention du diable. Dieu connaît les souffrances que j'en ai éprouvées. » Parler ainsi du grec, c'est un blasphème que les Euménides font toujours payer

---

(1) *Reisebilder*, t. I, p. 177.

(2) Adelung était un grammairien, alors célèbre en Allemagne. Notre impartialité de biographe nous fait un devoir de remarquer que dans ce passage, Heine se vante : ses lettres allemandes de cette époque sont pleines de fautes d'orthographe et de grammaire. Un compatriote, plus tard condisciple de Heine, le célèbre Simrock, racontait qu'à douze ans il savait mieux parler le français que l'allemand et qu'il avait beaucoup de peine à tracer les caractères allemands.

cher à un poète. Harry fit-il du moins amende honorable
aux Grâces et à Apollon en essayant de devenir un bon la-
tiniste ? « Pour le latin, Madame (Heine a toujours à ses
côtés une dame prête à l'écouter : nous ne connaissons pas
le nom de cette dame et Heine serait bien en peine de
nous le dire ; nous ne savons d'elle que deux choses : la première, c'est qu'elle est très patiente, puisqu'elle écoute,
sans interrompre, des confidences qui parfois durent tout
un volume ; la seconde, c'est qu'elle est très comme il faut,
qu'elle a tout au moins le devoir de l'être, sans quoi les
gamineries de Heine manqueraient de l'effaroucher, ce
dont Heine ne se consolerait pas), pour le latin donc,
Madame, vous ne pouvez vous faire une idée de la compli-
cation de cette chose : si les Romains avaient été obligés
d'apprendre d'abord le latin, ils n'auraient pas eu du temps
de reste pour conquérir le monde. Ce peuple heureux savait
déjà au berceau quels substantifs prennent *im* à l'accusatif ; moi, au contraire, il me fallait l'apprendre à la sueur
de mon front. Mais il est toujours bon que je le sache ;
car, par exemple, si, en soutenant le 20 juillet 1825 dans la
grande salle publique une thèse latine à Gœttingue (Madame, cela valait la peine d'être entendu), j'avais dit *sina-
pem* au lieu de *sinapim* (Heine dut en dire bien d'autres !),
quelques pédants nouveaux débarqués, qui écoutaient, l'auraient peut-être remarqué et c'eût été pour moi une honte
éternelle. *Vis, buris, tussis, cucumis, sinapis.....* Ces mots,
qui ont fait si grande sensation dans le monde, en sont re-
devables à ce qu'ils appartenaient à une classe déterminée
et formaient une exception. C'est pourquoi je les estime
fort, et, les avoir toujours sous ma main quand j'en ai besoin, me donne dans bien des moments tristes de la vie du
calme et de la consolation. »

Mais que dire des verbes irréguliers ? « Madame, les verbes irréguliers sont horriblement difficiles : ils se distin-

guent des verbes réguliers en ce qu'ils nous attirent beaucoup plus de coups. Sous les sombres arcades du cloître des Franciscains, non loin de la classe, pendait alors un grand crucifix de bois, peint en gris, une image de désolation qui s'approche encore quelquefois de moi dans mes rêves et qui me regarde tristement avec ses yeux fixes et sanglants. Je m'arrêtais souvent devant cette image et je priais : O toi, pauvre Dieu également tourmenté, si cela t'est possible, fais donc, ô mon Dieu, que je retienne les verbes irréguliers (1) ! »

Qu'un juif s'abaisse ainsi jusqu'à implorer le Christ, pour qu'il l'aide à apprendre ses verbes irréguliers, c'est une preuve certaine qu'il n'est pas fort en latin ; nous pouvons donc dire en résumé que, s'il suffit, de nos jours, pour être honnête homme, comme on l'a dit, « d'avoir su assez de latin pour l'oublier, » Heine eut tout juste ce genre de mérite et c'est pourquoi nous nous permettons déjà de prédire que le fameux paganisme de Heine ne sera rien moins que littéraire et que, parmi les habitants de l'Olympe, ce n'est pas Minerve, mais une autre déesse, qu'il honorera de ses plus brûlants hommages.

Voici maintenant les professeurs de Heine : et d'abord nous devons présenter au lecteur le recteur Schallmeyer, un ami de la famille, qui prit Heine en affection et qui, en même temps qu'il lui enseigna ce que c'était que la libre pensée, lui donna l'envie de devenir évêque. Ce digne homme était ecclésiastique et professeur de philosophie et il s'acquittait, avec une égale conscience, des devoirs de sa double charge. Le matin, il disait très proprement sa messe et, le soir, il faisait très librement son cours. C'est ainsi que Heine vit pratiquer déjà au collège cette fameuse synthèse des contraires dont il entendra faire la théorie à l'Université quand il suivra le cours de Hegel. La conscience allemande

____

(1) *Reisebilder,* t. I, p. 178.

a toujours eu, pour embrasser et concilier les principes les plus opposés, une largeur de vues qui étonne et déconcerte notre esprit français, trop étroitement ou trop honnêtement logique, « trop d'un côté, » diraient les Allemands (*einseitig*).

Les deux maîtres les plus intéressants de Heine furent deux originaux dont il nous a dessiné, avec beaucoup de verve, un curieux et vivant portrait : le premier, son maître de français, était l'abbé d'Aulnoi ; le second, son professeur d'histoire moderne, était un tambour et Heine l'a rendu célèbre sous le nom de tambour Legrand. Voici d'abord le professeur de français : « Je me trouvais tout à fait bien dans la classe de français de l'abbé d'Aulnoi, émigré français, qui avait écrit une foule de grammaires et portait une perruque rouge et qui se démenait d'une façon toute comique quand il expliquait son *Art poétique* et son *Histoire allemande*. Le français a bien ses difficultés et, pour l'apprendre, il faut beaucoup de logements militaires et, avant tout, il ne faut pas être « une bête allemande », comme disaient nos maîtres de langue aux grosses épaulettes d'or.

Parbleu, Madame, j'ai poussé très loin le français ! Je comprends non seulement le patois, mais encore le français des cuisiniers et de la noblesse allemande.....

Oui, au café Royal de Berlin, j'entendis une fois M. Hans-Michel Martens parler français et j'ai compris chaque mot, quoiqu'il n'y eût pas de sens (1). »

Ce ne serait pas là, pour nous, une preuve très concluante que Heine eût beaucoup profité des leçons de l'abbé d'Aulnoi : car, même de nos jours, et quelque réputation que nous ayons faite nous-mêmes à nos ennemis d'outre-Rhin, pour comprendre le français de la plupart des Allemands il faut savoir... beaucoup d'allemand.

____

(1) *Reisebilder*, t. I, p. 182 édit. française.

Encore si l'abbé d'Aulnoi s'était contenté d'apprendre aux élèves la grammaire française ! mais « le maudit abbé voulait absolument les forcer à faire des vers français ». C'était vraiment beaucoup trop exiger d'une tête germanique. Ces leçons de versification inspirèrent à Heine une insurmontable horreur pour la poésie française au charme de laquelle il fut rebelle toute sa vie. « Quant au livre de l'abbé d'Aulnoi qui contenait les définitions de la poésie, *l'art de peindre par des images*, le fade résidu de la vieille école de Batteux, ainsi que la poésie française et en général toute la métrique des Français, quel épouvantable cauchemar !

« *Même maintenant* je ne connais rien de plus insipide que le système du mètre dans la poésie française, cet *art de peindre par les images*, comme les Français la définissent ; et cette fausse idée contribue peut-être à les faire tomber toujours dans la paraphrase descriptive et imagée.

« Procuste est assurément l'inventeur de leur métrique, vraie camisole de force appliquée à des pensées trop paisibles pour avoir besoin d'une telle contrainte. Faire consister la beauté d'un poème dans les difficultés de versification vaincues, c'est un principe ridicule qui a la même origine extravagante. L'hexamètre français, *ce hoquet rimé*, est pour moi une abomination. Les Français ont toujours senti eux-mêmes ce qu'il y a de rebutant dans cet art contre nature, infiniment plus criminel que les monstruosités de Sodome et de Gomorrhe, et leurs bons acteurs sont dressés à déclamer les vers d'une façon aussi saccadée que s'ils récitaient de la prose ; pourquoi dès lors se donner l'inutile peine de versifier ?

« C'est ce que *je pense aujourd'hui* et c'est ce qu'enfant je pressentais déjà, et l'on se figure aisément qu'entre moi et la vieille perruque brune les hostilités durent éclater, lorsque je lui expliquai qu'il m'était absolument impossible de faire des vers français. L'abbé me refusa tout sens poétique et m'appela un barbare de la forêt de Teutobourg.

« Je ne puis me souvenir sans effroi qu'il me fallut extraire de la chrestomathie du professeur le discours de Caïphe au Sanhédrin et traduire les hexamètres de *la Messiade* de Klopstock en alexandrins français ! C'était un raffinement de cruauté. Dieu me pardonne ! je maudis le monde et les oppresseurs étrangers qui voulaient nous imposer la chaîne de leur versification et je fus sur le point de devenir un mangeur de Français. J'aurais été capable de mourir pour la France, mais faire des vers français, jamais (1) ! »

Ce qu'il y a de plus étonnant dans cette condamnation brutale de la poésie française, c'est qu'elle est prononcée, et sur quel ton ! par un vrai et un grand poète, que ce poète vivait à Paris depuis plus de vingt ans et, qu'à l'époque où il écrivait ces lignes, nos trois grands lyriques avaient, depuis longtemps, donné leurs chefs-d'œuvre. C'est donc ainsi que jugeait la poésie française, et cela en 1854, celui qu'on a appelé à juste titre le plus français des Allemands ! c'est donc ainsi qu'il s'acquittait de la noble mission qu'il s'était imposée de faire connaître la France à l'Allemagne ! Une si lourde méprise, de la part d'un esprit si fin, si parisien même par tant de côtés, est bien faite pour remplir d'effroi son propre biographe : comment donc, nous Français, réussirons-nous à comprendre et à faire comprendre un poète étranger qui comprenait si mal nos poètes à nous ? Ce qui nous encourage cependant à poursuivre cette tâche, ingrate entre toutes, c'est que, à l'admiration profonde et déjà ancienne que nous inspirent les vers de Heine, nous sentons bien que nous nous vengerons à la française de ses injustes dédains pour les poètes français : si nos jugements sur ses poésies pèchent par quelque endroit, ce sera par excès

____

(1) *Mémoires* de Heine, trad. par Bourdeau, p. 14.

de sympathie, et ce défaut, si c'en est un, nous empêchera, en tous cas, moins que le défaut contraire, de bien comprendre un poète étranger. Mais, en attendant que nous découvrions, dans la métrique particulière de Heine et dans son inhabileté incurable à manier l'hexamètre allemand, l'explication de son jugement singulier sur notre poésie, ne serait-ce pas aussi une vengeance assez française que de nous égayer, à ses dépens, par une ou deux citations amusantes ? Dans ses Mémoires, parlant d'un livre de notes de son grand oncle, où se trouvait çà et là « de l'eau tiède rimée », ce sont des vers français qu'il veut dire, il cite ce vers qui revenait souvent dans le livre :

« Où l'innocence périt, c'est un crime de vivre.. »

Voilà un vers que Heine aurait bien fait, avant de le citer tel quel, de coucher préalablement sur ce « lit de Procuste » qu'il reproche tant à la poésie française (1).

Vraiment l'abbé d'Aulnoi ne méritait pas tout à fait les malédictions dont l'accable notre poète. Pour nous, qui

(1) Dans une lettre à son ami, Christian Sethe, Heine cite les deux vers suivants en français :

> Quand on a tout perdu *et* qu'on n'a plus d'espoir,
> La vie est *une* opprobre et la mort un devoir.

M. Hüffer, qui donne cette lettre de Heine, trouve justement à redire à la facture des vers cités. Mais, d'après lui, si ces vers sont incorrects, ce n'est pas la faute à Voltaire, mais à l'enseignement de l'abbé d'Aulnoi. Et M. Hüffer corrige ainsi les deux vers :

> Quand on a tout perdu, quand on n'a plus d'espoir
> La vie est *une* opprobre et la mort un devoir.

Ce n'est plus ici la faute à Voltaire ni à l'abbé d'Aulnoi. L'opprobre retombe tout *entier* sur M. Hüffer. (*Aus dem Leben H. Heine's, von H. Hüffer*; Berlin, 1878, p. 24.) Les vers sont tirés de *Mérope*. A. II, sc. VII.

connaissons les vers français de Heine et le cas qu'il faisait de la poésie française, nous éprouvons un certain plaisir à apprendre par lui qu'un jour l'abbé d'Aulnoi l'a appelé à ce propos un « barbare de la forêt de Teutobourg ». Heureusement quelqu'un se chargeait, à cette même époque, de civiliser où, ce qui était alors la même chose, de franciser le jeune barbare : c'était le tambour Legrand.

Nous savions déjà tout ce que peuvent dire à un poète, les mille voix de la nature, par exemple, le chant de l'alouette aux premiers rayons du jour, les plaintes du vent, le soir, dans les forêts de sapins et Shakespeare nous a révélé lui-même les discours que tiennent parfois les arbres et les brins d'herbe eux-mêmes ; mais ce que nous ne connaissions pas, avant Heine, c'est la merveilleuse poésie que peuvent faire retentir sur une peau d'âne deux baguettes de bois agitées en cadence par les mains d'un modeste soldat ; ce que nous ne savions pas, et ce que Heine va nous raconter avec éloquence, c'est tout ce que peut apprendre un tambour à qui sait l'écouter. Il est vrai qu'il ne suffisait même pas d'être un poète pour comprendre tout ce que disait le tambour de M. Legrand ; il fallait avoir encore, ce qui fait souvent défaut aux poètes, voire même aux poètes allemands, il fallait avoir de l'esprit :

« Parbleu ! que ne dois-je pas au tambour français qui logea si longtemps chez mon père par billet de logement, qui avait la mine d'un diable et qui était bon comme un ange et surtout qui tambourinait si bien !

C'était une petite figure mobile avec une noire et terrible moustache sous laquelle s'avançaient fièrement deux grosses lèvres rouges, tandis que ses yeux de feu tiraillaient de tous côtés.

Moi, petit enfant, je tenais à lui comme un grateron et je l'aidais à rendre ses boutons luisants comme des miroirs et à blanchir son gilet avec de la craie ; car M. Legrand voulait plaire. — Et je le suivais au corps de garde, à l'appel, à la parade ; ce n'était alors que joie et retentissement des armes !...

« M. Legrand ne savait que des lambeaux d'allemand, seulement les expressions principales : du pain, un baiser, honneur. Mais il savait parfaitement se faire comprendre sur sa caisse. Ainsi, quand je ne savais pas ce que signifiait le mot *liberté*, il me tambourinait *la Marseillaise* et je comprenais. Si j'ignorais la signification du mot *égalité*, il me jouait la marche : *Ça ira, ça ira! les aristocrates à la lanterne!* et je comprenais. J'ignorais le mot *sottise*, il jouait la marche de *Dessau*, que nous autres, Allemands, pendant la révolution, nous avons tambourinée en Champagne, et je comprenais. Il voulut un jour m'expliquer le mot *Allemagne*, et il joua cette simple et primitive mélodie que l'on joue, les jours de foire, devant les chiens dansants, et qui retentit ainsi : *dum, dum, dum* (1). Je me fâchai ; mais je compris cependant. »

Tout ceci n'est que de l'esprit, ou, si l'on veut, de la gaminerie spirituelle. Mais on va voir comme le ton s'élève peu à peu dans les lignes suivantes et si jamais professeur d'histoire fut aussi éloquent que le tambour Legrand.

« Il m'enseigna de la même manière l'histoire moderne. Je ne comprenais pas, il est vrai, les mots qu'il me disait ; mais, comme il tambourinait toujours en parlant, je savais ce qu'il voulait dire. Au fond, c'est la meilleure méthode d'enseignement. On comprend très bien l'histoire de la prise de la Bastille, des Tuileries, etc., quand on sait ce que les tambours disent en ces occasions. Dans notre *compendium* scolaire, on lit seulement :

« Leurs Excellences les barons et comtes et mesdames « leurs épouses furent décapitées.

____

(1) *Dumm* en allemand, bête.

« Leurs Altesses les ducs et princes et Leurs Altesses
« leurs épouses furent décapitées.

« Sa Majesté le roi et la reine, son épouse, furent déca-
« pitées. »

« Mais lorsqu'on entend retentir le roulement de la sanglante marche de la guillotine, on comprend parfaitement
toutes ces choses et on sent les raisons...

« Est-ce un talent inné chez moi que celui du tambour ou
l'ai-je perfectionné de bonne heure ? Bref, il est dans tout
mon corps, dans tous mes membres, dans mes mains, dans
mes pieds et il se fait jour, involontairement. Pieds étour-
dis ! ils me jouèrent un joli tour un jour qu'à Gœttingue,
j'assistais à une leçon du professeur Saalfeld, qui, dans sa
raide mobilité, sautait de côté et d'autre dans sa chaire,
et s'échauffait, afin de pouvoir injurier avec chaleur l'empereur Napoléon. Non, pauvres pieds, je ne puis vous en
vouloir et je ne vous saurais même pas mauvais gré si vous
vous étiez exprimés plus énergiquement ; mais avec quelle
ardeur on vous entendit tambouriner sur le parquet ! Moi,
l'élève de Legrand, pouvais-je entendre injurier l'empereur ! l'empereur ! le grand empereur !...

« Dès que je pense au grand empereur, ma mémoire se
charge d'images dorées et vertes comme le printemps ; une
longue allée de tilleuls s'élève subitement devant moi, sous
les branches touffues chantent de joyeux rossignols, une
chute d'eau murmure, sur des parterres arrondis des fleurs
éclatantes courbent d'un air pensif leurs petites têtes ; les
tulipes semblent me saluer fièrement dans leur balancement,
les lis se penchent d'un air mélancolique, les roses me sou-
rient, la violette soupire, ... je suis transporté dans le jardin
de la cour à Dusseldorf, où j'étais si souvent couché sur le
gazon écoutant pieusement M. Legrand, qui me racontait
les faits héroïques du grand empereur et me tambourinait
les marches qui avaient accompagné ces faits, si bien que

je voyais et que j'entendais tout en réalité : je vis ainsi la marche à travers le Simplon... l'empereur en avant et, derrière, ses braves grenadiers qui grimpent, tandis que les oiseaux de proie effrayés s'envolent avec un croassement et que les glaciers tonnent dans le lointain... Je vis l'empereur, le drapeau à la main, sur le pont de Lodi... Je vis l'empereur en manteau gris à Marengo... Je vis l'empereur à cheval à la bataille des Pyramides... Rien que fumée de poudre, que Mamelucks !.... Je vis l'empereur à la bataille d'Austerlitz... Oh ! comme les balles sifflaient sur la plaine glacée (1) ! »

Nous n'avons pas là de la rhétorique, fût-ce même la rhétorique d'un homme d'esprit, comme nous en rencontrerons trop souvent dans la prose de notre auteur : c'est le cœur qui a dicté à Heine ces dernières lignes, si sobres et si éloquentes, et c'est le cœur aussi qui lui inspirera, vers la même époque et sur le même sujet, son lied immortel des *Grenadiers*. On peut dire en effet, sans nulle exagération, que Heine, dès l'enfance, a déjà le cœur français, voire même bonapartiste. Si l'abbé d'Aulnoi ne réussit pas à lui faire aimer notre poésie, il semble du moins, à en juger par les faciles progrès que Heine fera plus tard dans notre langue, que les leçons de grammaire et de style de l'abbé furent la base première de son éducation française : le tambour Legrand fit le reste. Se figure-t-on, en effet, un enfant de douze ans, et surtout un vrai gamin tel que nous avons dépeint le jeune Harry, dans le Dusseldorf français de 1812 ? Quelles bonnes heures il passait dans la société de ses camarades, les soldats ! Que de fois, aux accents entraînants de *la Marseillaise*, il dut les suivre à la promenade, au champ de manœuvre, fier de marquer le pas à côté du

(1) Heine, *Œuvres complètes* (éd. all.), t. I, p. 250 ; édition française, *Reisebilder*, t. I, p. 187.

tambour Legrand ! que de fois il dut écouter, juché sur la queue du cheval de l'électeur Wilhelm, les proclamations qui se faisaient sur la place du marché de Dusseldorf, proclamations parfaitement emphatiques sans doute, mais qui n'en paraissaient que plus éloquentes à un enfant de douze ans ! et d'ailleurs ces grenadiers, qui défilaient fièrement dans les rues de Dusseldorf avec leurs cocardes tricolores et leurs baïonnettes étincelantes, n'étaient-ils pas les vainqueurs d'Iéna et de Friedland ? les récits qu'ils faisaient de leurs campagnes avaient de quoi passionner d'autres auditeurs que des enfants. Nous savons en effet que les habitants de Dusseldorf et, sans doute, tout des premiers, le père de Heine, qui professait publiquement une grande admiration pour l'empereur, étaient très fiers de leur maître, le grand-duc Murat. « On lisait les journaux sur les places publiques et on tremblait pour les jours d'un prince si intrépide. »

Avec quels battements de cœur, par exemple, le jeune Henri ne devait-il pas entendre lire par son père, dans *le Moniteur* d'alors, que ce héros, qu'il voyait marcher dans les rues, à la tête de ses troupes, avait, à Iéna, enfoncé les escadrons saxons, qu'à Ratkau il avait forcé le vieux Blücher à capituler, qu'à Eylau, à Friedland, il avait chargé l'armée russe la cravache à la main ! Et que sera-ce donc quand il lui sera donné de voir en personne le dieu lui-même, le grand empereur !

Quels souvenirs durent laisser dans l'esprit d'un enfant et le récit de ces grands événements dont le contre-coup se faisait si vivement sentir à Dusseldorf et le spectacle journalier, nous pouvons même dire le commerce assidu de ceux qui avaient pris part à ces étonnantes campagnes, de ceux qui furent les soldats de la grande Armée ! L'imagination de Heine en garda comme un éblouissement. Plus tard il reviendra à l'Allemagne : l'université et les paysages enchanteurs des bords du Rhin finiront par le reconquérir; mais, dans les premières années de sa vie, on peut dire qu'il fut nôtre; c'est la France qui fut sa première patrie, car c'est elle qui, la première, fit battre son cœur: Heine ne l'oubliera jamais.

Nous dirons plus loin ce qu'il dut à l'empereur et à l'administration impériale, lui, israélite et enfant de Dusseldorf. Nous devinons dès maintenant ce qu'il doit à la France : quelques-uns des plus grands défauts que lui reprocheront ses compatriotes et qui étaient en effet, à Dusseldorf, d'importation étrangère : l'entrain, la clarté des idées, la vivacité des reparties, cette furie française en un mot qu'il apprit alors aux sons du tambour de M. Legrand.

Nous avons fait connaissance avec les premiers maîtres de Heine; voyons quels furent ses premiers livres, et je n'entends point par là ses livres de classe, comme, par exemple, cette chrestomathie, composée par l'abbé d'Aulnoi, qui renfermait des extraits des sermons de Fléchier, Bourdaloue, Bossuet et Massillon. De ces auteurs Heine ne trouve pas autre chose à dire que ceci : « Ils ne m'ennuyèrent pas trop. » Nous savons gré au jeune Harry de ne s'être pas trop ennuyé à la lecture des sermons de Fléchier, nous ne lui en aurions pas demandé tant que cela, car personne ne s'attend à trouver les noms des sermonnaires du dix-septième siècle parmi les écrivains favoris du folâtre auteur des *Reisebilder*. Mais, en dehors de ces auteurs qu'on étudie sous l'œil du maître et qui, à cause de cela, ne sont pas toujours ceux que nous préférons, n'y eut-il pas, dans l'enfance de Heine, un de ces livres que nous aimons à lire en cachette, un de ces récits enchanteurs dont le héros devient notre meilleur ami, que dis-je? dont le héros est nousmême, car nous finissons par nous substituer à lui, tant nous vivons toute son histoire? Il y eut, en effet, dans l'enfance de Heine un livre qui excita les premiers ravissements de son imagination naissante : ce fut *Don Quichotte*. « *Don Quichotte* est le premier livre que je lus dès que mon intelligence s'éveilla... Je me souviens très exactement du jour où je quittai la maison à la dérobée et m'enfuis au jardin de la cour pour lire *Don Quichotte* sans être dérangé. C'était un beau jour du mois de mai, le rossignol chantait doucement les louanges du printemps qui l'écoutait tranquille et souriant aux premiers feux du matin...

« Je m'assis sur un banc de pierre couvert de mousse dans « l'allée des Soupirs » et je réjouis mon petit cœur des grandes aventures du hardi chevalier... Le chevalier de Dulcinée montait toujours plus haut dans mon estime et gagnait de plus en plus mon amour à mesure que je lisais le merveilleux livre, ce que je fis tous les jours dans ce même jardin jusqu'à ce que je fusse arrivé dès l'automne à la fin de l'histoire et je n'oublierai jamais le jour où je lus le tragique duel dans lequel mon chevalier devait tomber si tristement. C'était par une sombre journée ; de vilains nuages couraient dans le ciel gris, les feuilles jaunies tombaient des arbres, les rossignols ne chantaient plus depuis longtemps, — et mon cœur se brisa lorsque je lus comment le noble chevalier gisait à terre, tout étourdi et meurtri, et comment, sans relever sa visière, et comme s'il parlait du fond de la tombe, il dit au vainqueur, d'une voix faible et épuisée : Dulcinée est la plus belle dame du monde et moi le plus malheureux chevalier de la terre, mais il est contraire à l'honneur que, par faiblesse, je consente à nier cette vérité : frappe donc avec ta lance, chevalier(1)! »

C'était, semble-t-il, une de ces bonnes fées, chantées plus tard par le poète, qui décida que le livre où Heine apprendrait à lire serait *Don Quichotte* : aucun livre n'é-

____

(1) *Reisebilder*, t. II, chap. XVI.

tait mieux fait pour éveiller et développer les deux qualités maîtresses de son génie, l'ironie et l'enthousiasme. Mais dans ses premières années, sur ce banc de mousse du jardin de la cour, où il aimait à s'asseoir, c'est uniquement en enthousiaste que Heine lut le roman de Cervantes : « Je ne connaissais pas encore l'ironie que Dieu a mise dans le monde, » nous dit Heine (1). Il l'y découvrira bientôt et se dédommagera amplement de sa première ignorance ; mais alors il n'avait d'yeux que pour les nobles actions du chevalier de la Manche et il trouvait que tant de bravoure et de grandeur d'âme méritait une autre récompense que des coups de bâton : « Je versais les larmes les plus amères quand je voyais le noble chevalier ne récolter que de l'ingratitude et des coups pour tout son grand courage. »

Plus tard Heine lira *Don Quichotte* de plus près et peut-être alors y verra-t-il, sinon plus de profondeur, du moins plus d'amertume que Cervantes n'avait songé à en mettre dans son œuvre. Sans doute Heine a raison de dire, dans une préface qu'il écrivit, en 1837, pour une édition illustrée de *Don Quichotte*, que « la plume du génie dépasse toujours l'intention qu'on avait en écrivant » ; mais il se trompe, croyons-nous, quand il affirme que « Cervantes a écrit, sans le savoir, la plus grande satire qu'on ait jamais faite de l'enthousiasme humain ». Non seulement ce n'était pas là le but que poursuivit Cervantes, comme Heine en convient du reste, mais ce n'est pas davantage le but qu'il atteignit, ce n'est pas là l'impression dominante et dernière qu'on emporte d'une lecture attentive de *Don Quichotte*.

Est-ce faire, par exemple, « une satire de l'enthousiasme », comme le veut Heine, est-ce « railler l'Idéal »,

____

(1) *Reisebilder*, t. II, p. 407.

comme l'affirme Victor Hugo (1), que de défendre, en ces termes, l'enthousiasme du poète : « La poésie, seigneur hidalgo, est, à mon avis, comme une jeune fille d'un âge tendre et d'une beauté parfaite, que prennent soin de parer et d'enrichir plusieurs autres jeunes filles qui sont toutes les autres sciences, car elle doit se servir de toutes et toutes doivent se rehausser par elle... Je serais volontiers d'avis qu'on laissât l'étudiant suivre la science pour laquelle il se sentirait le plus d'inclination ; car, bien que la poésie soit moins utile qu'agréable, du moins elle n'est pas de ces sciences qui déshonorent ceux qui les cultivent... » N'est-ce pas ainsi que Heine aurait désiré qu'on parlât de la poésie à sa mère qui rêvait pour lui tous les métiers, mais éprouvait une invincible horreur pour le métier de poète ? ne sont-ce pas là les sentiments qu'il aurait voulu voir prêcher à l'oncle Salomon, dont la bourse se fût plus souvent ouverte à ses pressants appels, si le banquier de Hambourg avait eu près de lui un aussi bon défenseur de la poésie que le chevalier de la Manche ?

On sait qu'un jour Philippe III, du balcon de son palais, vit un étudiant qui, sur les bords du Mançanarès, lisait un livre et interrompait souvent sa lecture en se frappant le front et faisant des mouvements extraordinaires de plaisir et de joie. « Cet étudiant est fou, dit le roi, ou il lit *Don Quichotte*. » Il lisait *Don Quichotte* : c'est qu'il n'était pas un étudiant allemand et qu'il ne vivait pas à l'époque de Heine. S'il avait lu *Don Quichotte* dans la traduction que le jeune Harry avait précisément entre les mains, il aurait appris du traducteur, qui n'était autre que Tieck, avec quelle respectueuse piété on doit lire tout poète qui a su dans son œuvre faire revivre l'âge d'or, c'est le moyen âge qu'entendait par là le père du Romantisme.

(1) Victor Hugo, *William Shakespeare*.

Dans *Zerbino,* Tieck introduit les lecteurs allemands dans « le jardin de la poésie » où règne « le quatuor sacré : Gœthe, Shakespeare, Cervantes, Dante ». Nous aurons à marquer plus loin l'attitude de Heine en face du Romantisme ; nous ne pouvons, en attendant, nous empêcher de faire observer, à propos de *Don Quichotte,* que personne en Allemagne n'était plus capable que Heine, s'il y eût réfléchi, de bien comprendre Cervantes, puisqu'il combattit le même combat. Heine se moquera des romans de chevalerie de la Motte-Fouqué, comme Cervantes avait persiflé Amadis ; il verra littéralement dans ses anciens amis, les Romantiques, autant de don Quichottes et il pensera que Cervantes a fait d'avance la parodie de leurs œuvres surannées. En outre, on retrouverait aisément, dans les œuvres de Heine, et, par exemple, dans certains endroits des *Reisebilder,* cette humeur enjouée et ce mélange de bon sens et de poésie qu'il avait pu admirer chez son auteur favori. Il se souvient précisément de don Quichotte dans une page des *Reisebilder* pour faire cette juste réflexion qu'il va un peu à l'aventure dans son ouvrage et que le lecteur est obligé de le suivre bon gré mal gré, étonné ou ravi, trop souvent étonné selon nous, comme Sancho Pança suivait, non sans maugréer, le trop fantasque don Quichotte.

Le jeune Harry lut, en même temps que Cervantes, un autre auteur qui fit sans doute sur lui une impression moins profonde, mais auquel il ressemblera, surtout en avançant en âge, bien plus encore qu'à l'auteur de *Don Quichotte :* nous voulons parler de Swift. Heine nous apprend « qu'il rit beaucoup lorsque, tout enfant, il lut les *Voyages de Gulliver* » (1). Nous n'en conclurons pas pour cela qu'il puisa, dès ses premières années, dans la lecture de

____

(1) Heine, *Œuvres complètes,* édition allemande, t. III, p. 54.

Swift la mordante ironie qui le rendra un jour si redoutable. Nous ferons simplement remarquer que, s'il relut plus
tard l'œuvre de Swift, comme semblent le faire croire les
citations qu'il en fait dans un de ses *Fragments anglais* de
1828, il dut se sentir singulièrement attiré vers l'auteur
par ce qu'il avait de commun avec lui. Andersen dit, dans
un de ses contes, qu'un jour le miroir du diable s'étant
brisé, un petit éclat de verre vola dans l'œil d'un malheureux garçon qui s'appelait « petit Kay ». Dès ce jour
celui-ci ne vit plus partout que caricatures diaboliques :
que de gens Heine et Swift voient avec les mêmes yeux
que le petit Kay! Cette conformité d'esprit chez les
deux écrivains est trop évidente pour qu'il ne suffise pas de
l'indiquer. Mais il y a lieu de faire, entre Swift et Heine,
un rapprochement qui est bien plus curieux, car il nous
révèle les particularités mêmes et presque le secret de leur
génie. Ce qui fait qu'il y a de la vraisemblance dans les
inventions les plus folles de Swift, c'est qu'il nous dépeint
ses personnages, nains ou géants, avec une précision, une
netteté de contours qui nous font croire que l'auteur les a
vus et que nous les voyons nous-mêmes. Ajoutez cette exactitude toute mathématique qu'il met à déduire, de leur
grandeur ou de leur petitesse une fois données, les dimen-
sions de leurs demeures, la longueur de leurs gestes et
l'arc précis de leurs salutations. Nous avons là un chimérique vrai ou du moins qui nous paraît tel. Et ce qui fera,
de même, que nous croirons sans discussion, que dis-je?
que nous rêverons délicieusement, avec Heine, aux histoires
les plus invraisemblables qu'il plaira à sa muse de nous
raconter et de nous chanter, c'est que, même dans sa plus
grande ferveur romantique, même dans ses plus féeriques
visions, il aura toujours en main ce talisman du génie qui
fait paraître vrai ce qui est faux et que nous définirons :
l'instinct du détail précis et pittoresque à la fois.

Pour se distraire des sérieuses leçons que lui donnaient les dignes ecclésiastiques du lycée de Dusseldorf, Heine n'avait pas seulement les merveilleuses histoires de don Quichotte et de Gulliver, il apprit aussi la musique et la danse; mais nous devons avouer que, malgré ses maîtres, il resta toute sa vie insensible aux charmes de la musique. Comment se fait-il qu'un poëte, dont les chants sont si harmonieux, un poëte dont on peut dire, à la lettre, que ses vers sont enfants de la lyre, car l'Allemagne tout entière ne cesse de les chanter, et nous ne savons pas de plus délicieuse caresse pour l'oreille ni de rêverie plus douce au cœur qu'un lied de Heine mis en musique par Schumann, comment se fait-il, dis-je, qu'un chantre aussi mélodieux n'ait jamais pu arriver à jouer correctement une gamme? Il y a là un mystère dont nous ne pouvons que demander l'éclaircissement aux musiciens de profession.

Heine ne profita pas davantage avec son maître de danse : il eut beau prendre des leçons, il ne réussit jamais à faire un valseur même suffisant, ce qui est une véritable honte pour un Allemand. Ici même les leçons eurent une fin tragi-comique : le maître de danse, petit, mince et chétif, mais brutal, tourmentait sans cesse Henri avec ses « battements », si bien qu'un jour celui-ci perdit patience et répondit grossièreté pour grossièreté. Un vrai conflit s'engagea entre le professeur et l'élève et Henri excité, hors de lui, jeta par la fenêtre le léger maître de danse. Le malheureux tomba sur un tas de fumier; on le dédommagea du reste avec une somme d'argent. Henri Heine n'a plus jamais dansé de sa vie : — heureusement pour les maîtres de danse, et aussi pour les jeunes beautés allemandes qui se seraient difficilement accommodées d'un aussi méchant valseur, ou, si on aime mieux, d'un valseur aussi méchant.

Heine a enfin terminé ses études : quel métier va-t-il choisir, ou plutôt, car il n'a que quinze ans, quel métier ses parents vont-ils choisir pour lui? le plus contraire à ses goûts et à ses aptitudes : on décide que Harry sera négociant. En 1815, son père l'emmène à la foire de Francfort et le place dans le comptoir d'un banquier francfortois.

Harry entrait dans la maison en qualité de « volontaire », mais c'était là le plus menteur des euphémismes. Heureusement le martyre fut court : au bout de quatorze jours, Heine, trouvant le métier de comptable peu récréatif et celui de flâneur bien préférable, passa, à étudier la ville, les deux mois pendant lesquels son père le maintint à Francfort : il vit de près les persécutions auxquelles ses coreligionnaires étaient alors en butte dans l'ancienne ville libre et il visita le *Ghetto*, dont il nous fera plus tard une si vive peinture dans le *Rabbin de Baccarah*.

Il vint se reposer, à Dusseldorf, de ses piteux débuts de comptable. Nous ignorons complètement de quelle manière il passa son temps dans l'année qui suivit son séjour à Francfort. Nous savons seulement qu'en 1816 ou 1817 il se rendit à Hambourg, où se trouvait déjà son oncle Salomon et où il essaya de vaincre son dégoût pour le commerce, car le livre d'adresses nous apprend qu'en 1818 il existait dans cette ville, au *Graskeller*, une maison de commission sous la raison sociale Harry Heine et Cie. Il faut croire que les commissions n'abondèrent pas au *Graskeller*, puisqu'au printemps de 1819 Harry Heine et Cie avaient cessé de vivre.

Une ville, où l'on était allé pour faire fortune et où l'on fait faillite est sans nul doute la dernière des villes et on ne peut raisonnablement avoir pour elle que des malédictions. Que si, d'autre part, on n'a pas seulement perdu à Hambourg son argent ou, tout au moins, l'argent de l'oncle Salomon, mais qu'on y ait encore courtisé sans succès quelque jolie Hambourgeoise, alors ce ne sera plus le commerçant ruiné, qu'est-ce qu'une plaie d'argent à cet âge? mais l'amant rebuté qui plus tard accablera Hambourg et ses habitants de ses plus amers sarcasmes; et pourtant, on ne pourra s'empêcher de penser sans cesse à cette ville maudite, on en parlera même en prose et en vers, ce qui prouve que la blessure de Heine fut plus profonde que ne l'ont prétendu certains critiques, plus lente à cicatriser qu'on n'aurait pu s'y attendre de la part d'un jeune homme qui n'avait pas vingt ans. On sait maintenant quels fâcheux souvenirs devaient remplir l'âme du poète lorsqu'il revoyait en imagination la ville qu'il nous dépeint ainsi :

« Les habitants de Hambourg sont de bonnes gens et ils mangent bien. Au sujet de la religion, de la politique et de la science, on y trouve une grande diversité d'opinions; mais quant à la table, il règne parmi les Hambourgeois la plus cordiale entente... Hambourg est la patrie du bœuf fumé et s'en fait gloire, comme Mayence se vante de Jean Fust et Eisleben de son Martin Luther. Mais que sont, auprès du bœuf fumé, l'imprimerie et la réformation ?... Si les Hambourgeoises ne montrent pas trop d'enthousiasme pour l'amour romantique et ne se doutent guère de l'existence de cette passion des femmes généreuses, la faute n'en est pas à elles, mais au petit dieu de l'amour qui parfois place sur son arc les traits les plus acérés, — mais, soit malice, soit maladresse, il vise trop bas, et, au lieu de frapper les dames de Hambourg au cœur, il les atteint à l'estomac.

« Pour les lecteurs, auxquels la ville de Hambourg serait inconnue, je dois faire remarquer que la plus belle promenade des fils et des filles d'Hammonia porte le nom légitime de *Iungfersteg* (terrasse des vierges), qu'elle consiste en une allée de tilleuls, bordée d'un côté par une rangée de maisons, de l'autre par le grand bassin de l'Alster et que, de ce côté, s'élèvent deux petits cafés construits sur l'eau en forme de tente et connus sous le nom de pavillons. »

Il est probable que Heine venait souvent se distraire, au *Iungfersteg*,... des affaires que faisait son associé au Graskeller. On était si bien en été au pavillon suisse, « quand le soleil de l'après-midi n'était pas trop incendiaire et qu'il répandait une splendeur féerique sur les maisons, les hommes, l'Alster et les cygnes qui nageaient dans ses eaux (1)! »

Par exemple, on ne devait pas prendre beaucoup de commissions sur la *Terrasse des Vierges*, mais quoi! on avait dix-huit ans et l'âme si peu commerçante :

> Là je m'assieds rêveur, et, dans l'espace,
> Je suis des yeux le nuage flottant,
> L'oiseau qui vole et la femme qui passe,
> J'ai dix-huit ans (2) !

c'était justement ce que faisait Henri Heine quand il allait s'asseoir au pavillon suisse en été, car ce n'était pas seulement pour admirer les cygnes de l'Alster qu'il était venu jusqu'au *Iungfersteg*. « J'y suis resté assis pendant plus d'une après-dînée d'été et je pensais alors ce que les jeunes gens pensent d'ordinaire, c'est-à-dire rien, et je regardais ce que les jeunes gens ont coutume de regarder, c'est-à-dire les jeunes filles qui passaient, — et elles passaient d'un pied leste, les gracieuses servantes avec leurs bonnets ailés et leurs paniers soigneusement couverts, quoiqu'il n'y ait rien dedans. Plus loin piaffaient les belles demoiselles des négociants avec le cœur desquelles on obtient, en même temps, beaucoup d'argent comptant. »

Hélas ! notre poète était en train de perdre son argent sans obtenir le cœur de « la belle demoiselle de négociant » pour les beaux yeux de laquelle il était venu passer son après-midi au *Iungfersteg*. Aussi comme Hambourg est laid et triste quelques années après,... après qu'il a reçu une

---

(1) Heine, *Œuvres complètes* (éd. all.), t. IV, p. 94, éd. franç., *Reisebilder* (Schnabelewopski), t. I, p. 301.

(2) Vers d'Hégésippe Moreau.

corbeille, comme on dit en Allemagne, ou, comme on dit en France, après qu'on lui a signifié son congé. « Et la ville elle-même, comme elle était changée à mon retour! et le Iungfersteg! la neige couvrait les toits et il semblait que même les maisons avaient des cheveux blancs. Les tilleuls de la vallée n'étaient plus que des arbres morts avec des rameaux desséchés qui s'agitaient comme des fantômes au souffle du vent glacial. »

La ville entière semble au poète porter le deuil de son amour et, à travers les sarcasmes et les gamineries par lesquelles il essaie, suivant sa coutume, de nous donner le change, sa douleur éclate malgré lui et nous émeut, cette fois, parce que nous sentons qu'elle est sincère : « Le bassin de l'Alster était pris; seulement près du rivage on avait coupé un vaste carré de glace et les horribles accents que je venais d'entendre partaient des gosiers des pauvres créatures blanches qui y nageaient et qui criaient dans leur mortelle angoisse. C'étaient les mêmes cygnes qui autrefois avaient bercé mon âme d'émotions si douces et si sereines! Ah! les beaux cygnes blancs, on leur avait brisé les ailes pour les empêcher d'émigrer en automne vers le chaud midi. Et maintenant le nord les tenait enchaînés dans ses sombres glacières, — et le garçon de café du pavillon disait qu'ils s'y trouvaient bien et que le froid entretenait leur santé. Mais cela n'est pas vrai; on ne se trouve pas bien quand on est emprisonné dans une mare froide à Hambourg, qu'on y est presque collé par la glace, qu'on a les ailes cassées et qu'on ne peut s'envoler vers les belles contrées du sud où sont les belles fleurs, les beaux fruits dorés du soleil et les lacs bleus des montagnes. Hélas! il fut un temps où je n'étais guère plus heureux et je compris les souffrances de ces pauvres oiseaux (1). »

(1) *Reisebilder*, t. I, p. 314.

Ne pourrait-on pas dire que ces beaux cygnes blessés, qui frissonnent au vent du nord et regrettent le pays du soleil, sont les propres pensées du poète qui, plus d'une fois alors, durent s'envoler, loin des rues prosaïques et froides de Hambourg, vers les flots bleus du Rhin, vers Dusseldorf, vers une mère, dont Heine savait toute la tendresse et à qui il devait, au retour, adresser ces nobles vers :

« J'ai cherché l'amour sur tous les chemins ; j'étendais la main devant chaque seuil et je mendiais une pauvre parole d'amour, — mais on ne me donna que la froide haine... et je suis revenu au logis, malade et triste.

« Là, tu es venue au-devant de moi, et alors, ce que j'ai vu briller dans tes yeux, c'était l'amour, le doux amour si longtemps cherché (1). »

(1) *Buch de Lieder*, Sonette, p. 90. Trad. franç. *Poésies inédites*, p. 63. Nous reviendrons, à propos des « Sonnets », sur ces beaux vers de Heine à sa mère.

CHAPITRE IV.

Les premières amours et les premiers vers de Heine.

I.

Dieu nous garde de vouloir faire l'histoire de toutes les poésies de Heine, en suivant pas à pas l'histoire parallèle et détaillée de toutes ses amours ! Si une entreprise de ce genre a pu être tentée, et, malgré les écueils inévitables en de tels sujets, menée à bon port par les biographes de Gœthe, c'est que ceux-ci étaient protégés par leur auteur lui-même ; ils pouvaient accompagner celui-ci, sans trop de danger pour les lecteurs, dans presque tous les endroits où Gœthe a aimé ; il leur était permis enfin d'écrire en toutes lettres, au bas des plus célèbres poésies de Gœthe, les noms si divers, tous ou presque tous honorables, des belles infortunées que Gœthe a aimées juste assez pour les chanter dignement les unes après les autres.

Avec Heine, au contraire, et à supposer que nous en eussions la moindre envie, il ne serait pas même possible d'écrire tous les noms, et cela pour une raison qui nous dispensera d'en donner d'autres, c'est que ces noms, Heine les ignorait lui-même, les très nombreuses personnes qui l'ont honoré de leurs faveurs, étant « de ces femmes hardies » dont on ne sait généralement que les prénoms. Dans ce livre donc nous ne nous intéresserons pas à la belle Minka, qui, plus tard, paraît-il, s'appela Katinka ; nous résisterons, comme il convient à un honnête biographe, au plaisir coupable d'entretenir le lecteur de « sa taille de Junon, de ses yeux brillants et de ses lèvres de pourpre », et nous renvoyons dans leur temple, une fois pour toutes, et toutes à la fois, les prêtresses, brunes ou blondes, belles ou laides, de Vénus Aphrodite, dont Heine s'est plu à faire dans ses œuvres le téméraire éloge. Mais, en dehors de ces vénales amours, Heine n'a-t-il pas conçu, au printemps de sa vie, quelqu'une de ces naïves et chastes passions qui embrasent un jeune cœur, lui arrachent ses premiers soupirs et lui dictent ses premiers vers ?

Ces fraîches amours de la vingtième année, Heine en a connu, mieux que tout autre, le charme enivrant et doux, et il vaut la peine de noter ces premiers battements de son cœur, parce que l'amoureux ici nous fera mieux comprendre et mieux goûter le poète. En effet, ce qui distinguera, avant tout, Heine de ses amis, les romantiques, c'est l'accent personnel de ses poésies. Sans entrer dans des détails qui trouveront leur place ailleurs, nous pouvons résumer les tendances de l'école romantique dans cet aphorisme et, pour ainsi dire, dans cet oracle que prononça un jour le grand prêtre de l'école, Novalis : « La rêverie, voilà le monde, voilà la réalité (1) ! »

Or, si Heine est supérieur aux romantiques, ce n'est pas seulement parce qu'il a plus de génie qu'eux tous, c'est aussi parce qu'il n'a pas rêvé, mais qu'il a vécu ses plus beaux vers : c'est ce que va nous montrer l'histoire de ses premières amours.

Pour commencer en historien tout à fait fidèle, nous devons raconter d'abord au lecteur une amusante anecdote que nous a laissée Maximilien Heine dans ses Souvenirs ; la tragique aventure qui arriva au jeune Henri, alors au lycée, nous montrera de quelle précocité de cœur la nature avait doué le futur chantre de l'amour :

« A la fin de l'année, Henri fut un des élèves qui devaient réciter une poésie au public (2). A cette époque, le jeune

(1) « Die Welt wird Traum, der Traum wird Welt. »
(2) *Schulactus.*

écolier s'était monté la tête pour la fille du président de la
cour d'appel de A.... Celle-ci était fort jolie, élancée, avec
de longues boucles blondes. — Je suis persuadé que mainte
de ses premières poésies a été adressée à cette personne
charmante, presque idéale. — La salle, où avait lieu la cérémonie, était pleine comme un œuf. Tout devant, dans
des fauteuils magnifiques siégeaient messieurs les inspec-
teurs. Au milieu d'eux un siège doré restait vide...

« Le président de la cour d'appel et sa fille vinrent très tard,
il n'y avait pas autre chose à faire que d'offrir à la belle
jeune fille le fauteuil resté vide entre les respectables ins-
pecteurs. Heine, qui déclamait avec beaucoup de feu le
« Plongeur », de Schiller, était arrivé à ce vers :

« Et le roi fit signe à sa gracieuse fille. »

« En ce moment, sa malechance voulut que son regard
tombât sur le fauteuil où était assise sa divinité. Il s'arrêta
court. Trois fois il reprit le vers « et le roi fit signe à sa
gracieuse fille », mais il ne put aller plus loin. Le professeur soufflait et ressoufflait. Heine n'entendait rien : il regardait avec des yeux grands ouverts le fauteuil doré où il
croyait voir une apparition céleste et il s'évanouit. Personne
n'en soupçonna la cause. — « Ce doit être la chaleur de
la salle, » dit l'inspecteur à mes parents qui accoururent,
et il fit ouvrir toutes les fenêtres.

« Bien des années après, il me racontait cette histoire et
s'interrompait souvent pour s'écrier. « Étais-je assez naïf
dans ce temps-là (1) ! » Voilà un cri que Maximilien n'a pas
dû inventer. En effet, Heine tremblant et s'évanouissant
devant une jeune fille, cela devait paraître bien drôle plus
tard à Heine lui-même qui désapprit sitôt et si complètement sa timidité de collégien.

(1) Max. Heine, *Erinnerungen an H. Heine und seine Familie*, Berlin,
Dümmler, p. 23.

Cette anecdote ne rappelle-t-elle pas l'amour, non moins précoce, de Byron (il n'avait que neuf ans), pour la petite Mary Duff à côté de laquelle il venait s'asseoir sur le gazon pendant que la sœur cadette de Mary jouait près d'eux avec sa poupée ? Byron nous dit lui-même que, lorsqu'il apprit, sept ans plus tard, la nouvelle du mariage de Mary Duff, il entra dans de violentes convulsions (1).

Un critique allemand, parlant de cette première passion de Byron, dit gravement que « cet étrange phénomène le place à côté de Dante ». Nous avons, pour nous, quelque peine à nous apitoyer sérieusement sur les premières souffrances de ces apprentis de l'amour, et, de même que la passion de Byron enfant pour Mary Duff nous fait penser à un mot d'une amusante familiarité par lequel les Anglais désignent ce genre de passion (*calf-love*), de même le mot dont Maximilien se sert pour exprimer la première peine de cœur de Heine (*er schwärmte*) a de quoi nous rassurer, car nous savons que les Allemands ont, dans leur âme, de tels trésors de sensibilité qu'ils peuvent s'abandonner, sans crainte, au genre d'exaltation que ce mot désigne dans leur langue. Harry « soupira » donc pour mademoiselle de A..., mais la blonde fille du président de la cour d'appel ne fut point la Béatrice de Heine, car notre poète avait à peine seize ans que sa bien-aimée portait un autre nom : elle s'appelait Josepha.

Nous avons affaire ici à une affection plus sérieuse et, ce qui doit nous intéresser à Josepha, c'est cette déclaration fort nette de Heine : « Sans aucun doute elle a exercé la plus grande influence sur le poète qui s'éveillait en moi (2). »

Cette première muse de Heine fut la fille d'un bourreau et la nièce d'une sorcière. La Goechinn était connue à Dus-

(1). John Nichol ; *Byron*, Macmillan and C°, 1880.
(2) *Mémoires*, trad. de M. Bourdeau, p. 118.

seldorf pour vendre aux débitants de bière des doigts de pendus, qui « donnaient bon goût à la bière dans le tonneau », et, aux jeunes amoureux, des philtres qui les rendaient irrésistibles. Heine allait la voir souvent dans sa maison, située hors de la ville et appelée « la maison franche »; mais ce qui l'y attirait, c'était un sortilège plus puissant que toutes ses incantations, c'étaient « les grands yeux foncés » de sa nièce Josepha. « Josepha était âgée de seize ans à peine, mais comme elle avait grandi subitement, sa taille élancée la faisait paraître beaucoup plus âgée. Cette soudaine croissance était aussi la cause de son extrême maigreur ; elle avait cette taille fine que nous remarquons chez les quarteronnes des Indes occidentales, et, comme elle ne portait ni corset ni douzaine de jupons, son vêtement, qui lui collait au corps, ressemblait à la draperie mouillée d'une statue ; mais aucune statue de marbre ne pouvait rivaliser avec elle pour la beauté, car elle était la vie même et chacun de ses mouvements révélait les rhythmes de son corps, je pourrais même dire la musique de son âme. Aucune des filles de Niobé n'avait un profil plus noble ; la couleur de son teint et de sa peau était d'une blancheur un peu changeante. Ses grands yeux très foncés semblaient proposer une énigme dont ils attendaient patiemment la solution, tandis que sa bouche avec ses lèvres minces aux coins retroussés et ses dents un peu longues, d'une blancheur de craie, semblaient vous dire : « Tu es trop bête et tu « chercheras en vain ! »

« Sa chevelure était tout à fait rousse, d'un rouge de sang, et tombait en longues boucles jusqu'au bas des épaules. Elle pouvait les attacher, ses beaux cheveux, sous son menton. Cela lui donnait l'aspect d'un décapité dont le sang coulait à torrents (1). »

(1) *Mémoires*, trad. Bourdeau. p. 117.

On le voit, le visage de Josepha ne démentait point une
race funeste ; si on ajoute à tous ces traits que la voix de
Josepha, « ordinairement voilée et comme éteinte, soudainement, sous lé coup de la passion, retentissait avec une
sonorité métallique, » on comprendra la vive impression
que durent faire, à la fois sur le cœur et l'imagination de
Harry, les charmes un peu sauvages et comme sanglants de
cette belle et énigmatique Fadette. Josepha apprit à son
jeune ami de vieux chants populaires et ces chants n'étaient
pas gais : ils allaient à l'air de son visage ; dits de sa voix
sourde et passionnée, ils étaient faits pour remuer profondément l'âme impressionnable d'un adolescent qui était né
poète. « Deux strophes sont restées dans mon souvenir,
les voici : c'est d'abord le méchant Trogig qui parle :

> Mon Ottélie, tu ne seras certainement pas la dernière.
> Dis, veux-tu qu'on te pende au grand arbre?
> Ou veux-tu nager dans le lac bleu ?
> Ou veux-tu le glaive brillant,
> Présent du bon Dieu?

A quoi Ottélie répond :

> Je ne veux pas qu'on me pende au grand arbre,
> Je ne veux pas nager dans le lac bleu ;
> Je veux baiser le glaive sanglant,
> Présent du bon Dieu.

Un jour que Sefchen venait de chanter cette dernière
strophe, je fus frappé de son agitation et un tel trouble
m'envahit moi-même que soudainement je fondis en larmes,
nous tombâmes dans les bras l'un de l'autre en sanglotant
et nous restâmes ainsi sans dire un mot; les larmes nous
coulaient des yeux et nous nous regardions comme à travers un voile humide. Je priai Sefchen de m'écrire ces strophes, elle le fit, non avec de l'encre, mais avec du sang;

j'ai perdu depuis l'autographe rouge, mais ces vers se sont gravés dans mon souvenir en traits ineffaçables (1). » Et n'est-ce pas aussi avec du sang que semblent avoir été écrites certaines strophes lugubres des *Nocturnes* (Traumbilder) ? Heine convient lui-même qu'il y a, dans les poésies de cette époque, un écho des chants farouches de Josepha : « Mes premières poésies, les *Nocturnes,* que j'écrivis peu après, sont d'un coloris sombre et cruel, comme cette liaison qui jeta jadis son ombre sanglante sur ma jeune vie et ma jeune pensée. »

Josepha pourtant n'est que la Rosalinde de notre Roméo : il n'a fait que jouer à l'amour avec elle pour mieux aimer Juliette, qui n'est pas loin. « Un jeune homme aime une jeune fille, laquelle en a choisi un autre... C'est une vieille histoire, toujours nouvelle et celui à qui elle arrive en a le cœur brisé (2). »

C'est l'histoire même de notre poète : Roméo seul s'était donné, Juliette en aimait ou simplement en épousa un autre ; le cœur de Heine se brisa, mais sa douleur fit de lui l'immortel auteur des Lieder.

Les témoins qui semblent être les mieux informés, les parents même de Heine, son frère Maximilien dans ses *Souvenirs* et, tout récemment encore, sa nièce, la princesse della Rocca, dans des *Souvenirs* du même genre, ont très formellement nié cet amour malheureux de Heine qui, selon nous, l'aurait sacré poète. C'est l'imagination poétique de Heine, c'est sa sympathie pour les souffrances d'autrui, qui, selon Maximilien, ont inspiré au poète la poésie célèbre que nous avons citée ; et, de même, dans tous ces chants si désespérés, qui ont fait la gloire de Heine, il ne faut pas chercher l'écho des souffrances personnelles de l'auteur, mais

(1) *Mémoires,* p. 120.
(2) *Livre des chants.*

simplement la preuve de ce que savait imaginer et inventer
« son âme poétique » (1). Ainsi parle la princesse della
Rocca elle-même : « Le génie poétique était si puissant,
chez Heine, que les larmes d'autrui lui inspiraient de nouveaux chants (2). »

Les assertions de la princesse della Rocca viennent trop
tard : tandis qu'elle niait dans ses « Souvenirs » ce premier
amour, si mystérieux et si souvent discuté, de Henri Heine,
la preuve en était faite depuis cinq ans. Deux ou trois lettres de Heine, publiées dans la *Rundschau* par M. Hüffer (3) ne laissent plus aucun doute à cet égard. Heine a
aimé sans être aimé et en a été très malheureux. Qu'on lise
en effet les lignes suivantes :

A Christian Sethe, étudiant à Dusseldorf.

Hambourg, 27 octobre 1806.

« Elle ne m'aime pas. (« Sie liebt mich *nicht,* » ce dernier
mot en grosses lettres dans l'original.) Tu dois, mon cher
Christian, prononcer doucement, très doucement ce dernier
petit mot. Dans les premiers (du texte allemand), il y a le
ciel éternellement vivant, mais dans le dernier il y a l'enfer
éternellement vivant aussi. Si tu pouvais voir un peu le
visage de ton pauvre ami et comme je suis affreusement
pâle, convulsionné et fou, alors ta juste irritation, causée par
mon long silence, tomberait bien vite ; le meilleur pour moi
serait que tu puisses jeter un seul regard dans mon âme,

---

(1) Max. Heine, *Erinnerungen,* p. 18.

(2) *Erinnerungen an H. Heine,* von seiner Nichte, Maria Embdem. —
Heine, Principessa della Rocca. — Traduction allemande, Hoffmann et
Campe, 1881, p. 32.

(3) En 1874 et reproduites par M. Hüffer dans son précieux volume,
cité plus haut : *Aus dem Leben Heine's.*

c'est alors que tu m'aimerais bien !... Quoique j'aie les preuves les plus évidentes, les plus irrécusables, de n'être rien moins qu'aimé, preuves que le recteur Schallmeyer lui-même trouverait tout à fait fondées en logique, — pourtant ce pauvre cœur aimant ne veut pas encore donner son *concedo* et persiste à dire : Que me fait ta logique, n'ai-je pas ma logique à moi ?... Je l'ai revue. — Au diable mon âme ! ah ! ne frissonnes-tu pas, Christian ? j'en frissonne encore moi-même.

« Brûle cette lettre et que Dieu secoure ma pauvre âme. — Je n'ai pas écrit tous ces mots. — Un homme pâle s'est assis là sur ma chaise, et c'est lui qui a écrit tout cela. — Mon Dieu ! ce n'est pas être coupable que d'être fou ! — Ne respire pas trop fort, vois, j'ai construit un magnifique château de cartes et je suis tout au-dessus et je *la* tiens dans mes bras !.. Être loin d'elle, porter dans le cœur, de longues années, un désir qui vous brûle, cela, c'est déjà le tourment de l'enfer, cela vous arrache un cri de douleur infernal. Mais être *près d'elle* et pourtant se dessécher à attendre vainement, des semaines éternelles, un de ces regards qui transportent au ciel, et — et — oh ! — oh ! — oh ! — Christian ! »

Que signifient ces réticences, et quel est ce nouveau tourment que Heine n'a pas la force de dire à son ami ? Nous croyons que le second vers de la poésie que nous avons citée plus haut peut nous l'apprendre : « Celle-ci en a choisi un autre, » — c'est-à-dire : Ce bonheur que j'avais rêvé, et dont la pensée seule me brûle le cœur, elle va le donner à un autre ! oh ! ce que j'en souffre ne peut s'écrire... — « Je t'embrasse, Christian, mais ne me presse pas trop fort : sur ma poitrine nue est une noire chaîne de fer, et, à côté, là où bat mon pauvre cœur, est une croix de fer toute pleine de pointes aiguës et, dans cette croix, une boucle de M... Ah ! cela brûle, ô Christian ! »

Toute cette emphase, naturelle d'ailleurs à l'âge de Heine, il avait alors seize ou dix-sept ans, ne saurait nous empêcher de voir, dans les passages cités, l'expression vraie d'une douleur sincère et profonde.

Et d'ailleurs, même si nous n'avions pas ces lettres à Sethe, est-ce que l'œuvre tout entière du poète ne protesterait pas contre la prétention qu'a eue sa famille et que pourraient avoir d'autres critiques, après elle, de réduire les strophes les plus émouvantes de Heine à n'être que les habiles mensonges d'une poésie impersonnelle ? Pour si grand poète et, ce qui est parfois, il faut en convenir, une même chose, pour si grand menteur qu'on soit, il est pourtant des cris et des sanglots que l'imagination n'invente pas et que le cœur seul a pu dicter.

Est-il permis de douter de la sincérité d'A. de Musset, lorsqu'il chante, comme Heine, un amour malheureux, ou plutôt, lorsque cet amour éclate et s'emporte, comme malgré lui, en folles imprécations contre l'ingrate que la Muse ne peut lui faire oublier ? De même, la blessure de Heine ne se fermera jamais et c'est de cette blessure, adoucie sans doute par d'indignes distractions que je n'oublie pas, pansée, si l'on veut, et profanée en même temps par des mains impures, mais jamais complètement guérie, que jailliront tant de beaux vers d'une tristesse infinie, d'une amertume qui serre le cœur.

Qu'on lise, par exemple, cette poésie de *l'Intermède,* et qu'on la lise, comme on devrait faire pour toutes nos citations, qui sont autant d'indignes trahisons du poète, qu'on la lise dans l'original : n'est-elle pas une réponse directe et péremptoire à ceux qui voudraient douter de la vérité de son amour et de sa douleur ?

« Ma bien-aimée, il faut que tu me le dises aujourd'hui : es-tu une des visions qui, aux jours étouffants de l'été, sortent du cerveau du poète ?

4.

« Mais non : une si jolie bouche, des yeux si enchanteurs, une si belle, si douce enfant, un poète ne crée pas cela.

« Des basilics et des vampires, des dragons et des monstres, tous ces vilains animaux fabuleux, voilà ce que peut créer l'imagination en feu du poète.

« Mais toi et ta malice, et ton gracieux visage et tes regards doucement perfides, le poète ne crée pas cela (1)! »

Est-ce à dire que nous devions croire à la lettre et plaindre le poète quand, de longues années après les tourments de la première heure, il se présente à nous dans ses vers comme « infiniment, éternellement malheureux »? On pense bien que nous ne demandons pas au lecteur tant de commisération et de crédulité ; ce serait exiger de lui plus que les poètes, même les plus sincères, n'ont le droit d'attendre de ceux qui les lisent, de ceux qu'ils ont en somme pour mission de séduire par leurs beaux mensonges. Si nous ne savions pas la part qu'il faut faire à l'imagination dans toute œuvre d'art, si nous étions tentés de prendre trop au sérieux cette fidélité de cœur dont les Allemands sont si fiers (*die deutsche Treue*), un grand génie, Gœthe lui-même, serait là pour nous avertir, par son propre exemple, qu'un poète, même quand il chante ses propres douleurs, n'est jamais, dans sa vie, aussi malheureux qu'il a l'air de l'être dans ses vers. Tandis que Gœthe, sous le coup de la passion qu'il ressentait pour Charlotte, écrivait les pages les plus brûlantes de Werther, il envoyait aux journaux des articles, très lestement troussés, de critique littéraire. Et plus tard, au moment où il était le plus violemment épris de Lili Schoenemann, et où il donnait, dans ses lettres à Auguste de

(1)   Aber dich und deine Tücke,
             Und dein holdes Angesicht,
             Und die falschen frommen Blicke,
             Das erschafft der Dichter nicht.
       (*Intermezzo*, XVI ; éd. franç., *Poèmes et légendes*, p. 94.)

Stollberg, les preuves les plus évidentes de cet amour inquiet, plus encouragé que partagé, à ce moment-là, ô profondeurs insondables d'un cœur de poète! il écrivait la
chanson de la puce! Il n'était pas inutile que nous nous
mettions nous-même sous les yeux un tel exemple de
ce que nous pourrions appeler le dédoublement poétique,
exemple d'autant plus édifiant qu'il nous est fourni par
un poète qui a écrit : « Toutes mes poésies sont des œuvres
de circonstance. »

Ne craignons donc pas de le dire nettement, même après
avoir affirmé l'authenticité de sa douleur et de ses larmes :
Heine a compris, dès ses premiers succès, tout l'intérêt
qu'avait sa gloire de poète à entretenir ses larmes d'amant
malheureux. Oui certes, il a souffert et pleuré ; mais il était
artiste, c'est-à-dire, il était la dupe ou mieux encore le complice de son imagination, il savait gré à celle-ci d'exagérer
sa souffrance, d'en prolonger indéfiniment, jusqu'à son dernier jour, l'amer souvenir ; il aimait enfin à entretenir, ou,
suivant le beau mot de son frère en poésie, A. de Musset,
« à bercer » une douleur qui l'avait fait si grand poète.

Ainsi s'expliquent, croyons-nous, et se concilient les deux
passages contradictoires d'une confession que Heine fit un
jour à son ami et traducteur Gérard de Nerval et que celui-
ci répéta en, 1850, à Schmidt-Weissenfels. « Ce que je soupçonnais déjà, Heine me l'avoua plus tard, quand il me connut mieux ; nous souffrions tous les deux du même mal ;
nous chantions tous les deux le désespoir d'un amour de jeunesse enseveli en nous ; nous chantons encore et ce désespoir ne veut pas mourir ; cet amour sans espoir sommeille
toujours dans le cœur de Heine ; rien que d'y penser, il
pleure encore ou il retient ses larmes avec colère. »

Mais Heine ajoutait, dit-on, avec cette franchise brutale
et cette crudité d'expressions qu'il affectionnait : « Quand
j'eus perdu le paradis de mon amour, cet amour resta en-

core pour moi un métier (ein Handwerk) (1). Disons plus simplement et nous serons, sans doute, dans le vrai : ce que Heine a souffert, il nous l'a dit en poète et ce n'est pas nous qui nous plaindrons « qu'un sujet particulier ait pris un caractère poétique... La réalité donne le motif, les points principaux, en un mot, l'embryon ; mais c'est l'affaire du poète de faire sortir de là un ensemble plein de vie et de beauté (2). »

Un dernier mot sur les amours de Heine. Le lecteur est-il curieux de connaître le nom de l'ingrate ? Heine, dans ses lettres à Sethe, l'appelle Molly ; mais ce n'est là qu'un de ces petits noms que la tendresse allemande a l'habitude de donner à toute jeune fille, et qui sont, tantôt un diminutif, tantôt une altération du nom, plus douce à l'oreille et plus caressante que le nom lui-même.

La bien-aimée de Heine s'appela, de son vrai nom, Amalie et c'était la cousine du poète, la fille de Salomon Heine, du richissime banquier. Après avoir repoussé l'amour de Henri Heine, elle épousa, en 1821, un propriétaire du nom de John Friedländer et alla avec lui habiter Königsberg. Ainsi pense M. Hermann Hüffer, lequel n'invoque, du reste, à l'appui de son opinion, qu'une lettre bien postérieure de Heine que nous citerons plus loin. Qu'on nous permette donc de donner brièvement les raisons qui nous font accepter l'opinion, si peu motivée, de M. Hüffer.

Et d'abord, qui était ce Christian Sethe à qui est adressée la lettre, si significative, dont nous avons donné les passages les plus décisifs ? C'était un ami d'enfance de Heine ; il avait été son condisciple au lycée de Dusseldorf, il resta long-temps le correspondant assidu et le confident du poète ; Heine lui disait, ou lui écrivait, les secrets de son cœur et

(1) Voir les *Souvenirs* de la princesse della Rocca, p. 32.
(2) Expressions de Gœthe : « Conversations de Gœthe, recueillies par Eckermann. » Trad. Délerot. Charpentier, 1863, t. I, p. 35.

les premiers essais da sa Muse. Sethe est pour Heine ce que fut de Virieux pour le jeune Lamartine :

> Fais-moi le confident des secrets les plus chers,
> De tes premiers amours et de tes premiers vers.

Tel était ce correspondant du poète ; on ne peut guère révoquer en doute la vérité des aveux que lui faisait ce dernier, puisque Sethe savait tous ses secrets. Heine lui écrit donc de Hambourg : « Réjouis-toi, réjouis-toi : dans quatre semaines je verrai Molly. Avec elle reviendra ma Muse. Depuis deux ans je ne l'ai pas vue. O mon pauvre vieux cœur ! pourquoi te réjouis-tu et bats-tu si fort ? »

Cette lettre est de 1816 ; Heine venait à peine d'arriver à Hambourg, il avait seize ans, dix-sept au plus, et il connaissait Molly depuis deux ans. N'est-il pas probable qu'il l'avait vue à Dusseldorf, puisqu'il en parle un peu à Sethe comme si Sethe l'avait vue aussi et que d'ailleurs c'était la première fois qu'il était allé lui-même à Hambourg. Il ne devait guère connaître à Hambourg, surtout dès son arrivée, que l'oncle Salomon et sa famille ; il est donc presque certain que celle qui avait fait battre son cœur, deux ans auparavant, et qu'il allait retrouver à Hambourg, dans le seul milieu où il fût admis alors, c'était Amélie Heine. Nous avons enfin une lettre, celle-ci écrite bien plus tard, à Varnhagen, où Amélie Heine est nommée ; c'est la seule fois que ce nom ait été écrit en toutes lettres par Heine ; dans toutes ses autres épitres, qu'il date du « maudit Hambourg », et où il raconte, avec une poignante vérité, « la vieille passion qui éclate encore avec violence » (à Moser, 11 juillet, 1823), aucun nom n'est cité. Nous savons pourquoi il ne pouvait garder le même silence avec Varnhagen. Varnhagen, non seulement était dans la confidence de son amour, mais il avait même essayé, dans l'intérêt de son ami, d'empêcher Heine de retourner à Hambourg. Heine, susceptible comme un poète, s'était, à ce sujet, brouillé avec Varnhagen ; il ne lui avait pas pardonné, comme il le disait lui-même, « la fantaisie qui lui était venue de jouer avec lui (Heine), le rôle d'António. » Plus tard, en 1827, quand Heine et Varnhagen sont redevenus bons amis, voici ce que Heine écrivait, de Hambourg même, à Varnhagen :

« Ce matin, je suis sur le point de rendre visite à une femme que je n'ai pas vue depuis onze ans (les dates ne comptent pas, quand c'est Heine qui les donne ; il était, sur ce point, d'une inconcevable étourderie) ; une femme à qui on a redit que j'ai été autrefois amoureux d'elle. C'est Mme Friedländer de Königsberg, et, pour ainsi dire, une cousine à moi (nous connaissons aussi ce ton détaché sur lequel Heine affecte de parler de ce qui lui tient le plus à cœur). Hier déjà, comme avant-goût, j'ai vu l'époux de son choix. La bonne femme s'est fort pressée et est arrivée juste le jour où *Hoffmann et Campe* ont donné la seconde édition de mes *Jeunes Souffrances*. — Le monde est absurde et fade et antirécréatif, il *exhale un parfum de violettes sèches* (1). »

Amélie semble donc bien avoir été l'ingrate qui tortura le cœur de Henri Heine ; c'est elle, croyons-nous, que doivent maudire les amis du poète, mais elle en même temps que doivent bénir les admirateurs d'un génie que les dédains de cette jeune fille révélèrent à lui-même et au monde.

II.

A l'âge où Heine chantait ses *Jeunes Souffrances*, l'impertinent auteur de la *Ballade à la Lune* s'élançait vers la gloire comme un jeune dieu qui va à la conquête du monde, « le front mâle et fier, nous dit-on, la narine enflée du

____

(1) *Correspondance*, édition française, t. I, p. 355.

souffle du désir, l'œil au ciel, comme assuré de sa conquête et tout plein de l'orgueil de la vie (1). » Avec une candide impatience d'adolescent, il appelait de tous ses vœux « le bonheur », dût-il trouver « la mort après ou la mort avec », car l'audacieuse devise qu'il avait adoptée, une devise qui fait les grands hommes et les douloureux poètes, c'était : « Tout ou rien ! »

C'est le cri même de Heine au moment où il va écrire ses premiers vers : « Aut Cæsar, aut nihil, » fut toujours ma devise, écrit-il à Sethe, « tout en toutes choses ! » (Alles an Allem) (2). On sait l'histoire des deux poètes : celui qui avait souhaité le bonheur, même au prix de la mort, fit un voyage en Italie où le bonheur, qu'il croyait tenir, lui échappa sans retour et où il faillit trouver la mort. Quand il revint à Paris, malade et désespéré, il se fit précéder chez sa mère par ce lugubre billet : « Je vous apporte une âme désolée, un cœur en sang. »

Heine avait connu bien plus tôt encore toute la témérité de son imprudente devise : à peine à Hambourg, son cœur se brise et il s'écrie : « O mon cœur si fier ! tu voulais être heureux, infiniment heureux ou infiniment malheureux, et te voilà maintenant bien malheureux ! »

Mais l'analogie ne s'arrête pas là entre les deux poètes : une consolatrice leur reste à tous deux, c'est la Muse qui, à défaut de bonheur, leur offre la gloire. « Le croirais-tu, écrit Heine à son ami, dans la même lettre où il lui a dit toute sa douleur; malgré tout cela, la Muse m'est plus chère que jamais. Elle est devenue pour moi une *amie fidèle* et *consolatrice*, une amie si douce au cœur, et l'aime du plus profond de mon âme (3). »

(1) Sainte-Beuve, *Causeries*, XIII, 365.
(2) H. Hüffer, p. 27.
(3) H. Hüffer, p. 26.

C'est, mot à mot, le cri de relèvement de Musset :

> Salut à ma fidèle *amie !*
> Salut ma gloire et mon amour !...
> Salut, salut, *consolatrice*,
> Ouvre tes bras, je viens chanter !

Voyons donc comment Heine va dire ce qu'il a souffert. Dans la préface, qu'il écrivit pour la traduction française de ses poésies, il s'exprime ainsi : « Mes premières productions lyriques se trouvent dans les *Nocturnes* et datent de 1816. Ce sont les quatre premiers morceaux et ils appartenaient à un cycle de folles visions (1). » Ces premières poésies parurent dans le *Veilleur de Hambourg* (Hamburg's Wächter) en 1817 sous le pseudonyme bizarre de Sy Freudhold Riesenharf ; on retrouve dans ce pseudonyme toutes les lettres qui composent les trois mots : Harry Heine, Düsseldorf. Mais j'imagine que Heine jeta pêle-mêle toutes ces lettres dans sa barrette d'étudiant et les en tira au hasard pour former l'anagramme saugrenu qu'on vient de lire. Quant aux poésies elles-mêmes, elles ouvrent le célèbre *Livre des chants* (*Das Buch der Lieder*) sous le nom de Songes ou Images vues en songe (*Traumbilder*). Heine, nous l'avons vu, dans sa préface écrite en 1855, les appelait de folles visions. Ce mot seul nous prouve que, d'une part, il était, en 1855, émancipé du Romantisme qui avait inspiré ses premiers vers et que, d'autre part, il sentait qu'un tel sujet et un tel titre (*Traumbilder*) étaient faits pour étonner le goût français, qu'il connaissait à fond, maintenant qu'il était devenu aux trois quarts Parisien. Et ne serait-ce pas pour une raison de ce genre qu'il a rejeté tous ses « *Nocturnes* » dont les « *Rêves* » font partie, au milieu du volume destiné aux lecteurs français, tandis qu'il

---

(1) Préface aux *Poèmes et légendes*, éd. franç., p. VIII.

a mis comme en vedette, au premier rang, une de ses dernières poésies, *Atta Troll*, autre rêve sans doute, mais rêve
bouffon, que l'auteur espérait faire accepter plus aisément
par notre esprit gaulois. Nous serons moins prudents que
Heine et nous commencerons par étudier sérieusement ses
« folles visions. » On sait qu'au fond il nous croyait très
peu capables de comprendre le génie allemand, excepté,
bien entendu, quand ce génie s'appelait Heine et encore
accompagnait-il ses œuvres françaises de préfaces explica-
tives dans lesquelles il nous disait, par exemple, avec sa ma-
licieuse ironie, qu'il comptait, pour être entendu, sur la
sagacité bien connue « des compatriotes de Champollion,
ce déchiffreur des hiéroglyphes ». Nous ne demandons pas
au lecteur, et nous n'espérons pas lui fournir nous-même
d'aussi grandes preuves de sagacité ; mais, si l'on peut fort
bien, croyons-nous, comprendre Heine et s'amuser même
à la lecture d'*Atta Troll*, sans être un Champollion, il n'en
est pas moins vrai que, pour goûter pleinement notre poète,
il faut savoir aussi se relâcher de certaines exigences, par
trop rigoureuses, du goût français ; il faut oser se dire qu'en
dehors des formes et des genres littéraires que nos grands
écrivains nous ont appris à aimer, il peut y avoir, hors de
chez nous, des façons très différentes et tout aussi légiti-
mes de sentir et d'exprimer le beau. Il est bien d'avoir le
goût difficile, et c'est justement ce que nous nous répétons
à nous-même au moment de juger les premières œuvres
de notre poète ; mais n'est-ce pas aussi un grand malheur,
pour un critique, d'avoir le goût trop exclusif, de ne pas
savoir sortir de chez lui, surtout quand il aspire à connaître
un auteur étranger ? Nous ne nous sommes pas assez gué-
ris, en France, de notre vieille manie de tout ramener à
nous-mêmes, à notre point de vue français. Déjà, au dix-
septième siècle, Saint-Évremond remarquait qu'on « nous
reproche justement de ne savoir estimer les choses que par

le rapport qu'elles ont avec nous (1). » Au siècle suivant, Grimm disait avoir vu le temps « où on était, en France, dans l'heureuse persuasion que tout ce qui n'était pas français mangeait du foin et marchait à quatre pattes... Un Allemand donnant quelques symptômes d'esprit était regardé comme un prodige. »

Heine a, depuis, rendu ce prodige fort croyable, mais il aurait fait un bien plus grand prodige encore s'il avait su, par son livre sur *l'Allemagne*, ouvrir les yeux à tant de Français qu'une éducation trop exclusivement classique empêche de voir et d'admirer de réelles beautés : gens pour qui les littératures étrangères ne seront jamais que d'étranges littératures. Ces remarques préalables, nous avons cru devoir les faire dans l'intérêt de notre poète, car il va, dès ses premiers pas, nous entraîner dans le mystérieux pays des songes. Avant de juger ses vers et de voir ce que valent ses songes, il faut montrer pourquoi il a, dès ses débuts, choisi cette forme poétique qui reparaîtra si souvent dans ses œuvres.

Heine est parti du romantisme : or le romantisme allemand avait mis à la mode les songes poétiques. Sans entrer ici dans des détails qui trouveront leur place plus loin, contentons-nous de faire remarquer que, pour bien comprendre le romantisme allemand, c'est de la philosophie allemande, de l'idéalisme de Fichte, qu'il faut partir. Prenons, par exemple, cette forme du rêve, si chère aux romantiques et qui s'imposa à Heine dès ses débuts. Elle n'est pas autre chose qu'une interprétation littéraire, et une exagération à la fois, de l'idéalisme fichtéen. Qu'était-ce, en effet, que le monde extérieur dans la philosophie de Fichte? Rien que l'œuvre du moi ; mais le moi de Fichte, étant

____

(1) Saint-Evremond, édit. Giraud, Dissertation sur *l'Alexandre* de Racine, t. I, p. 295.

le moi moral, son œuvre, quelle qu'en fût d'ailleurs l'illu-
soire réalité, était du moins une œuvre ordonnée, réglée
par les lois morales. Le monde des romantiques, au contraire, sera un monde désordonné, parce que le moi qui l'a
créé n'est plus le moi moral du philosophe, mais le moi capricieux de l'artiste qui ne connaît pas d'autres lois que
sa fantaisie. La Fantaisie, voilà la vraie Muse du romantisme; le pur jeu, sans autre but que de s'amuser soi-même
du va-et-vient de ses propres pensées, voilà la seule occupation digne du poète; plus le génie sera capricieux, plus
il sera poétique : or où peut-il être plus capricieux que dans
le rêve? le rêve sera donc la forme poétique par excellence.
Pour faire de beaux vers, le poète devra commencer par
fermer les yeux et ce qu'il verra en songe sera tout aussi
réel que ce qu'il aurait vu, les yeux ouverts, puisque le
monde n'est rien que le rêve du poète. Ouvrez, par exemple,
un roman fameux du chef même du romantisme, le
« Sternbald, » de Tieck, vous y êtes promenés d'un rêve à
un autre et tous ces rêves ne sont du reste liés entre eux
et ne se ressemblent que par leur commune extravagance.

Et Sternbald est loin d'être une exception; les romantiques ont tous, suivant un mot que Gœthe a créé pour
eux, plus ou moins « sternbaldisé »; ils ont tous, dans leurs
œuvres, de quoi faire rêver et, plus encore, peut-être, de
quoi faire dormir le lecteur.

On ne dort pas chez Heine, même dans ses *Nocturnes*, parce qu'il a su mettre partout la vérité et la vie,
parce qu'il a, pour nous tenir éveillés, une verve endiablée
et qu'il est même capable de réveiller les morts et de les
faire danser et chanter au son de la guitare d'un plaisant
ménétrier qu'il a ressuscité, tout exprès, dans un de ses
Nocturnes.

On voit déjà ce qui distingue Heine des romantiques,
et, dès ses premiers essais lui donne parmi eux, au-dessus

d'eux, une place à part : nous n'avons plus affaire, chez lui, à ces êtres symboliques et par conséquent mort-nés, à ces pâles fantômes sans chair ni sang, qu'enfantera l'imagination maladive et mystique d'un Novalis ; les personnages qu'évoque la muse de Heine sont intéressants parce qu'ils sont vivants, parce qu'ils revivent sous nos yeux cette vie même du poète que nous venons de raconter.

Et n'est-ce pas là, du reste, le seul moyen de nous faire accepter cette forme du songe à laquelle Heine revient si souvent dans ses vers ? Qu'on se rappelle, pour prendre un exemple chez nous, les songes les plus connus de la tragédie française, ceux de Pauline et d'Athalie : sont-ils autre chose, au fond, que l'annonce de ce qui va arriver ? Ils sont vrais comme une prophétie, faite, à coup sûr, par un poète qui est maître des événements ; ils sont comme une représentation anticipée de la réalité, une image fidèle de l'avenir enfin, de même que les songes de Heine sont l'image fidèle de son propre passé. Et c'est pourquoi le merveilleux qui y règne n'est pas un de ces « merveilleux absurdes », que repoussait justement Boileau comme étant « sans appas » pour le lecteur et qui faisait les délices des romantiques allemands, contemporains de Heine ; c'est un merveilleux admissible et artistique parce qu'il est ordonné, un merveilleux enfin qui donne au lecteur l'illusion de la réalité, parce qu'il est la réalité même animée seulement et poétisée par le génie.

Nous pourions relever d'autres qualités de Heine, par lesquelles il se rapproche encore de nos auteurs français, dans sa manière de raconter ses songes, mais nous devons tout d'abord montrer comment il se sépare d'eux absolument sur un point important : le merveilleux français n'est pas seulement l'ennemi de la confusion et du désordre, comme nous l'affirmions tantôt, il l'est aussi du bizarre, du chimérique, de tout ce qui n'a pas sa raison d'être, parce qu'il est un merveilleux raisonnable, parce que la raison chez nous est de toutes les fêtes données à l'imagination ; trop souvent même elle empêche celle-ci de s'ébattre librement, comme c'est pourtant son droit, dans le domaine de la fantaisie poétique. Nous n'aimons pas les aventures trop lointaines, notre imagination est bien une folle, mais c'est la « folle du logis » ; nous ne lui permettons pas volontiers de s'égarer dans les pays où il ne fait pas tout à fait jour, et où elle courrait pourtant la chance de rencontrer la grande poésie qui ne va jamais sans un peu d'obscurité, car ce qui est très clair est rarement très poétique. Et, de même, notre goût du vraisemblable nous rend trop dégoûtés de l'invraisemblable qui a cependant ses droits en poésie ; nous nous défions trop de ce que nous appelons volontiers les écarts du génie et qui ne sont bien souvent que les créations originales de la Muse, d'une Muse plus allemande, il est vrai, et plus anglaise que française, la Fantaisie. C'est la Fantaisie qui a dicté à Heine quelques-uns de ses *Lieder* les plus merveilleux et lui a suggéré ses « Songes » les plus bizarres ; la Fantaisie, qui peut, il est vrai, faire rimer des sottises aux esprits malades ou mal équilibrés, mais qui inspire aussi aux génies vigoureux et maîtres d'eux-mêmes des rêves ou des contes, étranges peut-être, mais encore plus poétiques, tels que les « Nocturnes ».

« Un rêve, à coup sûr bien étrange, m'a tout ensemble charmé et rempli d'effroi. Mainte image lugubre flotte encore devant mes yeux et fait tressaillir mon cœur.

« C'était un jardin merveilleux de beauté ; je voulais m'y promener gaîment. Tant de belles fleurs m'y regardaient, à mon tour je les regardais avec joie.

« Il y avait des oiseaux qui gazouillaient de tendres mélodies. Un soleil rouge rayonnait sur un fond d'or et colorait la pelouse bigarrée...

« Au milieu du parterre, il y avait une claire fontaine

de marbre. Là, je vis une belle jeune fille qui lavait un vêtement blanc.

« Des joues vermeilles, des yeux bleus, une image de
blonde sainte aux cheveux bouclés ; et, comme je la regardais, je trouvai qu'elle m'était étrangère, — et pourtant si
bien connue.

« La jeune fille se hâtait à l'ouvrage, en chantant un
refrain très bizarre :

« Coule, coule, eau de la fontaine, lave-moi ce tissu de
« lin ! »

« Je m'approchai d'elle et je lui dis tout bas : « Ap-
« prends-moi donc, ô belle et douce jeune fille, pour qui
« est ce vêtement blanc. »

« Elle me répondit aussitôt : « Prépare-toi, je lave ton
« linceul de mort ! » Et comme elle achevait ces mots,
toute cette image, tout, autour de moi, s'évanouit.

« Et je me trouvai transporté, comme par magie, au sein
d'une obscure forêt. Les arbres s'élevaient jusqu'au ciel, et,
tout surpris, je méditais, je méditais.

« Mais écoutez ! quel sourd résonnement ? c'est comme
l'écho d'une hache dans le lointain ; et, courant à travers
buissons et halliers, j'arrivai à une vaste clairière.

« Au milieu il y avait un chêne énorme, et voyez, c'é-
tait encore la jeune fille merveilleuse qui m'apparut, frappant à coups de hache le tronc du chêne.

« Et coup sur coup, brandissant sa hache et frappant, elle
chantait un refrain bizarre : « Acier clair, acier brillant !
« taille-moi du bois pour des planches solides. »

« Je m'approchai d'elle et je lui dis tout bas : « Ap-
« prends-moi, douce et belle jeune fille, pourquoi tu tailles
« ce bois de chêne ? »

« Elle dit aussitôt : « Le temps presse ; c'est ton cer-
« cueil que je construis ! » Et à peine elle eut parlé, que
toute cette image, tout, autour de moi, s'évanouit.

« Et au loin et au large s'étendit une lande pâle et chenue ; je ne savais plus ce qui m'était arrivé, je me tins là,
immobile et frissonnant.

« Et comme j'errais au hasard, j'aperçus une forme blanche ; je courus de ce côté, et voilà que je reconnus encore la
belle jeune fille. Elle était penchée sur la pâle lande et s'occupait à creuser la terre avec une pioche. Je m'avançai lentement pour la regarder encore ; elle était à la fois une
beauté et une épouvante.

« La belle jeune fille, en se hâtant de bêcher, chantait un
refrain bizarre : « Pioche, pioche au fer tranchant, creuse
« une fosse large et profonde. »

« Je m'approchai d'elle et je lui dis tout bas : « Ap-
« prends-moi donc, ô douce et belle jeune fille, ce que si-
« gnifie cette fosse ? » Elle me répondit bien vite : « Sois
« tranquille, la fosse que je creuse, c'est ta tombe ! » Et
comme la belle jeune fille parlait ainsi, je vis s'ouvrir la
fosse toute béante.

« Comme j'y jetais un regard, un frisson de terreur
me prit, et je me sentis poussé dans l'épaisse nuit du tombeau (1). »

Telle est la première poésie qui ouvre les « Nocturnes » ;
on y remarque déjà deux des principales qualités qui ca-
ractérisent le génie de Heine : c'est, d'une part, une habileté
très particulière à nous émouvoir par des contrastes qu'il
ne développe pas et qui n'en sont que plus poignants ; et,
d'autre part, un art singulier, dans lequel il ira toujours
grandissant et qui fera de lui le peintre de génie des futurs
Lieder, l'art de dessiner en quelques traits tout un paysage,
fût-il complètement imaginaire, et d'animer avec quelques
mots ses personnages, fussent-ils des fantômes comme dans

____

(1) *Buch der Lieder : Traumbilder*, II. Édit. franç., *Poëmes et légendes*, p. 148.

la poésie qu'on a lue. Prenons d'abord le contraste : il est, pour ainsi dire, latent dans cette première poésie, comme dans la plupart de celles qui suivront, et il nous émeut d'autant plus que nous n'y faisons pas attention en lisant le poète ; il est même, selon nous, la source secrète de l'émotion que nous font éprouver ses vers. Ce contraste n'est pas, comme dans la plupart des plaintes amoureuses, entre la beauté et la cruauté de la personne aimée, il est bien plutôt entre le mal que fait la jeune fille et sa parfaite tranquillité. La bien-aimée de Heine n'est pas précisément ce qu'on appelle en style poétique une cruelle beauté ; Heine ne s'étonne pas, dans ses vers, qu'on puisse être, suivant l'expression de Victor Hugo : « Si belle avec un cœur d'acier. » Sa bien-aimée est une innocente et douce jeune fille, qui ne se doute pas et, partant, ne s'inquiète pas du martyre qu'elle fait endurer à celui qui l'aime (1) ; on dirait une enfant qui s'amuse à piquer doucement et gentiment, avec une épingle, un papillon qu'elle aime bien, et qu'elle s'étonne de voir palpiter et battre de l'aile (2).

Et de quoi se plaindrait-il? ne le mettra-t-elle pas dans une jolie boîte qu'elle a construite exprès pour lui et où il reposera si bien (3)!

Et en effet, le poète, dans « les Rêves » du moins, n'a garde

(1) Ich schau'sie an, das holde Bild!
  Ich schau'sie an, sie lächelt mild.
        (*Traumbilder*, VI.)

(2) Doch sträube dich nicht schaudernd bang,
  Ich bin dir hold und gut.
        (*Traumbilder*, IX.)

(3) Ich zimmere deinen Todtensarg.
   Sei still, ich hab'
  Geschaufelt dir ein *kühles* Grab.
       (*Traumbilder*, II.)

de se plaindre et de s'indigner : il appelle sa fiancée des plus doux noms et des plus caressants (« Fein Liebchen, holdes Bild ») ; mais qui ne voit que c'est cela même qui fait l'amertume infinie de sa douleur et nous donne déjà le secret de cette effrayante ironie qui nous attend à la lecture de ses Lieder ? n'est-ce pas, en effet, cette vision même, sans cesse répétée, d'une innocente enfant aux yeux bleus, qui va envenimer, jusqu'à la rendre inguérissable, la blessure que cette enfant lui a faite au cœur d'une main distraite, puisque le poète, en se représentant si inconsciente et si naïve celle qui le torture, s'enlève à lui-même le droit de maudire et de pleurer ?

« Apprends-moi donc, ô belle et douce jeune fille, pour qui est ce vêtement blanc ?

« Elle me répondit aussitôt : « Sois bientôt prêt, je lave « ton linceul de mort. »

Tout cela est dit le plus simplement du monde et produit sur nous d'autant plus d'effet. Heine, et c'est là justement cette seconde qualité que nous avons indiquée tout à l'heure, ne s'attarde jamais aux longues descriptions, il sait dire beaucoup en peu de mots ; nous aurons l'occasion de revenir plus loin et avec plus de détails sur cette brièveté expressive qui est un des plus grands mérites de ses tableaux et de ses portraits. C'est grâce à cette sobriété du peintre, à la fermeté de son dessin et à la netteté de ses contours, que ses personnages se détacheront, vivants et personnels, de cette multitude de formes sans vie qui flottent indécises dans les tableaux de la plupart des romantiques.

En regardant les personnages de Heine, même les plus étranges et les plus fantastiques, nous serons tentés de les reconnaître, bien que nous les voyions pour la première fois, et nous leur appliquerons ce mot par lequel Heine a eu l'heureuse inspiration de désigner, comme pour la rendre plus vivante encore à nos yeux, l'étrange jeune fille qu'il

5.

vient de rencontrer dans ce jardin enchanté : si étrangère et pourtant si connue (1) !

Comment il a souffert jusqu'à en mourir et tout ce qu'il a vu alors de risible et d'affreux à la fois dans cette « fraîche » tombe que lui avait préparée, avec tant de soin, la jeune fille aux cheveux blonds et aux joues roses, c'est ce que le poète va nous raconter dans les poésies suivantes qui semblent se succéder comme les marches d'un tombeau, car la dernière scène se passe chez les morts.

Voici d'abord l'amant éconduit, mais qui connaît les devoirs de la politesse et vient en « habit noir et gilet de satin » faire son compliment à la jolie mariée :

« Et tout à coup dans mon rêve se tint devant moi ma douce et chère maîtresse. Je m'inclinai et je dis : Êtes-vous la mariée ? S'il en est ainsi, recevez les sincères compliments de votre très humble serviteur. — Mais ce ton de froide politesse m'étranglait... (2) ! »

On le voit, Heine s'essaye à l'ironie, il n'y est pas encore passé maître, puisqu'il ne peut soutenir jusqu'au bout le ton de la moquerie froide et impassible ; mais ce début même et les vers du « cimetière », que nous citerons plus loin nous font déjà pressentir le sombre railleur des « Lieder ».

Le voici maintenant, dans un autre Rêve, qui assiste au repas de noces : « La mariée avait le bonheur dans les yeux ; le fiancé lui serrait la main. » Les violons et les trompettes, le feu resplendissant des bougies et des torches, tout ce bruit et cet éclat « attristent et accablent » le poète qui a pourtant la force de trouver cette image à la fois plaisante et sinistre, c'est-à-dire, tout à fait dans sa manière ordinaire : « La mariée prit une jolie petite pomme et la tendit au fiancé.

---

(1) So fremd und doch so wohlbekannt !
(2) *Traumbilder*, III.

Il prit un couteau, l'y enfonça : — hélas ! c'était mon cœur que le couteau perçait (1) ! »

Nous voici enfin au cimetière : après une scène horrible et grotesque, où l'on voit « tout l'enfer déchaîné », mais un enfer carnavalesque avec des pasteurs aux pieds fourchus, des bouquetières bossues qui sautent et font la culbute aux sons criards des violons que raclent fiévreusement des petits musiciens, secs et minces comme le vent ; après cette scène indescriptible que Heine lui-même a renoncé à traduire ou à faire traduire en français, car le français ne saurait rendre tous ces trépignements et tous ces miaulements que les chats noirs et les vieilles sorcières nous font entendre dans l'infernal tintamarre de cette poésie (2), Heine nous convie à un concert moins diabolique : il est minuit, un beau clair de lune éclaire doucement le cimetière ; un vieux ménétrier sort de sa tombe et « pinçant vivement les cordes de sa guitare, se met à chanter d'une voix tremblante : « Connaissez-vous encore la vieille chanson, cordes sourdes et sinistres ? cette chanson qui autrefois embrasait si vivement vos cœurs : les anges la nomment joie céleste, les démons la nomment mal infernal, les hommes la nomment amour ! »

A ces mots, qui révèlent le digne fils des vieux et populaires « Minnesänger » ou chanteurs d'amour, les tombes s'ouvrent, l'une après l'autre ; il en sort une foule de spectres qui entourent le ménétrier et s'écrient en chœur : « Amour ! amour ! ta puissance nous a couchés ici et nous a clos les yeux. Pourquoi nous éveilles-tu dans la nuit ? » — Bravo ! bravo ! reprend le ménétrier ; toujours fous !

(1)   Die Braut ein hübsches Aepflein nahm,
         Und reicht es hin dem Bräutigam ,
         Der nahm sein Messer, schnitt hinein,
         O Weh ! Das war das Herze mein.

                                    (*Traumbilder*, V.)

(2) *Traumbilder*, VII.

Soyez les bienvenus ! vous avez compris le mot de mon évocation. Nous reposons toute l'année, silencieux comme des marmottes dans nos sépulcres. Égayons-nous aujourd'hui ! Regardez, sommes-nous seuls ? Sauf votre respect mes frères, nous étions tous de notre vivant des fous, des archi-fous, qui nous abandonnions avec une folle ardeur à cette folle passion de l'amour. Puisque nous sommes entre nous et qu'aucun étranger ne nous écoute, amusons-nous par le récit de nos mésaventures ; que chacun de nous raconte ce qui l'a amené ici et comment l'a pourchassé, harcelé et déchiré cette meute acharnée des désirs amoureux. »

Et tous ceux qui sont morts du mal d'aimer, tous ceux que la passion a rendus fous ou criminels, viennent, l'un après l'autre, raconter d'une voix narquoise et en termes bouffons, comme pour se dédommager d'avoir été les jouets de l'amour, leur tragique ou ridicule histoire. Et dès qu'un récit est fini « tous les esprits éclatent d'un rire bruyant » : ils trouvent sans doute que celui qui vient de parler était encore plus fou qu'eux-mêmes.

Parmi tous ces pauvres diables, un seul nous intéresse : c'est un jeune homme « affublé d'un paletot d'étudiant en peluche blanche ». Quand il sera à Bonn, Heine portera justement ce costume (1), et il parle comme s'il était déjà étudiant : « Dans sa chaire, le professeur pérorait et bavardait et je dormais de bon cœur, étendu sur mon banc ; j'aurais mille fois préféré me trouver auprès de la gracieuse fille du pédant. Elle m'avait souvent fait de tendres signes de sa fenêtre, la fleur des fleurs, la vie de mon âme.

« Pourtant la vie de mon âme, la fleur des fleurs, fut cueillie par la main sèche d'un Philistin richard. Je donnai au

______

(1) On pourrait peut-être voir là un indice (non une preuve), que cette poésie a été composée ou retouchée après le séjour de Bonn.

diable les femmes et les riches coquins, je mêlai de l'opium dans mon vin, et je trinquai avec la mort : A ta santé, me dit la mort, je m'appelle l'ami Hain (1). »

A ce récit, les esprits éclatent de rire, comme l'auteur lui-même, qui rit ici de ce rire amer que nous lui connaissons, pour mieux dévorer ses larmes ; mais voici le ménétrier qui impose silence et entonne ce refrain mélancolique : « J'ai autrefois chanté une belle chanson, maintenant elle est finie ; quand le cœur se brise dans la poitrine, il faut dire adieu aux chansons (2). »

Tels sont les premiers chants d'amour de Heine ; on peut dire, à la lettre, que le seuil de son œuvre est pavé de tombeaux ; nous finissons par trouver monotone le ricanement de ses spectres et nous demandons au poète qu'il nous délivre et se délivre lui-même de ce cauchemar qui pèse

______

(1) L'édition française traduit : « A ta santé, me dit la mort, et nous nous embrassâmes en bons camarades. » « Freund Hain, » l'ami Hain, est une vieille locution d'étudiant pour désigner la mort. Le mot vient, dit-on, du nom d'un docteur en médecine, Hain, ami de Claudius.

(2)   Ich hab' mal ein Liedchen gesungen,
             Das schöne Lied ist aus;
             Wenn das Herz im Leibe zersprungen,
             Dann gehn die Lieder nach Haus!
                   (*Traumbilder*, VIII ; éd. franç., p. 158.)

Musset s'écriera, de même, avec une éloquence plus expansive, comme il convient à un poète français, non avec cette brièveté expressive, avec cette tristesse refoulée sur elle-même, et d'autant plus navrante, de Henri Heine :

             J'ai vu le temps où ma jeunesse
             Sur mes lèvres était sans cesse
             Prête à chanter comme un oiseau ;
             Mais j'ai souffert un dur martyre,
             Et le moins que j'en pourrais dire,
             Si je l'essayais sur ma lyre,
             La briserait comme un roseau.

sur son imagination assombrie. Aussi, tout en rendant pleine justice au jeune auteur des « Rêves », tout en cherchant à découvrir, dans ces poésies, la première annonce et comme les premières fleurs d'un génie poétique qui s'épanouira bientôt avec une si éclatante richesse, dans les Lieder, est-ce pourtant avec un vrai plaisir que nous rencontrons, chemin faisant, une poésie d'un genre tout différent. Une belle surprise attend le lecteur dans ces premiers essais. On pourrait croire, d'après les vers que nous avons cités, que Heine s'était enfermé dans son noir chagrin et se condamnait ainsi lui-même à ne chanter que l'amour et ses éternelles duperies. Mais, tout à coup, le poète fait taire sa propre douleur ; ému et inspiré, cette fois, par l'infortune d'autrui qui semble l'élever au-dessus de lui-même, à la vue des malheureux soldats qui reviennent de la campagne de Russie, il écrit un chant magnifique, d'une fière et superbe tristesse, intitulé « les Grenadiers ».

Le « Tambour le Grand » et les « Grenadiers », ces deux œuvres ont jailli d'une même inspiration : l'amour de la France et l'enthousiasme pour celui qui en était au dehors la glorieuse personnification, pour « le Grand Empereur ».

Mais comment se fait-il que la gloire de Napoléon et ce merveilleux prestige, qu'il garda, même après ses malheurs et ses fautes, sur tous les survivants de la « grande armée », n'aient jamais été mieux chantés, ni avec une plus sincère éloquence, que par un poète allemand ? C'est pour répondre à cette question que nous allons essayer d'écrire, dans le chapitre suivant, comme le commentaire historique du « Tambour Legrand » et du Lied des « Grenadiers ».

CHAPITRE V.

**Dernières années et bienfaits de l'occupation française à Dusseldorf. —
Fin du tambour Legrand. — Le chant des Grenadiers.**

Ni l'enseignement du français, que le jeune Harry reçut au lycée de Dusseldorf, ni les leçons, tout à fait originales, d'histoire de France, que M. Legrand lui donna ou
plutôt lui battit sur son éloquent tambour, ne suffisent à
expliquer cet ardent enthousiasme qu'avait, dès son jeune
âge, ressenti notre poète et qu'il conserva toute sa vie
pour celui qu'il appelait avec nous « le grand Empereur ». Nous supposons des motifs plus sérieux à un culte
si sincère et si inébranlable. Nous savons déjà que le père
de notre poète était un admirateur fervent de Napoléon
et nous devons en conclure que c'est dans les conversations avec son père, dans les entretiens de famille, que le
jeune Henri puisa ses premières sympathies pour celui qu'il
devait tant exalter dans ses œuvres. Mais comment les
Heine, et beaucoup d'autres sans doute avec eux, à Dusseldorf, avaient-ils fini par estimer, par aimer presque leur
vainqueur ? Sans doute les glorieuses campagnes de Napoléon avaient ébloui l'imagination des habitants des provinces rhénanes, naturellement épris de gloire militaire.
On connaît le goût des Allemands pour le merveilleux et
la féerie : et quoi de plus féerique que l'étonnante fortune
de ce héros « qui n'avait eu par exemple qu'à souffler,
pour la faire disparaître, sur cette monarchie prussienne que
n'avaient su défendre ni les armées, ni les souvenirs du
grand Frédéric, réunis aux légions longtemps invincibles
du successeur de Pierre le Grand. » Ainsi parle, pour expliquer la grande admiration que l'empereur excitait en

Allemagne, le Français à qui avait été confiée l'administration du grand duché de Berg, avec Dusseldorf pour capitale, le comte Beugnot.

Le comte Beugnot, qui gouvernait le grand duché au nom du fils aîné du roi de Hollande, était un administrateur intelligent qui prit sa tâche très au sérieux : « Je travaillais du soir au matin, dit-il, avec une ardeur singulière ; j'en étonnais les naturels du pays, qui ne savaient pas que l'empereur exerçait sur ses serviteurs, si éloignés qu'ils fussent de lui, le miracle de la présence réelle. Je croyais le voir devant moi, lorsque je travaillais, enfermé dans mon cabinet, et cette préoccupation assidue, qui m'a quelquefois inspiré des idées au-dessus de ma sphère, m'a plus souvent préservé des fautes qui naissent de la négligence ou de la légèreté. »

Travailler, c'était bien là le premier devoir de l'administrateur du grand duché de Berg, car ce qu'on exigeait de lui, c'était qu'il transformât le pays tout entier par des réformes radicales. Nous indiquerons rapidement les plus importantes de ces réformes, car elles nous feront comprendre les sentiments de Heine et de ses compatriotes à l'égard des Français. — On a vu (1) ce qu'était l'Allemagne, à l'époque où les Français s'emparèrent du Rhin, que de coutumes surannées, de maximes de gouvernement rétrogrades régnaient encore dans tous ces petits États opprimés par de petits princes. Or les hommes qui venaient administrer les provinces du Rhin étaient des fils de la révolution. Napoléon disait un jour, à Dusseldorf même, se plaignant à Beugnot de ce qu'il ne pouvait pas compter aussi sûrement sur ses plus jeunes serviteurs que sur ses contemporains : « Vous étiez tous, à des titres différents, les enfants de la révolution : elle vous avait trempés dans ses

____

(1) Chapitre II.

eaux et vous en étiez sortis avec une vigueur qui ne se retrouvera plus (1). » Ce n'était pas seulement une vigueur nouvelle que la Révolution avait communiquée à tous ces serviteurs de Napoléon, c'était aussi un esprit nouveau, qu'ils portaient partout avec eux, comme faisait d'ailleurs leur chef lui-même, en dépit de ses détestables retours vers le passé (2). Un des jugements les plus équitables, croyons-nous, qui aient été portés sur la révolution française est celui de Mallet du Pan : « Il s'est fait deux révolutions : l'une morale, dans les esprits, qu'elle a pénétrés de vérités et de demi-vérités dont le fondement restera ; l'autre, scélérate et barbare, sera la plus facile à extirper, une fois la force tombée de ses mains. »

Cette révolution « morale », et nous entendons par là une révolution dans les lois et dans les mœurs, nous allons voir les provinces rhénanes en bénéficier ; l'Allemagne entière du reste en profitera plus tard comme toute l'Europe moderne, et il ne nous paraît ni juste ni généreux, de la part des historiens allemands, de ne se souvenir aujourd'hui que de « la révolution scélérate et barbare » qui nous a coûté à nous, et à nous seuls, tant de larmes et de sang.

Nous n'oublions pas certes tout le mal que Napoléon Ier a fait à l'Allemagne et, par contre-coup à nous-mêmes, qui

(1) *Mémoires* de Beugnot, t. I, p. 459.

(2) Qu'on lise ce fragment de conversation, dans un salon russe, en 1805 :

« La Révolution a été une grande œuvre, continua Pierre. — La Révolution et le régicide (meurtre du duc d'Enghien), une grande œuvre? — Je ne parle pas du régicide, je parle de *l'idée*. — Oui, l'idée du pillage, du meurtre et du régicide, dit en l'interrompant une voix ironique. — Il est certain que ce sont là les extrêmes ; *mais le fond véritable de l'idée, c'est l'émancipation des préjugés, l'égalité des citoyens, et tout cela a été conservé par Napoléon dans son intégrité.* » (*La Guerre et la Paix*, roman historique, trad. par une Russe, tome Ier. *Avant Tilsitt* (1805-1807), Hachette, 1885, p. 20.)

l'avons payé si cher. Nous n'oublions pas davantage que le plus grand de tous les biens, c'est la liberté et que l'Allemagne ne fut pas plus libre que la France sous la main de fer du grand despote; mais il doit nous être permis aussi de rappeler les incontestables bienfaits qui accompagnèrent la domination française dans plusieurs provinces allemandes et notamment dans les provinces qui nous intéressent.

Tout ce qui tenait au servage et à la féodalité avait été déjà supprimé lors de la précédente occupation française : Beugnot en profita pour introduire partout le code civil qui remplaça, au grand avantage des citoyens, les mille lois et coutumes contradictoires qu'on rencontrait partout et qui embrouillaient tout (1).

Dans les campagnes, les deux tiers de la terre appartenaient au clergé et à la noblesse : « le gouvernement français donna au paysan la possibilité d'acquérir plus de terres qu'il n'avait jamais rêvé d'en posséder. » Les lois promulguées en France, le 25 novembre 1802, sur la vente des domaines nationaux furent appliquées au grand-duché : on acheta les biens des nobles et des ecclésiastiques; plus de dîmes, plus de corvées, le paysan pouvait désormais cultiver son champ en toute sécurité; son blé se vendait bien, on vivait dans l'abondance à la campagne; les écrivains du temps ne tarissent pas sur les fortunes rapides des paysans qui venaient dans les villes étaler leur luxe et pour lesquels « aucun vin n'était assez bon, ni assez cher ». — « Le bien-être augmente tous les jours à la campagne, »

(1) M. Rudolf Gœcke, dans l'ouvrage, déjà cité, sur le grand-duché de Berg, et écrit presque tout entier d'après les archives mêmes de Dusseldorf, montre, par des documents officiels, que le Code Napoléon, « le plus grand joyau de la couronne impériale, » fut, en somme, accueilli avec enthousiasme par les provinces rhénanes. C'était enfin le *droit* (*Jus*) qui remplaçait la *confusion des droits* (confusio jurium), p. 39.

écrit Görres le 1er mars 1812 ; « il semble que le règne des paysans soit arrivé. »

Dans les villes, on pouvait enfin dormir en paix : jamais on n'avait joui, dans les quatre départements, d'une sécurité pareille à celle que maintenait partout la main ferme de la police impériale. Depuis que le fameux brigand Schinderhannes, qui répandait la terreur sur les bords du Rhin, avait été arrêté et exécuté avec toute sa bande en 1803, les vols et brigandages étaient devenus plus rares que jamais ; pour la première fois, les receveurs des contributions osaient, après leur tournée dans les villages, rentrer seuls, la nuit, par les routes désertes, leur sac d'argent au bras. « La gendarmerie était composée d'hommes qui exerçaient déjà, par eux-mêmes, une autorité morale sur leurs concitoyens ; la netteté et la brièveté de leurs rapports plongeaient dans l'étonnement les employés allemands (1). » Ajoutons qu'on avait opéré ces heureuses réformes avec mesure, avec de sages ménagements pour les besoins et les institutions existantes du pays. « L'adoption du code civil avait exigé la conversion du servage et du colonat en propriétés libres. Nous y avions procédé avec une sage émulation, entre M. Rœderer et moi, à qui respecterait de plus près les droits des anciens propriétaires et apparemment nous y avions réussi, car il n'y eut de leur part aucune réclamation (2). » Et ce témoignage, que Beugnot se donne à lui-même, est ratifié par l'historien allemand le plus impartial et le plus compétant de cette époque, par Perthes. Dans aucune des villes du Rhin soumises à la France, dit Perthes en propres termes, on ne peut remarquer ni amertume ni seulement mauvais vouloir contre le nouveau gouvernement (3). Aussi, lorsque Napoléon visita les bords du

(1) Perthes, *Politische Zustände und Personen in Deutschland*, I, 311.
(2) *Mémoires* de Beugnot, t. I, p. 480.
(3) Perthes, ouvrage cité, t. I, p. 313.

Rhin, en mai 1804, reçut-il, dans toutes les villes qu'il traversa, l'accueil le plus empressé, le plus enthousiaste même, et les fêtes qu'on lui donna partout, nous dit encore Perthes, étaient l'expression spontanée de l'admiration qu'on avait conçue pour le restaurateur de l'ordre et de la sécurité publiques (1).

Voilà, croyons-nous, un ensemble de faits éloquents que nous pouvons recommander à l'attention de tous les critiques allemands qui ont reproché à Heine d'avoir aimé la France. Et que serait-ce, si nous nous plaisions à énumérer les persécutions, ridicules ou atroces, auxquelles étaient en butte les coreligionnaires du poète? Qu'il nous suffise, pour le moment, de rappeler que les Israélites, qui avaient gagné la croix ou le diplôme d'officier en défendant leur patrie dans « la guerre de l'indépendance » de 1813, durent, au retour, quitter l'armée sous peine de se voir dégrader publiquement. C'était l'époque où les juifs étaient, à Francfort, confinés dans ce *ghetto* dont on peut voir encore, à cette heure, les derniers pans de mur (2). Tous les dimanches, à quatre heures de l'après-midi, les portes de la rue des Juifs étaient fermées et la garde avait ordre de ne laisser passer que ceux qui étaient porteurs d'une lettre pour la poste ou d'une recette de médecin. Il ne pouvait y avoir que vingt-quatre mariages par an chez les Juifs de la ville, afin que les regards des chrétiens ne fussent pas offusqués par un trop grand nombre de ces parias dans lesquels les Allemands se sont toujours refusés à voir leurs semblables.

Or, un beau matin, en 1811, un spectacle absolument nouveau pour l'Allemagne s'offrit aux yeux des habitants de Dusseldorf; Napoléon venait d'arriver dans leur ville et voici ce que nous raconte Beugnot : « Les chefs des cultes

(1) Perthes, ouvrage cité, t. I, p. 314.
(2) Écrit en novembre 1884, après un voyage à Francfort.

admis dans le grand-duché se présentèrent ensemble, sur une seule ligne, devant Sa Majesté. Le chef de la synagogue occupait le centre, ayant à sa droite le doyen du chapitre catholique, à défaut d'évêque, et à sa gauche le plus ancien des ministres protestants. Le rabbin avait une belle tête de vieillard et qui s'harmonisait à merveille avec son costume... Il prononça d'une voix grave le discours suivant : « Sire, les ministres des religions qui reconnaissent le même Dieu, prêchent la même morale et s'efforcent également, mais par des moyens quelquefois différents, de rendre les hommes vertueux sur la terre et dignes d'une meilleure vie dans le ciel, ne se sont pas séparés pour mettre leurs hommages aux pieds de celui qui, nouveau Cyrus, a rebâti nos temples, relevé nos autels et rétabli l'antique honneur de nos solennités. Ils vous protestent, Sire, d'instruire les peuples à l'amour de votre personne sacrée, au respect de vos lois, à la reconnaissance de vos bienfaits et ils se sentent dignes d'en donner l'exemple. » — L'Empereur répondit : « Je reçois vos hommages et j'approuve vos sentiments : tous les hommes sont frères devant Dieu. Ils doivent s'aimer et se supporter, quelle que soit la différence des religions. . Vous en donnez ici un bon exemple (1). »

Le rêve de Nathan le Sage, ce beau rêve de l'égalité des cultes, exprimé en beaux vers par Lessing, était enfin réalisé sur le sol allemand : mais il avait fallu pour cela, disons-le bien haut, que les armées françaises fissent leur entrée en Allemagne avec les principes de 89 dans les plis de leurs drapeaux.

(1) Beugnot, t. I, p. 444. Ces paroles, que rapporte Beugnot, sont celles qui parurent dans *le Moniteur :* elles reproduisent, sinon le texte exact, du moins le sens vrai de la réponse de l'Empereur, car « en somme », dit M. R. Goecke, dans son impartiale étude, « le gouvernement français montra une louable tolérance envers les différentes confessions ». (Ouvrage cité, p. 42.)

On s'explique maintenant, après ce fidèle résumé de l'administration française à Dusseldorf, pourquoi nous avions gagné, pourquoi nous gardâmes longtemps, même après notre départ, les sympathies des compatriotes et surtout des coreligionnaires de notre poète. Nous avions transformé leur pays, nous en avions fait un état moderne, en avance sur tous les pays voisins. Dès lors, ce qu'on est convenu d'appeler en Allemagne le chauvinisme français de Heine ne nous paraît plus être qu'une juste reconnaissance envers nous. C'est, dans tous les cas, en pensant à tout ce que nous avions fait pour son pays, qu'on doit lire celles de ses œuvres où il parle de la France ; par exemple, nous comprenons mieux maintenant cet enthousiasme pour la personne de l'Empereur, qu'il a exprimé avec tant de sincérité et d'éloquence dans le *Tambour Legrand*.

Dans ce voyage de 1811, où le rabbin de Dusseldorf lui avait si noblement parlé au nom des trois religions à la fois, l'Empereur avait étonné ses nouveaux sujets par sa facilité prodigieuse à entrer dans les détails les plus arides, dans les questions les plus minutieuses de finance et d'administration. Beugnot lui-même, qui connaissait cependant la rapidité de conception de son maître, n'en revenait pas : « il (Napoléon) avait adressé si juste ses paquets de questions, qu'il était dès le premier jour, avant de se coucher, mieux au courant des intérêts du pays que je ne l'étais moi-même. » Il avait, durant plusieurs heures, querellé et harcelé Beugnot sur des questions de finance où il savait très bien lui-même qu'il n'avait pas tout à fait raison : mais c'était là sa façon de tenir ses gens en haleine. « Au conseil d'État, raconte Beugnot, il accabla sous l'admiration ces bons Allemands qui ne devinaient pas comment leurs intérêts lui étaient devenus familiers et s'émerveillaient avec quelle supériorité il en traitait. M. Fuchsius (un Allemand qu'on avait fait ministre pour se conformer aux injonctions de l'Empereur, qui voulait qu'on confiât, autant que possible, les emplois publics à des indigènes), M. Fuchsius me dit, au sortir de ce conseil : Monsieur, j'ai lu bien des choses sur l'Empereur, j'en avais entendu dire davantage, mais je ne le connaissais pas encore : c'est plus qu'un homme (1) ! »

Plus qu'un homme ! n'est-ce pas là ce que le jeune Henri entendait répéter autour de lui et ne sommes-nous pas arrivés enfin à reconstituer peu à peu, ce qui était le but de tout ce chapitre, le milieu moral dans lequel a été composé le *Tambour Legrand* ? Heine avait, bien des fois, entendu raconter les merveilleuses campagnes de Napoléon. Il savait qu'un jour il pourrait, s'il voulait, aller combattre sous les drapeaux de « l'invincible Empereur », puisque désormais les Juifs étaient soldats au même titre que les chrétiens. Quelle ne fut donc pas son émotion lorsque tout à coup, au détour d'une allée, il vit celui dont le nom et l'éloge étaient dans toutes le bouches ! « Mais que devins-je lorsque je le vis lui-même, de mes propres yeux, lui en personne, hosanna ! l'Empereur ?

Il venait d'entrer dans cette même allée du jardin de la cour, à Dusseldorf. En me pressant à travers la foule ébahie, je songeais aux faits et aux batailles que M. Legrand m'avait si souvent tambourinés ; mon cœur battait la générale ;... et cependant, et en même temps, je pensais à l'ordonnance de police qui défend de passer à cheval dans les allées, sous peine de cinq thalers d'amende. Et l'Empereur avec sa suite chevauchait au beau milieu de l'allée ; les arbres, interdits, se courbaient en avant, à mesure qu'il avançait ; les rayons du soleil dardaient en tremblotant et d'un air de curiosité à travers le vert feuillage ; et sur le ciel bleu, on voyait distinctement étinceler une étoile d'or.

(1) Beugnot, *Mémoires*, t. I, p. 455.

L'empereur portait son simple uniforme vert et le petit chapeau historique. Il montait un petit coursier blanc et le cheval marchait si fier, si paisible, si sûrement, d'une manière si distinguée... Si j'avais été alors le prince royal de Prusse, j'aurais envié le sort de ce petit cheval. L'empereur se penchait négligemment sur sa selle; d'une main il tenait la bride élevée, de l'autre il frappait amicalement le cou du petit cheval. C'était une main de marbre qui éclatait au soleil, une main puissante, une de ces deux mains qui avaient dompté l'anarchie, le monstre aux mille têtes et réglé le duel des peuples; et elle frappait bonnement le cou de ce cheval. Sa figure avait aussi cette couleur que nous trouvons dans les têtes de marbre des statues grecques et romaines; les traits étaient noblement réguliers, comme ces figures antiques, et dans ses traits on lisait : « Tu n'auras pas d'autre Dieu que moi. »

Un sourire, qui échauffait et donnait le calme, voltigeait sur ses lèvres et, cependant, on savait que ces lèvres n'avaient qu'à siffler et la Prusse n'existait plus. Elles n'avaient qu'à siffler, ces lèvres, et le Vatican s'écroulait. Elles n'avaient qu'à siffler, et tout le saint empire romain entrait en danse. Et ces lèvres souriaient, et l'œil souriait aussi. C'était un œil clair comme le ciel, il pouvait lire dans le cœur des hommes; il voyait rapidement, d'un regard, toutes les choses de ce monde, tandis que nous, nous ne les voyons que l'une après l'autre, et que souvent nous n'en apercevons que les ombres colorées. Le front n'était pas aussi serein : là planait le génie des batailles; là se rassemblaient ces pensées aux bottes de sept lieues, avec lesquelles le génie de l'empereur traversait le monde et je crois que chacune de ces pensées eût fourni à un écrivain allemand de l'étoffe pour écrire sa vie durant.

L'empereur chevauchait paisiblement au milieu de l'allée. Aucun agent de police ne lui disputait le pas. Derrière lui, montée sur des chevaux écumants, galopait sa suite.

Les tambours retentissaient, les trompettes sonnaient et le peuple criait de ses mille voix : « Vive l'empereur ! (1) »

Trois pages plus loin, Heine, qui aime les contrastes, commence ainsi un nouveau chapitre : « Du sublime au ridicule il n'y a qu'un pas. » C'est justement le mot que prononçait Napoléon, un an seulement après cet accueil enthousiaste qu'il avait reçu à Dusseldorf. « Il y a un mois j'étais le maître du Nord, s'écriait-il tristement à Wilna, maintenant je ne le suis plus ; du sublime au ridicule il n'y a souvent qu'un pas. » Le mot pourtant n'était pas juste, car chacun sait que la campagne de Russie ne fut pour la France rien moins que « ridicule ». Ce qu'il eût fallu dire, c'est que de la gloire militaire la plus éclatante au plus immense désastre il n'y a souvent qu'un pas, et ce pas, une nation tout entière le fit alors pour obéir à la folle ambition d'un seul homme.

Tout le monde connaît ce magnifique réveil de l'Allemagne en 1813. Un peuple entier se levait pour la défense de ses droits et de sa liberté, car nous ne faisons aucune difficulté de reconnaître que les Körner, les Fichte et tant d'autres illustres patriotes combattirent alors pour une cause juste et sainte, puisqu'il s'agissait pour eux de l'indépendance même de leur pays. La seule remarque que nous tenions à

(1)   Mais bientôt, au soleil, cette tête admirée
           Disparut dans un flot de poussière dorée,
           Il passa. Cependant, son nom sur la cité
           Bondissait, des canons aux cloches rejeté ;
           Son cortège emplissait de tumulte les rues,
           Et, par mille clameurs de sa présence accrues,
           Par mille cris de joie et d'amour furieux,
           Le peuple saluait ce passant glorieux.

           (V. Hugo, *les Feuilles d'automne*, Souvenir d'enfance.)

faire ici, c'est que, si Napoléon n'eût pas fait cette malheureuse campagne de Russie, les Allemands n'auraient pas osé faire la campagne de 1813. Nous savons, en effet, avec quelle docilité les héros de la guerre de l'indépendance, une fois rentrés dans leurs foyers, se soumirent au despotisme de leurs princes, combien fut facile et incontesté en Allemagne le triomphe de la réaction, bien qu'on eût pris les armes, en 1813, non pas seulement pour affranchir l'Allemagne du joug étranger, mais pour conquérir aussi les libertés politiques dont notre révolution avait donné l'exemple à nos voisins.

On peut lire, dans le grand historien libéral, Gervinus (1), les plaintes qu'arrachait à des patriotes tels que Arndt, Perthes, Luden, le spectacle de cet affaissement honteux, tant il fut subit, de l'Allemagne entière ; ils avaient peine à comprendre que ce fût cette même nation, redevenue si docile au joug de ses anciens maîtres, qui avait été capable d'un aussi grand effort que la guerre d'indépendance ; le comte de Gessler avoue que, lorsqu'il parcourait le récit des grandes batailles qui furent livrées alors, « il croyait lire un conte des Mille et une Nuits (2) ». Si les héros de 1813 avaient pu réaliser ce qui, un an plus tard seulement, faisait l'effet d'un conte à des esprits clairvoyants et impartiaux, ce n'est pas uniquement, comme beaucoup l'ont cru, parce que le despotisme de Napoléon s'était plu follement à froisser leur amour-propre et à blesser leur fierté nationale : c'est aussi parce que les Allemands avaient vu nos soldats revenir de Russie. Le spectacle lamentable qui s'offrit alors à leurs yeux, c'est là, aussi bien que les discours de leurs philosophes et les vers de leurs poètes, ce qui leur donna le désir et le courage de prendre les armes contre nous. Heine

(1) Gervinus, *Histoire du dix-neuvième siècle*, trad. française de Minssen, t. IV, p. 97.
(2) Gervinus, *ibid.*

parle donc, non pas en simple humoriste, mais en véritable historien, quand il écrit dans son livre *de l'Allemagne :* « Lorsque Dieu, les frimas et les Cosaques eurent détruit les meilleures troupes de Napoléon, nous autres, Allemands, il nous prit la plus grande envie de nous délivrer du joug étranger (1). »

Nous n'avons garde de raconter, après tant d'autres, la campagne de Russie. Nous voudrions seulement montrer au lecteur dans quel état lamentable apparurent aux Allemands les débris de la grande Armée. Car ce que vit l'Allemagne dans ce rude et funèbre hiver de 1812, c'est justement ce que Heine va nous dépeindre dans les dernières pages du *Tambour Legrand* et ce qui va lui inspirer un de ses chefs-d'œuvre lyriques, *les Grenadiers.* Le tableau historique que nous allons mettre sous les yeux du lecteur servira donc à la fois à contrôler le récit en prose du *Tambour Legrand* et à illustrer les vers du poète (2).

Dans les premiers jours de l'année 1813 la neige commença à tomber; la campagne fut bientôt toute blanche comme un linceul. On vit apparaître, aux premières maisons des faubourgs des grandes villes allemandes, un lent et muet cortège : c'étaient les Français qui revenaient de Russie... on aurait dit des cadavres ambulants... Ils étaient tous sans armes, les vêtements sales et en lambeaux;.. les loques qu'ils avaient pu trouver en chemin, ils les avaient jetées sur leurs épaules ou sur leur tête pour se garantir contre un froid qui perçait les os. Les uns portaient ainsi de vieux sacs,

(1) *De l'Allemagne,* t. I, p. 214, éd. franç.

(2) Ce qui fait, nous a-t-il semblé, pour des lecteurs français, l'intérêt des pages qu'on va lire, c'est qu'elles reproduisent, en grande partie, un tableau très pittoresque et historique que M. Freytag a tracé dans son livre sur *le Passé de l'Allemagne* et dont il a emprunté tous les traits aux récits de témoins oculaires, tels que pasteurs et curés de campagne. (*Bilder aus der deutschen Vergangenheit,* tableaux du Passé allemand ; 4ᵉ vol., Aus Neuer Zeit, 400.)

des couvertures de chevaux, d'autres des châles usés, des peaux de chat et de chien : on voyait des grenadiers couverts de peaux de mouton, des cuirassiers affublés de manteaux de femmes ; la plupart avaient les oreilles et le nez gelés et rouges comme du feu, leurs yeux sombres s'enfonçaient, à demi éteints, dans leurs orbites. Beaucoup s'étaient fait des souliers avec de la paille et la peau de leurs sacs... Tous chancelaient, appuyés sur des bâtons... Les soldats de la garde se distinguaient à peine du reste de l'armée, tant leurs manteaux étaient usés ;... ainsi se glissaient, pêle-mêle, officiers et soldats, tête basse, dans un sombre mutisme. La faim et le froid et une misère indicible avaient fait d'eux des ombres errantes, lamentables...

Ils arrivaient par la grande route, dès que le crépuscule et le brouillard glacé de l'hiver s'étendaient sur les maisons.... horribles étaient les souffrances qu'ils enduraient : il semblait qu'ils ne pouvaient chasser le froid de leurs membres engourdis, ni apaiser leur faim, à ce que racontait le peuple. S'ils s'introduisaient dans une chambre chaude, ils se serraient contre le poêle brûlant, comme s'ils voulaient entrer dans le poêle ;... ils avalaient avidement le pain sec, quelques-uns mangaient jusqu'à en mourir. Le peuple disait que le ciel les avait châtiés par une faim insatiable. Quelques-uns, enfermés dans les lazarets et quoique recevant une nourriture suffisante, mangeaient des cadavres de chevaux. Les gamins chantaient dans les rues : « Chevaliers sans épée, cavaliers sans monture, fuyards sans chaussure, marchez sans trêve ni repos. C'est Dieu qui vous a frappés, il a détruit hommes, chevaux et voitures ! » et derrière les fuyards éclatait ce cri railleur (!) « Voici les cosaques ! » Alors un mouvement de frayeur agitait cette masse fugitive et, d'un pas mal assuré, ils se hâtaient vers les portes de la ville.

N'est-ce pas trahir notre poète que d'oser le citer après une telle page d'histoire ? Quelle description, en effet, vaudrait ici la réalité prise sur le vif, quelle imagination de poète, si riche et si puissante fût-elle, pourrait atteindre à la navrante éloquence de quelques-uns de ces détails, simplement relatés par des témoins oculaires, et qu'un Français ne saurait lire sans avoir les larmes aux yeux? C'est ici que Heine se montre un véritable artiste : loin de chercher à nous émouvoir par de longues et pathétiques descriptions qui semblaient devoir tenter un écrivain de son âge (il avait vingt-quatre ans quand il écrivit *le Tambour Legrand*), il se contente de nous dire ce qu'il a vu ; seulement il a eu le mérite de voir et de dire ce qu'aucun des écrivains qui ont inspiré M. Freytag n'avait pris la peine de remarquer. Il manque un trait, et un trait essentiel, au tableau si détaillé de M. Freytag : ces malheureux qui se traînaient, mourants de froid et de faim, sur les grandes routes d'Allemagne, étaient, après tout, les soldats de la grande Armée ; ils avaient promené leurs drapeaux victorieux à travers l'Europe entière et, pour les vaincre, il avait fallu que la nature elle-même semblât faire cause commune avec leurs ennemis. C'était la première fois que l'Allemagne osait les regarder sans peur, parce qu'ils n'étaient plus que l'ombre d'eux-mêmes, mais ces ombres errantes elles-mêmes ne pouvaient-elles faire songer au vers du poète latin :

Stat magni nominis umbra,

« il reste encore l'ombre d'un grand nom? » Est-ce que dans ces yeux, à demi éteints, on ne lisait plus même quelque reste de fierté, est-ce que rien enfin ne rappelait dans leur démarche ou leur physionomie que ces moribonds étaient les vainqueurs d'Austerlitz et d'Iéna? C'est Heine lui-même qui va répondre : « Tandis qu'assis sur le vieux banc du jardin de la cour, je rétrogradais, en rêvant, dans le passé, j'entendis derrière moi des voix con-

6.

fuses qui s'apitoyaient sur le sort des pauvres Français pris
dans la guerre de Russie, qui avaient été traînés comme
prisonniers en Sibérie, qu'on y avait retenus plusieurs années,
bien que la paix fût faite, et qui s'en revenaient seulement
alors dans leur patrie. Lorsque je levai les yeux, j'aperçus,
en effet, ces orphelins de la gloire. La misère nue apparaissait à travers les trous de leurs uniformes déchirés ; mais,
avec leurs visages défaits, leurs yeux enfoncés et plaintifs,
dans leur démarche chancelante, et quoique mutilés et boî-
tant pour la plupart, ils gardaient cependant toujours la
marche et le pas militaire, et, chose bizarre ! un tambour
avec sa caisse marchait, se traînant à leur tête. Ma première
pensée se reporta avec une terreur secrète à l'histoire merveilleuse des soldats qui, tombés le jour dans les combats,
se lèvent à minuit sur les champs de bataille et reprennent,
tambour en tête, la route de leur pays et je pensais à cette
vieille et triste chanson populaire :

> A minuit les ossements se lèvent,
> Tous ces morts reprennent leurs rangs,
> Le tambour battant marche en tête,
> Tran, tran, tral, tral, tral,
> Et passe la maison de la belle.

Vraiment le pauvre tambour français semblait sortir à
demi consumé de la tombe.

Ce n'était qu'une petite ombre, couverte d'une capote
grise, sale et grasse ; un visage jaune et mort avec une grande
moustache qui tombait douloureusement sur des lèvres li-
vides. Les yeux semblaient des tisons éteints où pointaient
encore quelques étincelles et, cependant, à une seule de ces
étincelles je reconnus M. Legrand.

Il me reconnut aussi, il m'attira près de lui sur le gazon
et nous nous y trouvâmes assis, comme jadis, lorsqu'il me
professait sur le tambour la langue française et l'histoire mo-

derne. C'était toujours la vieille caisse bien connue et je ne pouvais assez admirer comment il avait pu la défendre contre la rapacité russe. Il tambourina encore, comme autrefois, sans parler cependant. Mais si les lèvres restaient sévèrement serrées, ses yeux, qui brillaient d'un air vainqueur, lorsqu'il jouait les anciennes marches, ne s'exprimaient qu'avec plus d'éloquence.

Les peupliers, près de nous, tremblèrent, lorsqu'il fit de nouveau retentir la sanglante marche de la guillotine. Il tambourina aussi, comme autrefois, les vieux combats de la liberté, les anciennes batailles, les exploits de l'Empereur et il semblait que la caisse fût un être animé qui se réjouissait d'exprimer son bonheur intime. J'entendis de nouveau le grondement du canon, le sifflement des balles, le bruit des armes ; je revis le courage héroïque de la garde, les drapeaux tricolores, je revis l'Empereur à cheval... Mais insensiblement se glissa un ton sinistre au milieu de tous ces joyeux roulements ; du fond du tambour s'échappaient des sons où l'allégresse la plus vive et le deuil le plus profond étaient confondus ; il semblait que ce fût à la fois une marche triomphale et une marche funèbre.

Les yeux de Legrand s'ouvraient largement comme des yeux de spectre et j'y voyais un vaste champ de glace, blanc et uni et couvert de cadavres... il battait la bataille de la Moscowa.

— Je n'aurais jamais pensé que cette vieille et rude caisse de tambour pût rendre des accents aussi plaintifs que ceux qu'en tirait en ce moment M. Legrand. C'étaient des larmes tambourinées, et elles résonnèrent toujours plus doucement et, comme un sombre écho, elles se répétèrent en profonds soupirs dans la poitrine de Legrand. Et celui-ci devint de plus en plus faible, il prit de plus en plus l'apparence d'un spectre ; ses minces mains tremblaient de froid, il semblait rêver et n'agitait plus que l'air avec ses baguettes. Enfin il tendit l'oreille, comme pour écouter des voix dans l'éloignement, puis me regarda d'un œil profond, inquiet et suppliant... je le compris... puis sa tête tomba sur le tambour.

M. Legrand n'a plus jamais battu le tambour dans cette vie, son tambour n'a plus rendu un seul son dans ce monde. Il ne devait pas servir à rallier les ennemis de la liberté... J'avais très bien compris le dernier regard, le regard suppliant de Legrand : je tirai l'épée que je porte dans ma canne et je perçai la peau du tambour (1). »

Ce n'est plus ici, est-il besoin de le faire remarquer ? ce n'est plus, comme dans les récits rapportés par M. Freytag, un témoin qui se borne à raconter ce qu'il a vu ; ce n'est pas davantage un peintre qui se plaît à décrire le triste spectacle qui frappa jadis son imagination d'enfant : c'est l'ami de M. Legrand, disons tout de suite, c'est un ami de la France qui parle de nos malheurs avec une émotion sincère, comme il avait tout à l'heure chanté nos victoires avec un réel enthousiasme.

Mais il y a plus que de la sympathie dans le récit de Heine : ces blessés et ces malades, qui tombent sur les grandes routes où vont rendre le dernier soupir dans les lazarets allemands, Heine se souvient qu'ils ont été les héros de la Révolution française et de l'Empire ; il sait que le tambour de M. Legrand servit jadis à rallier les amis de la liberté ! et la façon même dont il nous dépeint ces malheureux qui semblent sortir de leur tombe pour regagner leur pays d'un pas chancelant, mais d'un pas militaire encore, est comme un suprême hommage que, malgré leur défaite et leur grande infortune, il a su rendre à ces « orphelins de la gloire ». Un habitant des bords du Rhin, un enfant israélite de Dusseldorf pouvait seul et, selon nous, devait parler

____

(1) *Œuvres complètes* (éd. all.), t. I, p. 262. Éd. française, *Reisebilder*, t. I, p. 197.

ainsi : nous en avons donné toutes les raisons. Ailleurs, on voyait dans les souffrances de notre armée « un châtiment du ciel »; sur les bords du Rhin on compatissait à nos malheurs et beaucoup regrettaient que notre domination en fût compromise. « Quand la nouvelle du désastre fut arrivée, nous dit Beugnot, sans doute elle fut reçue avec une joie secrète par les hautes classes de la société; mais cette joie ne fut pas partagée par la classe la plus nombreuse : celle-ci en conçut de la douleur et le témoigna franchement (1). »

De telles sympathies, exprimées au milieu même de nos défaites, font le plus grand honneur à Beugnot; elles sont le plus bel éloge de son administration intelligente et honnête. Il a mérité, que Heine, parlant un jour de lui dans ses « Lettres de Berlin », l'appelât « le brave Français qui a donné aux habitants du grand-duché de Berg de si nombreuses et de si belles preuves de son grand et noble caractère (2). »

De cette fin tragique du « *Tambour Legrand* » au lied des *Grenadiers* la transition est toute naturelle : les derniers battements du vieux tambour, n'est-ce pas là l'accompagnement qui convient à la dernière chanson de ces deux grenadiers qui ont échappé aux frimas de la Russie pour venir tomber sur le sol inhospitalier de l'Allemagne?

« Vers la France s'acheminaient deux grenadiers de la garde; ils avaient été longtemps retenus captifs en Russie. Et lorsqu'ils arrivèrent dans nos contrées d'Allemagne, ils baissèrent douloureusement la tête.

« Car ils venaient d'apprendre que la France avait succombé, que la grande Armée était vaincue et décimée, et que lui, l'empereur, l'empereur était prisonnier.

(1) Beugnot, *Mémoires*, t. I, p. 502.
(2) Heine, *Œuvres complètes* (éd. all.), t. XIII, p. 75.

« A cette lamentable nouvelle, les deux grenadiers se mirent à pleurer. L'un dit : — « Combien je souffre ! mes « vieilles blessures se rouvrent et ma fin s'approche ! »

« Et l'autre dit: « Tout est fini ! Et moi aussi je voudrais « bien mourir. Mais j'ai là-bas femme et enfant qui péri- « ront sans moi. »

« Que m'importent femme et enfant ! J'ai bien d'autres « soucis ! Qu'ils aillent mendier, s'ils ont faim !... Lui, l'em- « pereur, l'empereur prisonnier !

« Camarade, écoute ma prière : Si je meurs ici, emporte « mon corps avec toi et ensevelis-moi dans la terre de « France.

« La croix d'honneur avec son ruban rouge, tu me la « placeras sur le cœur ; tu me mettras le fusil à la main et « tu me ceindras l'épée au côté.

« C'est ainsi que je veux rester dans ma tombe comme « une sentinelle et attendre, l'oreille attentive, jusqu'au jour « où retentira le grondement du canon et le galop des « chevaux.

« Alors l'empereur passera à cheval sur mon tombeau « au bruit des tambours et du cliquetis des sabres ; et moi, « je sortirai tout armé du tombeau pour le défendre, lui, « l'Empereur (1) ! »

(1)   DIE GRENADIERE.

Nach Frankreich zogen zwei Grenadier',
Die waren in Russland gefangen.
Und als sie kamen in's deutsche Quartier,
Sie liessen die Köpfe hangen.

Da hörten sie Beide die traurige Mähr :
Dass Frankreich verloren gegangen,
Besiegt und zerschlagen das grosse Heer,
Und der Kaiser, der Kaiser gefangen.

Da weinten zusammen die Grenadier'
Wohl ob der kläglichen Kunde.

Est-il besoin de faire remarquer les grandes beautés de
ce lied justement célèbre : la vivacité des images, la sincérité et la noblesse des sentiments, et par-dessus tout, la
merveilleuse simplicité du style ? Pour nous, ce que nous
admirons le plus, dans ce chant héroïque et triste à la fois,
c'est l'art avec lequel un jeune poète des provinces rhénanes (il n'avait pas seize ans !) a su, grâce à son imagination,
grâce surtout à sa sympathie pour nos malheurs, deviner

> Der Eine sprach : « Wie weh wird mir,
> Wie brennt meine alte Wunde ! »
>
> Der Andre sprach : « Das Lied ist aus,
> Auch ich möcht' mit dir sterben,
> Doch hab' ich Weib und Kind zu Haus,
> Die ohne mich verderben. »
>
> Was schert mich Weib, was schert mich Kind,
> Ich trage weit bess'res Verlangen ;
> Lass sie betteln geh'n, wenn sie hungrig sind,
> Mein Kaiser, mein Kaiser gefangen !
>
> « Gevähr' mir, Bruder, eine Bitt' :
> Wenn ich jetzt sterben werde,
> So nimm meine Leiche nach Frankreich mit,
> Begrab' mich in Frankreichs Erde.
>
> « Das Ehrenkreuz am rothen Band
> Sollst du auf's Herz mir legen ;
> Die Flinte gieb mir in die Hand,
> Und gürt' mir um den Degen.
>
> « So will ich liegen und horchen still,
> Wie eine Schildwach' im Grabe,
> Bis einst ich höre Kanongebrüll,
> Und wiehern der Rosse Getrabe.
>
> « Dann reitet mein Kaiser wohl über mein Grab,
> Viel' Schwerter klirren und blitzen ;
> Dann steig' ich gewaffnet hervor aus dem Grab,
> Den Kaiser, den Kaiser zu schützen ! »

(*Buch der Lieder*, p. 56.)

et chanter ce culte touchant que gardèrent pour leur empereur, jusqu'à leurs derniers soupirs, les soldats de la vieille garde.

Aussi ce beau lied des « Grenadiers », nous le saluons ici avec reconnaissance, et c'est à un double titre que nous en félicitons le poète : comme admirateur de son génie d'abord, et ensuite comme Français. Toutes les fois, en effet, qu'un Français essaiera de juger l'œuvre de Henri Heine, il devra se souvenir, avant tout, qu'il a écrit « le Tambour Legrand » et le chant des « Grenadiers ».

CHAPITRE VI.

Heine à l'Université de Bonn. — L'oncle Salomon. — Un étudiant
allemand en 1820. — Guillaume Schlegel. — Les « Sonnets à la
fresque ».

Dans une des poésies les plus célèbres de Schiller,
Jupiter, du haut de l'Olympe, dit un jour aux hommes : Je
vous donne le monde, tâchez de vous le partager en frères.
Et aussitôt le paysan, le noble, le roi, chacun prend ce qui
lui convient. Mais le poète, qui a passé son temps à rêver,
reste les mains vides : c'est assez le sort des poètes. C'eût
été certainement le sort de Heine, si le Dieu des Juifs,
qui veillait sur le futur auteur du « Rabbin de Baccarah »,
et qui savait que Heine ne réussirait jamais à se faire sa
part dans le monde des banquiers et des commerçants,
n'eût songé à lui donner un oncle à la fois banquier et
millionnaire. C'est grâce à la bourse de cet oncle, du
fameux « oncle Salomon », que Heine put enfin réaliser le
rêve, caressé depuis longtemps, d'aller s'asseoir sur les
bancs de l'Université. Dans l'automne de 1819, le jeune
auteur des *Grenadiers* se faisait inscrire, comme étudiant
en droit, à l'université de Bonn. Mais, avant de raconter sa
vie d'étudiant, il n'est que juste de présenter au lecteur
l'oncle Salomon, puisque c'est sa munificence qui fit au
jeune poète de si précieux loisirs.

Salomon Heine, l'aîné des six enfants de Heymann
Heine et de Mathe Popert, avait quitté la maison paternelle, n'emportant pour tout bien que seize gros dans la
poche de sa « culotte de cuir ». A l'époque qui nous occupe,
il était le plus riche banquier de Hambourg : il n'y a que
les Juifs pour faire tourner si vite la roue de la fortune.
Henri Heine apprécia pleinement le bonheur d'avoir un

7

oncle millionnaire et, dès qu'il sut dépenser les thalers, ce qu'il sut très tôt, car il était précoce en toutes choses, il tourna des regards suppliants vers la caisse de l'oncle Salomon. Mais l'israélite Salomon Heine savait le prix de l'argent : il s'était donné assez de mal pour le gagner et, comme la fourmi de la fable, il ne comprenait guère les poètes qui passent leur temps à chanter. On avait beau lui dire que les chants de son neveu étaient des chefs-d'œuvre : « le sot garçon ! » (1), c'était son mot favori pour désigner Henri Heine, « le sot garçon! s'il avait appris quelque chose, il ne serait pas obligé maintenant d'écrire des livres. »

Le neveu qui, de son côté, savait la valeur de ses livres, ne comprenait pas qu'on ne traitât pas plus généreusement un poète ; il pensait faire beaucoup d'honneur à l'argent du banquier de Hambourg en l'employant à payer les dettes de l'auteur des « Lieder ». La gloire, dont il faisait bénéficier le nom de Heine, était, à ses yeux, un intérêt plus que suffisant pour les thalers de son oncle, puisque enfin de compte c'était là un placement sur l'immortalité. Oncle et neveu, ne pouvant donc s'entendre, passèrent leur vie à se quereller.

Hambourg et l'oncle Salomon ! Heine les déteste... presqu'autant qu'il les aime. C'est que Hambourg, nous l'avons vu, lui a fait trop de mal pour qu'il en dise du bien ; quant à l'oncle Salomon, franchement, il lui fait trop de bien pour qu'il n'en dise que du mal. Et rien n'est plus drôle que ces alternatives d'amour et de haine par lesquelles passe notre poète dans une même lettre et jusque dans une même page quand il se met à parler de son oncle ou de la ville qu'habite son oncle. « Hambourg ! dit-il avec attendrissement à un ami, c'est là que j'ai aimé pour la première fois. — Hambourg, maudit Hambourg ! s'écrie-t-il ailleurs, c'est une ville de gens vulgaires, de prosaïques

____

(1) *Der dumme Junge.*

négociants, c'est la ville classique des Philistins. » A la
bonne heure ! mais, parmi ces Philistins, il en est un qui lui
envoie tous les trimestres, sans manquer, la somme exacte
de cent thalers et cette exactitude de Philistin ne paraît
pas trop choquer notre poète.

Au fond, ce dernier avait une vive affection pour Salomon
Heine, non pour le banquier seulement, mais pour l'oncle,
pour l'homme même, dont il aimait la vivacité naturelle, la
franchise et l'humour. « J'ai appris avec plaisir, belle dame,
écrit-il à Mme Robert, que vous aviez fait la connaissance
de mon oncle Salomon Heine. Vous a-t-il plu ? dites, dites.
C'est un homme considérable qui, avec de grands défauts,
a aussi les plus grandes qualités. Nous vivons, il est vrai,
en démêlés continuels, mais je l'aime extraordinairement,
presque plus que moi-même (1). » On ne saurait s'y tromper, l'affection parle là toute pure. Mais voici que nous
lisons ailleurs : « Je vous en prie, mon oncle, abandonnez
quelque chose des griefs que vous avez contre moi puisque,
après tout, ils peuvent tous se réduire en argent, tandis que
les miens sont incalculables, parce qu'ils sont de nature
immatérielle (2). »

Qu'est-ce à dire ? Quels sont au juste ces griefs de Heine
contre son oncle, quelles sont les « blessures » auxquelles il
fait allusion dans cette lettre ? Serait-ce le dépit, légitime
après tout, de voir son génie méconnu par sa propre
famille, par un parent qu'il chérissait au fond et auquel il
avait dédié ses *Tragédies* et son *Intermezzo ?* peut-être, bien
qu'on ait, croyons-nous, exagéré l'indifférence du banquier
pour les œuvres du poète. Quand on a gagné autant de
millions que peut raisonnablement en souhaiter un mortel,
on n'est pas fâché d'y ajouter un peu de gloire et Salo-

(1) 12 octobre 1825 ; voir aussi la lettre à son ami Wohlwill, du 1er
avril 1828.

(2) *Correspondance,* édit. franç., t. II, p. 7.

mon Heine, cela nous paraît du moins très vraisemblable, devait être au fond très fier d'avoir un neveu qui fût un grand homme : seulement il se gardait bien de paraître faire grand cas de la célébrité de celui-ci, parce qu'il savait qu'il aurait à la payer d'autant plus cher. Il aimait mieux se faire arracher à la fois ses éloges et ses thalers. Quoi qu'il en soit, notre dernier mot sur Salomon Heine sera un mot de reconnaissance : sans lui, Heine n'aurait pas été à l'université de Bonn où nous allons avoir le plaisir de le suivre et il est évident que, si Heine n'avait pas étudié, il aurait été un moins grand poète. Avoir bien mérité de la poésie, c'est, de la part d'un banquier israélite, un mérite assez rare pour que nous ayons cru devoir nous intéresser à l'oncle Salomon.

Dans l'automne de 1819, Heine arrive à Bonn : ses premiers pas se portent naturellement vers la terrasse célèbre qu'on appelle l'*Alter Zoll* et il est déjà ravi de sa nouvelle résidence, car le plus magnifique panorama vient s'offrir à ses yeux. Il connaissait le Rhin puisqu'il avait, tout enfant, joué sur ses bords, mais il ne l'avait jamais vu si riant et si beau dans le pays plat qu'il venait de quitter. Du haut des vieilles murailles, taillées à pic, de l'*Alter Zoll*, il voit le fleuve majestueux couler à ses pieds, tandis que de légères embarcations, montées par ses futurs condisciples, se croisent et se saluent au passage ; au loin, en face de lui, et formant à tout ce paysage un encadrement merveilleux, les *Sept-Montagnes* avec leurs jolis bois de chênes verts et surtout la plus pittoresque des sept, le *Drachenfels*, qui attire tous ses regards par son fier sommet et les ruines grandioses de son château légendaire.

Tel est le spectacle vraiment enchanteur qui s'offrait à Heine : et il avait vingt ans, et il était poète ! Est-il nécessaire de remarquer qu'un si beau pays ne put manquer de faire une grande impression et d'exercer une réelle influence sur son génie poétique? Un étudiant, futur poète aussi, Hoffmann von Fallersleben, arriva à Bonn la même année que Heine, en 1819, et, dès le premier jour de son arrivée, il se rendit à la classique promenade de Poppelsdorf, qui lui offrait sa quadruple et délicieuse allée de marronniers séculaires : « Le soir même, dit-il, nous allâmes nous promener à Poppelsdorf et c'est là que je désirai demeurer. Le soleil se couchait ; les Sept-Montagnes, non loin de nous, brillaient d'un reflet bleu de violette ; les grands marronniers, sous lequels nous nous promenions, fleurissaient dans toute leur splendeur. Ce paysage enchanteur me donna presque le vertige. Quel beau pays ! m'écriai-je, ah ! si la vie pouvait être aussi belle (1) ! »

Heine ne se logea pas à Poppelsdorf : les cent thalers, qu'envoyait chaque trimestre l'oncle Salomon, ne permettaient pas un tel luxe. Il choisit une rue fort modeste, la *Josephstrasse*, qui n'était pourtant pas indigne de loger un poète : il n'avait qu'à descendre la rue et il avait le Rhin devant les yeux (2).

A peine installé dans sa *Bude* (chambre d'étudiant), Heine, qui n'avait pas le certificat de sortie du Gymnase donnant droit à l'admission dans une université, dut subir un examen avant d'être inscrit. Il n'était encore, suivant le langage, plus imagé que spirituel, des étudiants, qu'un *mulet* (Maulesel) et il aspirait à devenir un *renard* (Fuchs) (3). Le jury classa les candidats par ordre de mérite, en trois

(1) Hoffmann von Fallersleben, *Mein Leben*. Hanovre, 1868, 1ter Band, 147.

(2) Nous avons eu beau chercher la chambre qu'habita Heine : personne, pas même dans la *Josephstrasse*, n'a pu nous l'indiquer. Si Gœthe avait habité la *Josephstrasse*, il y aurait dans la rue une plaque de marbre sur la maison pour la signaler à la vénération des passants.

(3) On est un *mulet* (mulus, Maulesel), lorsque, étant sorti du Gymnase, on n'est pas encore étudiant d'une université. Quant au mot *Fuchs*. on sait que ce mot désigne les étudiants de première année.

catégories : Heine fut de la dernière. En étudiant la banque à Hambourg et en faisant la cour à sa cousine, il avait sans doute oublié le peu de latin qu'il avait appris au lycée. Il n'en fut pas moins admis à faire partie de l'Université, en qualité d'étudiant en droit.

Qu'était alors, à Bonn, le monde universitaire dans lequel Heine venait d'entrer ? Il nous faut entrer ici dans quelques détails sur la vie des étudiants allemands à cette époque et sur le rôle curieux qu'ils essayèrent de jouer en politique, car nous allons voir Heine, peu de jours après son arrivée, accusé d'avoir pris part à un complot politique et appelé à comparaître devant le tribunal académique de Bonn.

On sait que, de 1815 à 1820, la réaction triompha à peu près dans l'Europe entière. Mais ce retour des gouvernements et des peuples vers un passé qu'on croyait à jamais évanoui se comprend peut-être mieux dans un pays qui, comme la France, avait été humilié et refoulé sur lui-même par les défaites et par les invasions étrangères, que dans un pays victorieux, comme l'Allemagne, qui avait semblé marquer, par le magnifique élan de 1813, son double avènement à la vie politique et à la gloire militaire. Dans ce soulèvement de tout un peuple, qui avait couru aux armes pour conquérir aussi bien la liberté au dedans que l'indépendance vis-à-vis de l'étranger, on avait vu tomber, comme par enchantement, des barrières qui semblaient éternelles entre les différents États de l'Empire et, dans un même État, entre les différentes classes de la société allemande.

Les nobles et les bourgeois furent des « frères » tant que dura le danger; mais, le danger passé, la noblesse retourna à ses préjugés et à « son isolement égoïste », suivant l'expression de Gervinus ; elle ne songea qu'à assurer son exemption de tout impôt et à former une « chaîne de noblesse » qui devait faire revivre les beaux jours de la chevalerie. Quant aux bourgeois, ne se souciant pas de se mêler aux tracas de la vie politique, qu'ils n'avaient jamais connue, ils confièrent le soin de leurs intérêts aux fonctionnaires, cela leur parut plus commode que de se fatiguer à composer *l'Assemblée représentative* que leur accordait l'article 13 de *l'Acte fédéral* et ils retombèrent dans ce sommeil séculaire qui n'avait été troublé qu'à deux reprises : la première fois, par le chant de la Marseillaise, la seconde fois, par l'appel aux armes de 1813. Les princes enfin se hâtèrent, pour la plupart, d'oublier les promesses d'affranchissement qu'ils avaient faites et pendant la guerre d'indépendance et au congrès de Vienne, et, malgré quelques protestations très vives, notamment dans le Wurtemberg, les potentats de l'Allemagne, le roi de Prusse en tête, semblèrent s'être donné le mot pour faire croire à leurs sujets qu'il ne s'était rien passé dans le monde depuis 89.

C'est à ce moment que les étudiants entrent en scène et deviennent des personnages politiques, voire même, aux yeux des gouvernements timorés, tels que la Prusse et l'Autriche, des hommes dangereux. L'ardent enthousiasme, qu'avait allumé dans leur cœur la guerre de 1813, ne s'était pas éteint, comme chez tant d'autres, avec le feu des dernières batailles livrées pour l'affranchissement du pays. Ils s'étaient vaillamment battus pour rendre l'Allemagne indépendante et glorieuse et ils espéraient maintenant, qu'à leur tour, les gouvernements allaient les récompenser de leur héroïsme, en leur faisant une Allemagne vraiment une et vraiment libre dont ils auraient lieu d'être fiers et qu'ils pourraient chanter dans des Lieder enflammés tels que le fameux *Lied de la Patrie*, du poète Arndt :

> Dieu, qui créa le fer, ne voulut point d'esclaves (1).

Ils entendaient bien, du reste, collaborer, encore ici, à

____

(1)   Der Gott, der Eisen wachsen liess,
         Der wollte keine Knechte.

l'œuvre commune : à l'âge où on ne songe guère qu'au plaisir et, tout au plus, quand on est très sérieux, au plaisir de l'étude, ces jeunes gens se sentaient appelés à relever leur pays, à réformer la société qu'ils trouvaient efféminée et corrompue et, pour commencer leurs réformes morales, qui ne devaient être que le prélude des réformes politiques, ils déclarèrent une guerre à mort à ce qu'ils appelaient « la poésie lubrique contemporaine », entendez par là la poésie française. En voyant la morale et la politique régner ainsi en maîtresses sur le cœur des étudiants, Niebhur craignit sérieusement que la haute culture intellectuelle ne fût perdue à jamais pour l'Allemagne, mais il fut bien vite rassuré : les étudiants ne savaient pas assez ce qu'ils voulaient pour le vouloir longtemps et, du reste, la nation allemande, qui s'était fort assagie depuis les grandes guerres, trouvait ces jeunes gens d'autant plus exaltés qu'elle était devenue elle-même plus soumise et plus amie de son repos. Enfin, ce qui aurait dû, avant tout, rassurer les gouvernements d'alors, si prompts à s'alarmer, et ce qui domine toute l'histoire de l'Allemagne à cette époque, c'est l'incohérence des vues, l'absence totale d'idées nettes et de plans arrêtés chez tous les hommes politiques qui se préoccupaient de donner à leur pays une constitution plus régulière et plus moderne.

Ce qui faisait qu'on ne pouvait s'entendre, ni formuler, de part ou d'autre, des programmes précis, c'est qu'il n'y avait jamais eu de vie politique en Allemagne : de là, des théories vagues et confuses, qui ne pouvaient avoir de crédit que dans le pays privilégié des entasseurs de nuages ; de là, aussi, toutes les peines que l'étranger se donne, et parfois inutilement, pour arriver à y voir clair dans l'histoire de ces célèbres corporations d'étudiants (Burschenschaften), qui jouèrent alors un rôle aussi dramatique que difficile à bien définir.

Deux hommes, d'un mérite fort inégal, essayèrent de discipliner ces jeunes enthousiasmes en leur proposant, sinon un but précis, du moins un idéal commun à atteindre : ces deux hommes, professeurs tous deux, furent Fichte et Jahn. Enflammés par la parole éloquente de Fichte, les étudiants semblaient s'être juré de donner à leur maître l'exemple vivant de ce « moi complètement nouveau » qui, selon Fichte, pouvait seul fonder la liberté. Ils se disaient, avec ce grand et noble esprit, pour qui la morale était le fond de toute philosophie comme la base de tout patriotisme, que « être allemand et avoir du caractère devaient être une même chose » ; ils allaient plus loin encore et voulaient suivre, à la lettre, le grave conseil que Fichte avait donné à la jeunesse dans ses fameux *Discours à la nation allemande :* « la jeunesse ne doit pas rire ni plaisanter, elle doit être sérieuse et noble. » Et les « jeunes Allemands » à Iéna (*Deutsch-Iünger*), de même qu'un peu plus tard les membres des « *Burschenschaften* », à Berlin, disciples fidèles du maître, se distinguaient par l'austérité de leurs mœurs et par une sainte horreur pour la frivolité des Français, et en particulier, pour la légèreté d'esprit d'un Voltaire, dont ils se déclaraient les ennemis mortels. Fichte n'avait-il pas dit que « l'amabilité est une doctrine du diable ? » les étudiants firent donc de leur mieux pour n'être pas aimables comme Satan et ils y réussirent à merveille, surtout lorsque, après la mort de Fichte en 1814, ce fut Jahn, « le père Jahn, » comme ils l'appelaient, qui devint leur modèle et leur guide.

Les disciples de Fichte avaient certes bien mérité de la patrie et du « moi » en se montrant si vertueux en un si jeune âge ; on ne peut pourtant s'empêcher de les trouver un peu ridicules, puisque ces précoces moralistes oubliaient que le premier devoir des jeunes gens, c'est d'être jeunes. Leur maître, du moins, avait été un beau génie et un noble cœur ; celui qui succéda à Fichte était un « fou grotesque », c'est le mot même par lequel Stein désignait le père Jahn. Pendant les préliminaires de la paix, en 1814, on voyait se promener dans Paris une espèce d'homme des bois, un bâton noueux à la main, gesticulant et déclamant avec force jurons contre ces « Welches lascifs » qu'on avait mis enfin à la raison. Ses longs cheveux qui, paraît-il, avaient blanchi en un jour, lorsque ce brave homme avait appris la bataille d'Iéna, pendaient en broussailles sur ses épaules ; il avait le cou nu parce qu'une cravate, ce signe de l'esclavage, ne convenait pas à un libre Allemand ; un large col de chemise recouvrait le collet de son paletot crasseux (1). Tel était le joli costume que Jahn recommandait aux étudiants, car c'était là, disait-il, le vrai costume vieil allemand. Quand les Autrichiens détachèrent de l'arc de triomphe de la place du Carrousel les chevaux d'airain de Lysippe pour les remporter à Venise, Jahn se précipita sur l'arc de triomphe et, adossé à la statue de la Victoire, il fit un tonitruant discours aux soldats allemands et, en manière de conclusion, il donna un coup de poing sur la bouche menteuse de la déesse et sur sa trompette « vantarde ». Dès ce jour, il fut connu de tout Paris et il ne se sentait pas de joie quand les Parisiens lui lançaient un regard farouche et se disaient l'un à l'autre : le voilà ! c'est lui ! (2)

Tel fut le maître que se donna une grande partie de la jeunesse allemande et les disciples furent bientôt aussi séduisants que le maître. Après la conclusion de la paix, Jahn ouvrit sa célèbre école de gymnastique à Berlin et la jeunesse universitaire accourut à la *Hasenhaide* où « le vieux à la longue barbe » donnait ses leçons : il s'agissait

(1) Treitschke, *Deutsche Geschichte*, t. II, p. 384.
(2) *Ib.*, t. II, p. 385.

maintenant de se fortifier les jarrets et de se développer les biceps, car il fallait être prêt, quand l'heure sonnerait, à marcher de pied ferme contre *le Welche* et à faire sentir à cet être vaniteux et léger ce que pesait le poing d'un vieux Germain. La haine du Français, c'était là tout le programme politique de Jahn. Sans doute il rêvait, comme tout le monde alors, l'unité de l'Allemagne ; mais il avouait ingénument « qu'il ne s'était jamais cassé la tête pour chercher comment on ferait cette unité ». Tout ce qu'il savait, c'est que le premier devoir d'un Allemand était de haïr les Français, de proscrire leurs modes et de ne jamais apprendre leur langue corruptrice. Malheur au père qui fait apprendre à sa fille la langue française : « c'est comme s'il lui apprenait la prostitution. » Et, pour préserver de toute souillure la virginité des âmes allemandes, pour que son pays pût, en toute sécurité, faire revivre les mœurs simples et naïves des ancêtres, et non pas seulement des hommes du moyen âge, mais des premiers Germains, des fiers et nobles « Chérusques », Jahn proposait de planter, sur la frontière occidentale de l'Allemagne, une vaste forêt qu'on peuplerait de bêtes sauvages et qu'on ferait surveiller par des gardiens armés jusqu'aux dents. Alors seulement la vertu des nouveaux Chérusques n'aurait plus à rougir du voisinage des mauvaises mœurs françaises.

Après cela, quel Français ne souscrirait à ce jugement de Heine sur Jahn et sur tous ses émules, présents ou passés : « Le patriotisme du Français consiste en ce que son cœur s'échauffe, qu'il s'étend, qu'il s'élargit, qu'il enferme dans son amour non pas seulement ses plus proches, mais toute la France, tout le pays de la civilisation. Le patriotisme de l'Allemand, au contraire, consiste en ce que son cœur se rétrécit, comme le cuir par la gelée, qu'il cesse d'être un citoyen du monde, un Européen, pour n'être plus qu'un étroit Allemand. Nous vîmes alors la balourdise idéale mise en pratique par le sieur Jahn et ce fut l'aurore de la teigneuse et rustique opposition contre le sentiment le plus noble et le plus saint de tous ceux qu'a produits l'Allemagne, contre cet amour de l'humanité, contre cette fraternité universelle, ce cosmopolitisme, qui ont été professés en tout temps par nos grands génies, par Lessing, par Herder, par Schiller, Gœthe, Jean Paul et toutes les âmes élevées de notre patrie (1). »

Des réformateurs tels que Jahn étaient trop drôles pour paraître dangereux à des princes qui eussent été moins poltrons et moins prêts à perdre la tête que le roi de Prusse, Frédéric-Guillaume III. On connaît les événements qui servirent de prétexte aux persécutions exercées contre les étudiants, car nous entrons ici dans l'histoire générale et il nous suffit de rappeler brièvement les faits : les étudiants avaient essayé de s'unir en 1814, à Iéna, en une vaste association, en une corporation unique (Burschenschaft) et cette union fut consacrée par la célèbre fête de la Wartbourg. Le 18 octobre 1817, jour anniversaire de la bataille de Leipzig et troisième centenaire de la Réforme, les étudiants jetèrent au feu un certain nombre d'ouvrages qu'ils jugeaient contraires à la liberté et à l'unité de l'Allemagne ; ils prononcèrent des discours, que les gouvernements trouvèrent coupables et incendiaires, et qui n'étaient que des déclamations, aussi généreuses qu'inoffensives (2).

Un mémoire rédigé contre les étudiants et inspiré par le czar fut apporté au congrès d'Aix-la-Chapelle par M. de Stourdza. Les étudiants apprirent bientôt avec indignation que ce mémoire avait été rédigé, d'après des notes envoyées périodiquement au czar, par le poète comique, Kotzebue, et

(1) *De l'Allemagne* (édit. franç.), t. I, p. 213.
(2) Voir dans la grande histoire de Gervinus (t. IV, p. 320 de la traduct. franç.) le récit détaillé et impartial de cette fête de la Wartbourg.

un jeune fanatique, Sand, se croyant appelé à sauver l'Allemagne d'une réaction qui prenait son mot d'ordre à l'étranger, assassina Kotzebue (23 mars 1819). Ce fut le signal d'une répression à outrance : au mois d'août de la même année, la Prusse et l'Autriche prirent, au congrès de Carlsbad, une série de mesures destinées à refréner l'esprit révolutionnaire, particulièrement au sein des Universités qu'on regardait comme autant de foyers d'insurrection. On édicta des peines sévères contre tout étudiant ou professeur qui se montrerait hostile au gouvernement : la liberté de l'enseignement fut impudemment violée, on exerça sur les cours une surveillance minutieuse et insultante pour le professeur ; on attentait à cette gloire universitaire de l'Allemagne que le vainqueur lui-même, que Napoléon, avait respectée. Arndt, le poète de la délivrance, professeur à Bonn, fut brutalement destitué ; mais toutes ces persécutions, exercées contre de sincères patriotes ou des étudiants inoffensifs, furent encore plus ridicules qu'odieuses : à Varsovie on cita des étudiants qui avaient commis le crime de porter des redingotes de castorine couleur de *sable* (*Sandfarbig*) : n'était-ce pas là, en effet, faire ostentation de leur attachement à Sand et à ses idées révolutionnaires ?

C'est à ce moment même que Heine fut cité, à son tour, à comparaître devant le tribunal académique de Bonn, voici à quelle occasion : pour célébrer, comme cela avait eu lieu deux ans auparavant à la Wartbourg, l'anniversaire de la bataille de Leipzig, les étudiants de Bonn avaient imaginé de faire, sur la plus haute des sept montagnes, sur le Drachenfels, une promenade aux flambeaux (Fackelzug). Une solennité pareille ne va guère sans discours chez des étudiants allemands. Un théologien prit donc la parole pour faire l'éloge de la religion et de la vertu et, après s'être écrié que le peuple comptait sur la fleur de la jeunesse allemande, il demanda, en manière de conclusion, s'il y en avait un seul, parmi ses auditeurs, qui voulût se soustraire au service de la patrie. Cette question reçut de tous la réponse qu'on devine aisément : on poussa ensuite, en l'honneur de la liberté allemande, quelques hourras bien retentissants, puis chacun rentra chez soi comme il put, car on pense bien que, selon l'usage, l'éloquence des orateurs avait été entretenue par de nombreuses rasades. Comme on le voit, cette petite manifestation, plus bachique que révolutionnaire, ne semblait guère faite pour ébranler les trônes. Malheureusement un ami de Heine, Neunzig, avait envoyé à un journal de Dusseldorf un compte-rendu de la fête : de là, grand émoi dans le monde universitaire de Bonn ; onze étudiants, parmi lesquels Heine, durent comparaître devant le tribunal académique et nous possédons l'interrogatoire qu'on fit subir à notre auteur. On lui demanda tout d'abord, et sans rire, combien de hourras avaient été poussés. Heine répondit qu'il se souvenait de deux hourras. « Vous rappelez-vous toute la suite des discours qui ont été prononcés ? » La réponse de Heine est digne du futur auteur des *Satires et Portraits*. « Je ne puis dire quelle était la suite du discours chez l'un des deux orateurs, car je ne m'en souviens pas ; quant à l'autre discours, je n'y ai vu aucune suite. — N'avez-vous pas entendu parler d'un article que le journal de Dusseldorf a publié sur la fête ? — J'en ai entendu parler, mais par qui, je ne saurais le dire, j'étais alors *in vinea Domini* (dans les vignes du Seigneur) » et les questions se suivent, plus minutieuses encore et plus saugrenues. C'est ainsi que la « commission centrale des recherches », établie à Mayence, entendait conjurer les dangers que faisaient courir à la société allemande les redoutables complots de quelques étudiants en gaieté. Et qui donc avait institué cette commission qui acquit justement en Allemagne une si triste célébrité ? La Prusse, d'accord avec l'Autriche, ou, plus exactement, la Prusse sur l'ordre de l'Autriche, car Frédéric-Guillaume III s'était fait l'humble serviteur de Metternich et de sa politique répressive (1).

Nous disions tantôt qu'il était difficile de s'orienter dans l'histoire si confuse de l'Allemagne à cette époque, dans ce qu'un auteur a raison d'appeler « le chaos allemand » (2). Certains historiens, de l'autre côté du Rhin, ont trouvé depuis 1870 un moyen très simple de porter la lumière dans ce chaos : c'est de représenter le génie de la Prusse comme l'étoile qui de tout temps a montré à l'Allemagne entière, à travers l'obscurité dans laquelle se débattirent, sans se reconnaître, tant de partis politiques, l'unique chemin du salut (3). Dès lors, l'histoire de l'Allemagne se simplifie : d'un côté, sont les personnages politiques et les peuples qui ont compris et secondé, de l'autre, ceux qui n'ont pas compris et qui ont contrarié cette mission sainte de la Prusse. Bossuet ne parlait pas avec plus d'assurance des peuples qui avaient préparé ou retardé le triomphe du christianisme. Mais il s'en faut que le rôle joué par la Prusse dans les destinées de l'Allemagne ait toujours été aussi facile à définir

(1) Voir, à ce sujet, l'entrevue de Metternich avec Frédéric-Guillaume à Teplitz dans le recueil « *aus Metternichs nachgelassenen Papieren* ». C'est ici Metternich qui donne des conseils, presque des ordres, et Frédéric-Guillaume se soumet à tout de la meilleure grâce du monde. On trouvera le récit de cette entrevue, avec les commentaires qu'elle suggère naturellement, dans l'impartiale et noble réponse de M. Baumgarten à M. Treitschke, *Treitschke's deutsche Geschichte, von H. Baumgarten,* Strassburg; Trübner, 1883, p. 27.

(2) M. Baumgarten, dans l'ouvrage cité.

(3) C'est l'esprit général de « l'Histoire allemande au XIXe siècle » (*Deutsche Geschichte im neunzehnten Jahrhunderte*) de M. Treitschke, œuvre aussi pleine de talent que de partialité. M. Treitschke s'est du reste vanté ingénument d'avoir, dans cette œuvre, fait triompher ce qu'il appelle « l'intelligence et l'explication affectueuses (liebevolle) du passé de la patrie » sur « les fantaisies historiques et hypocondriaques de l'école libérâtre de Gervinus ».

et aussi simple qu'il l'est de nos jours. Et même lorsqu'on peut nettement caractériser l'influence de la Prusse sur la politique allemande en général, il s'en faut que cette influence ait toujours mérité les bénédictions de ceux qui la subissaient. Par exemple, nous pouvons dire que, pendant les années qui nous occupent et qui furent pour Heine ses années d'Université, toute tentative faite pour donner l'unité à l'Allemagne était peut-être prématurée, puisqu'il n'y avait nulle part alors ni entente, ni sens politique ; mais nous avons aussi le droit d'affirmer, après tous les faits que nous avons cités, que l'Allemagne de ce temps pouvait, à son choix, entrer dans une voie libérale ou dans la voie des réactions : si elle entra définitivement dans cette dernière voie, c'est qu'elle y fut poussée par la Prusse.

Le congrès de Carlsbad avait décrété la suppression de la *Burschenschaft,* de cette association générale de tous les étudiants qui avait été proclamée à la lueur des torches sur les hauteurs de la Wartbourg. Pour empêcher désormais les étudiants de mettre en commun leurs idées révolutionnaires, on ressuscita les anciennes *Landsmannschaften* qui avaient été, à l'origine, des corporations restreintes aux étudiants d'un même pays ; on divisa tous ces rêveurs universitaires pour mieux les réduire à l'impuissance et on constata bientôt avec plaisir que, grâce à cette transformation des corps académiques, les discours patriotiques et l'enthousiasme pour la liberté faisaient place peu à peu à l'antique « Renommage », c'est-à-dire aux sottes fanfaronnades des bretteurs et des buveurs que Zachariœ a chantées dans son épopée burlesque, *le Renommiste.*

Quelle fut l'attitude de Heine d'abord en face des manifestations patriotiques des jeunes réformateurs de l'Allemagne et ensuite devant les grossières coutumes que les *Landsmannschaften* renouvelaient du moyen âge ? Sur le premier point nous avons un témoignage, non moins décisif que poétique, de notre auteur lui-même : ce sont des vers qu'il composa au retour de cette promenade romantique au Drachenfels en l'honneur de la liberté allemande.

La nuit sur le Drachenfels.

« A minuit on avait déjà escaladé le vieux château en ruines ; un tas de bois flambait au pied des murailles ; tout autour les jeunes hommes s'étaient accroupis et le chant des saintes victoires de l'Allemagne retentissait.

« Nous vidions des cruches de vin du Rhin à la prospérité de l'Allemagne. Des ombres de chevaliers nous entouraient frissonnantes ; de nébuleuses figures de femmes flottaient devant nous.

« Du fond des tours s'élève un gémissement : cliquetis de fer, bruissement de chaînes, croassement de choucas, et, tout au travers, mugit avec furie la rafale du nord.

« Voilà, mon ami, la nuit que j'ai passée sur le Drachenfels : malheureusement je rapportai chez moi un bon rhume de cerveau (1). »

Un enthousiasme, qui fait attention à un rhume de cerveau, gagné au service de la patrie, ne prouve pas un cœur bien épris de la gloire et des stoïques vertus de la vieille Allemagne : la tournure d'esprit de Heine et son éducation française l'empêchaient de prendre tout à fait au sérieux le rôle de « Spartiates » que jouaient si consciencieusement les disciples de Jahn et les membres les plus convaincus de la *Burschenschaft*.

Quant aux coutumes que ressuscitaient les corporations nouvelles et qui consistaient à montrer son courage, soit

____

(1) Heine, *Œuvres complètes* (éd. allem.), t. XVI, p. 282 ; éd. franç. *Poésies inédites*, 67.

dans les duels, soit en face d'innombrables verres de bière,
Heine ne fut fidèle qu'à la première partie du programme :
il était un habitué de la salle d'escrime ; pourtant il ne devint jamais très fort dans l'art, si estimé en Allemagne et
si distingué d'ailleurs, d'embellir le visage d'un adversaire
de balafres aussi glorieuses, paraît-il, pour celui qui les reçoit que pour celui qui les fait. Nous verrons toutefois que,
victime de son humeur batailleuse, il fut expulsé de l'Université de Bonn à la suite d'un duel.

De toutes les règles de conduite que Jahn avait imposées
à ses fidèles disciples, une des plus malaisées à suivre, à
coup sûr, pour des étudiants allemands, était celle qui les
mettait au régime de l'eau et du lait : la tempérance était
aussi pour Jahn une vertu de « Vieil-Allemand ! » Mais,
avec les corporations nouvelles, la bière recouvra son antique prestige : on fit à Gambrinus le sacrifice de ses rêves
et de ses enthousiasmes politiques et le premier devoir d'un
étudiant à Bonn en 1819 fut de ne jamais rentrer chez lui
par le chemin le plus court. Il est d'autant plus remarquable
que Heine, dans un pareil milieu, ait su rester sobre. Il
avait des goûts, ou, plus exactement, des dégoûts bien
étranges pour un Allemand : d'abord, comme il l'écrivait
en 1835 à M. Philarète Chasles, il ne fuma jamais ; mais,
ce qui est plus étonnant encore, Heine n'aimait pas la bière
et, en vérité, de toutes les raisons qu'on pourrait allé-
guer pour établir que Heine fut un mauvais Allemand,
celle-ci nous paraît être une des plus probantes.

Pour se dédommager de ne pouvoir plus, dans des réunions politiques, discourir à leur aise, c'est-à-dire un peu à
tort et à travers, sur le génie libre et fier de l'antique Allemagne, les étudiants mirent tout leur patriotisme dans
leur toilette : ils se pavanèrent, aux yeux éblouis des bons
bourgeois de Bonn, dans des costumes vieil-allemand (1).

____

(1) Ces costumes étaient plus ou moins conformes au costume au-

Heine avait alors, nous dit-il lui-même (1), une redingote de bure blanche, une toque rouge et de longs cheveux blonds; ajoutez, ce qu'il oublie de nous dire, qu'il avait l'habitude de rejeter sa toque sur la nuque, afin que les passants eussent le plaisir d'admirer les nombreuses blessures que la rapière avait faites à cette toque glorieuse; figurez-vous maintenant, sous ce costume, un jeune homme au visage pâle, aux traits fins, légèrement féminins même, une barbe blonde naissante à peine, des yeux un peu insolents, comme il convient à un étudiant qui a conscience de toute sa supériorité sur les Philistins, tel était Heine à vingt ans, tel il se promenait « paresseusement, les mains dans les poches », à travers les rues de Bonn.

Quant à ses amis, c'étaient : Dieffenbach, qui s'amusait alors à couper les queues de tous les chiens et chats qu'il pouvait attraper et se faisait ainsi la main en attendant de devenir un des premiers chirurgiens de l'Allemagne; Simrock, qui devait un jour devenir célèbre par ses traductions des vieilles épopées nationales; J.-B. Rousseau, déjà spoète, comme son nom l'y obligeait, mais poète malheureux dans tous les sens du mot, car, après avoir fait des vers médiocres, il eut le triste sort d'Orphée : il fut lit-

thentique que nous trouvons dépeint dans l'album d'un étudiant en droit du seizième siècle. Dans cet album, pareil à celui que Gœthe a mis dans les mains de l'étudiant qui vient rendre visite à Faust et est reçu par Méphistophélès, le costume consiste en une barrette de velours noir surmontée d'une plume rouge, une collerette de dentelles, un pourpoint rouge, un pantalon rouge très large, sur l'épaule un manteau de pourpre, au côté gauche une longue épée. Tel est, à peu près, le superbe costume, que portaient fièrement tous les amis de Heine : ils devaient être de jolis compagnons, et la ville de Bonn était certainement, dès la rentrée des cours, aussi amusante à voir qu'une ville du moyen âge, un jour de mardi gras.

(1) *De l'Allemagne*, t. I, p. 270.

téralement mis en pièces par des femmes à Vienne pendant la révolution de 1848 ; il ne se releva jamais des graves blessures que lui avaient faites les Ménades viennoises et alla finir ses jours à l'hôpital, encore une vraie fin de poète. C'étaient encore deux compatriotes : Frédéric Steinmann, qui nous a laissé sur ces années de Bonn un livre plein de mensonges et qu'il faut sans cesse contrôler (1), et Christian Sethe, le confident de ses amours malheureuses avec Molly, resté un ami fidèle et sûr, « un phare dans la tempête », comme Heine l'appelle dans un des sonnets qu'il composa à cette époque et qu'il lui dédia : Sethe était la raison et la prudence même, c'était le « conseiller Sethe », ainsi l'avait surnommé Heine.

Deux noms enfin pour compléter la liste de ces compagnons de plaisirs et d'études : Pellmann et Schopen qui allaient toujours ensemble, bien que l'un fût très grand et l'autre tout petit, ce qui avait donné à Heine l'idée d'appeler ce couple inséparable « le point et virgule ». Pour parler cette même langue grammaticale, le trait d'union entre tous ces amis, c'était leur amour commun pour la poésie : on se réunissait en un petit cénacle où chacun payait son tribut à la Muse et on s'y critiquait les uns les autres très sévèrement, ce que les amis savent toujours faire et très ouvertement, ce qui n'est pas toujours le cas entre amis. J'imagine que de tous ces jeunes critiques, c'était Heine qui avait la griffe la plus redoutable, car le peu que nous savons de son caractère à cette époque nous le montre avare de paroles dans la conversation et prenant plaisir à sortir brusquement de son mutisme par quelques mots à l'emporte-pièce ou par une plaisanterie, un « witz » d'étudiant. Ajoutons d'ailleurs qu'il était surtout sévère pour lui-même, que, dès cette

(1) Fried Steinmann, *H. Heine, Denkwürdigkeiten und Erlebnisse aus meinem Zusammenleben mit ihm.* Prag, Kober, 1857.

époque, il tirait le verrou quand il voulait travailler et qu'alors le poète n'y était pour personne, pas même pour ses amis.

Mais tous ces jeunes gens, qui faisaient des vers entre les heures de cours, faisaient plus volontiers encore, pendant les vacances si fréquentes des universités allemandes, des promenades et des excursions sur les bords du Rhin, dans les environs si pittoresques de Bonn. Dès le premier jour de son arrivée à l'Université, Steinmann avait rencontré Heine sur la rive même du fleuve, au milieu d'un groupe d'étudiants qui regardaient pêcher et il entendit Heine qui disait à ses camarades : « prenez garde de tomber à l'eau, on pêche aussi le fretin (1). »

Le Rhin, le vieux Rhin (der Vater Rhein) avec ses châteaux en ruines, c'était là que ces jeunes poètes venaient puiser leurs plus joyeuses inspirations, si nous en croyons le célèbre lied de l'un d'entre eux, de Simrock :

« Au Rhin, ne va pas au Rhin, ô mon fils ; mon conseil est sage : là, la vie coule trop facile et trop douce ; on y a le cœur trop chaud et l'humeur trop folâtre (2). »

Que de fois Heine se promena sur les bords du fleuve, tantôt solitaire et rêveur, méditant l'un de ces beaux « sonnets à la fresque » qu'il écrivait au retour, tantôt égayé par quelque compagne moins sérieuse que la Muse, car nous savons par lui-même qu'il gouvernait son cœur d'après les principes de la monarchie constitutionnelle : la reine est morte, vive la reine ! Il aimait à s'égarer le soir dans la

(1) Le jeu de mots de Heine est intraduisible : *Stockfisch*, qu'il emploie, signifie à la fois morue et bêta, la morue passant pour un poisson particulièrement stupide et, par suite, facile à attraper.

(2)   An den Rhein, an den Rhein, zieh nicht an den Rhein ;
        Mein Sohn, ich rathe dir gut ;
        Da geht dir das Leben zu lieblich ein,
        Da blüht dir zu freudig der Muth.

campagne, à entendre l'angelus tinter à *Königswinter,* cette jolie petite ville située au pied du Drachenfels. Le Rhin alors murmurait plus doucement, surtout lorsqu'il était assis aux pieds d'une *Lorelei* qui n'était point mythologique et dont il comparait les yeux à deux étoiles ; il croyait retrouver dans ces yeux l'âme de cette bien-aimée, moitié réelle, moitié idéale, qu'il appelait la petite Véronique et dont il honorait de son mieux toutes les copies imparfaites qu'il rencontrait sur son chemin : n'était-il pas « le chevalier errant de l'amour, le chevalier de l'étoile tombée ? »

Après avoir montré ce qui, à Bonn, enchanta la vive imagination d'un étudiant qui était avant tout, suivant un mot bien connu en Allemagne, un « étudiant voyageur » (1), voyons maintenant ce qu'il apprit aux cours de l'université. Nous savons qu'il avait été inscrit comme étudiant en droit et nous devons tout d'abord déclarer qu'il fut aussi peu assidu aux cours qu'un étudiant en droit peut l'être. Les *Institutes* et les *Pandectes* n'eurent jamais le don de le passionner ; il se sentait mal à l'aise au milieu des « paragraphes de fer des différents systèmes de droit ». En revanche, l'histoire et la littérature allemandes eurent toutes ses sympathies.

Il suivait très régulièrement les leçons de Schlegel et prenait des notes aussi consciencieusement que sait le faire ce preneur de notes par excellence qu'on appelle un étudiant allemand. Rentré chez lui, il relisait avec le plus grand soin ses cahiers : ne croyons donc pas Heine sur parole lorsqu'il

(1) *Ein fahrender Schüler.* On croyait au moyen âge que les « écoliers voyageurs » avaient poussé leur course errante jusqu'au *Venusberg* et qu'ils y avaient reçu les leçons du diable en personne, lequel, installé dans une chaire, leur enseignait les sept arts libéraux. Heine aurait eu s'il avait vécu au moyen âge, toutes les qualités requises pour être un parfait écolier voyageur.

nous dit que, les écrivains prenant généralement en affection ceux qui les « citent » souvent, il a toujours eu un faible pour les appariteurs et leurs « citations » (1). Là, comme en tant d'autres endroits, il cède au double plaisir de se calomnier et de faire un calembour. En réalité, Heine acquit à Bonn de sérieuses connaissances sur l'histoire, la littérature et même l'architecture du moyen âge. Il parcourut, avec un archéologue distingué, Hundeshagen, les environs de Bonn, si riches en vieux monuments et, à Bonn même, il put étudier l'architecture romane sur le vieux Münster. Un professeur à qui Heine dut faire de fréquentes visites, c'était l'auteur du *Vaterlandslied*, le « père Arndt », comme l'appelaient les étudiants, dont il était adoré. Le célèbre poète, après une vie aventureuse et agitée, était venu chercher le repos à Bonn ; il y avait acheté une modeste villa ayant vue sur le Rhin : « j'ai jeté mon dévolu, disait-il, sur la magnificence des sept montagnes. » Les étudiants accouraient en foule à ses réunions familières du soir que présidait son aimable jeune femme, la sœur de Schleiermacher ; le professeur y discourait avec son abondance et sa bonhommie ordinaires sur tout ce qui touchait à l'histoire et à la poésie allemandes, deux choses dont il pouvait parler mieux que personne, puisqu'il était à la fois un personnage politique et un vrai poète.

Mais le professeur de Bonn qui exerça la plus grande influence sur Heine, ce fut Guillaume Schlegel ; c'est lui qui fut véritablement alors son maître en poésie et c'est lui aussi que Heine va célébrer dans ses premiers sonnets. Essayons donc de nous représenter Schlegel à l'époque de son professorat de Bonn : Heine lui-même va nous aider à esquisser la physionomie de l'illustre littérateur.

----

(1) Quand un étudiant est « cité » à comparaître devant le tribunal académique, c'est l'appariteur (le *Pedell*) qui lui apporte la citation.

Voici d'abord le professeur dans sa chaire; le portrait est des mieux réussis : « Avant que Gœthe eût montré qu'on pouvait être un poète allemand et cependant un homme de bonne compagnie, un poète allemand était un homme qui portait un habit râpé et en lambeaux; qui confectionnait pour un écu des pièces de vers à l'occasion des mariages et des baptêmes; qui s'enivrait loin de la bonne compagnie où il n'était pas admis, et qu'on trouvait quelquefois, le soir, étendu sur les dalles de la rue, sentimentalement caressé par les rayons amoureux de Phébé. Quand ces gens-là devenaient vieux, ils avaient coutume de se plonger encore plus profondément dans leur misère. Il est vrai que c'était une misère sans souci, ou accompagnée d'un seul souci, à savoir, où l'on buvait le plus de schnaps pour le moins d'argent.

« C'est ainsi que je m'étais toujours représenté un poète allemand. Que je fus donc agréablement surpris lorsqu'en l'année 1819, tout jeune encore et étant à l'université de Bonn, j'eus l'honneur de voir face à face le génie poétique dans la personne de M. Auguste-Guillaume Schlegel ! Après Napoléon, c'était le premier grand homme que je voyais et je n'oublierai jamais cette vue ineffable. J'éprouve encore aujourd'hui la sainte terreur qui pénétra mon âme quand je me trouvai devant sa chaire et que je l'entendis parler... M. Auguste-Guillaume Schlegel avait des gants glacés et il était entièrement habillé d'après la nouvelle mode parisienne; il était encore tout odorant du parfum de la bonne compagnie et de l'eau de mille-fleurs qu'il ne s'était pas épargnée : c'étaient l'élégance et la gentillesse en personne; et, lorsqu'il parla du grand chancelier d'Angleterre, il ajouta *mon ami,* et, près de lui, se tenait un laquais sous la livrée baroniale de la maison Schlegel, qui avait soin des bougies placées dans des flambeaux d'argent; sur la chaire, à son côté, brillait un verre d'eau sucrée sur une soucoupe de cristal. Un laquais en livrée ! des bougies ! des flambeaux d'argent ! mon ami le grand chancelier d'Angleterre ! des gants glacés ! de l'eau sucrée ! quelles choses inouïes au cours d'un professeur allemand ! Tout cet éclat ne nous éblouit pas peu, nous autres jeunes gens, et moi surtout ; et je fis alors sur M. Schlegel trois odes, et chacune de ces odes commençait par ces mots : « ô toi qui, etc..., » mais ce n'était que dans la poésie que j'osais tutoyer un homme si distingué. Son extérieur était réellement très imposant : sur sa petite tête mince ne brillaient plus qu'un petit nombre de cheveux gris, et son corps était si chétif, si consumé, si transparent, qu'il semblait tout esprit et qu'il avait l'air d'un symbole du spiritualisme (1). »

Schlegel avait alors cinquante-trois ans. Il venait de Paris, où il avait passé huit mois à faire fondre des caractères pour une imprimerie sanscrite que le gouvernement prussien lui avait donné mission de surveiller. De retour à Bonn, l'infatigable érudit avait fondé un recueil périodique, intitulé *Bibliothèque indienne,* qu'il était presque seul à entretenir ; une traduction latine du Baghavat-Gita et des fragments du Ramayana avaient été les fruits de ses nouvelles études. Il ne faisait du reste en cela que marcher sur les traces de son illustre père, Frédéric Schlegel qui, par son remarquable ouvrage sur « la sagesse et la langue des Indiens » avait inauguré en Allemagne l'étude du sanscrit, suivant l'expression de Heine lui-même (2). Guillaume Schlegel, à Bonn, mit cette étude à la mode ou, du moins tourna vers l'orient l'attention des étudiants et en particulier de Heine qui prendra plaisir plus tard à chanter « le Gange, le fleuve aux eaux saintes et limpides » et les amours du rossignol avec la fleur du lotus.

(1) *De l'Allemagne* (trad. franç.), t. I, p. 269.
(2) *De l'Allemagne*, t. I, p. 257.

Mais l'objet principal des leçons de Schlegel, c'était l'histoire de la langue et de la littérature allemandes. Il n'y avait pas seulement des étudiants, il y avait des gens du monde et des professeurs dans la foule qui se pressait autour de la chaire du maître, de « monsieur le professeur et chevalier de Schlegel ». On l'écoutait expliquer, en de fines et élégantes analyses, les étranges beautés d'un livre qui excitait plus que jamais en Allemagne un enthousiasme universel : *les Niebelungen* étaient dans toutes les mains ; Hagen avait découvert naguère le fameux manuscrit de Saint-Gall ; un ami de Heine préparait une édition critique du poème ; Schlegel en avait fait le sujet de son cours et nous voyons, par le « témoignage » délivré à l'étudiant Heine, que notre poète suivait, dans le semestre d'été de 1820, ce cours de Schlegel « avec un zèle ardent et un intérêt que le professeur lui-même avait plaisir à reconnaître », ce sont les propres paroles de Schlegel (1).

Un cours de Schlegel sur la plus belle des épopées germaniques, quelle bonne fortune pour Heine, quel magnifique couronnement à ses études sur l'art et la littérature du moyen âge ! « Longtemps, dit-il lui-même, il ne fut question parmi nous que du livre des *Niebelungen*. » L'on comparait déjà, paraît-il, la chanson germanique à l'Iliade elle-même, plusieurs même la déclaraient supérieure à l'œuvre d'Homère, « au grand scandale des philologues classiques » (2). Heine a essayé de faire comprendre aux Français en une page éclatante, qui est comme une fresque

(1) M. Hüfer nous a donné ces témoignages délivrés à Heine par les professeurs de Bonn. Voir son livre, déjà cité, p. 104.

(2) Sur cette comparaison, qui a été si souvent reprise par les critiques allemands, entre l'*Iliade* et les *Niebelungen*, on peut consulter, outre *Gœthe* (Conversations avec Eckermann, trad. Délerot, t. II, p. 383.) *Gervinus* (Histoire de la poésie allemande, t. I, p. 342) et M. *Wilhelm Scherer*, page 110 de sa récente et très remarquable *Histoire de la littérature allemande*.

grandiose, la farouche grandeur et la sauvage naïveté des caractères qui font de ce poème des Niebelungen une œuvre effroyablement belle. « Ce chant des Niebelungen, dit-il, est d'une haute puissance ; il est difficile qu'un Français puisse s'en faire une idée. Le langage dans lequel il est composé lui serait encore plus inintelligible. C'est une langue de pierre et les vers sont des blocs rimés. Çà et là, entre les interstices, s'élèvent de belles fleurs, rouges comme des gouttes de sang, d'où s'échappe le lierre rampant, semblable à de longues lames vertes. De ces passions de géants qui s'agitent dans cette épopée, vous pouvez encore moins vous faire une idée, bonnes gens civilisés et polis que vous êtes ! Figurez-vous une claire nuit d'été, les étoiles pâles comme l'argent, grandes comme le soleil, étincelant sur un ciel bleu ; tous les dômes gothiques de l'Europe semblent s'être donné rendez-vous dans une vaste plaine ; et, parmi cette foule de colosses, viendraient paisiblement le moutier de Strasbourg, le dôme de Cologne, le clocher de Florence, la cathédrale de Rouen, la flèche d'Amiens et l'église de Milan, qui s'attrouperaient autour de la belle Notre-Dame de Paris et lui feraient galamment la cour. Il est vrai que leur démarche est un peu lourde, que quelques-uns s'y prennent gauchement et qu'on est quelquefois tenté de rire de leurs transports amoureux. Mais ce ricanement cesse dès qu'on les voit entrer en fureur, se ruer les uns sur les autres, quand Notre-Dame de Paris élève avec désespoir ses deux bras de pierre vers le ciel, saisit tout à coup un glaive et abat la tête du plus grand de tous ces dômes. Mais non, vous ne pourriez encore vous faire une idée des principaux personnages du chant des Niebelungen ; il n'est pas de tour aussi haute, pas de pierre aussi dure que le féroce Hagen et la vindicative Chrimhilde (1). »

(1) *De l'Allemagne*, t. I, p. 324.

Ce poème des Niebelungen, avec ses iambes raboteux et les poétiques horreurs de ses batailles sans trêve et de ses vengeances sans merci, vint très heureusement compléter l'éducation romantique de Heine en offrant à sa jeune imagination, alors en quête de tous les souvenirs du passé, un résumé magnifique et comme une éblouissante vision de ces temps héroïques, qu'il saura plus tard faire revivre par la naïveté et la grandeur simple de ses poèmes.

Mais ce n'est pas seulement par ses leçons sur les Niebelungen que Schlegel exerça sur Heine une réelle influence : qu'étaient en effet quelques heures de cours par semaine à côté de tout ce que Schlegel avait écrit déjà sur les sujets les plus divers et de tout ce qu'il pouvait apprendre dans la conversation à ceux qu'il daignait honorer de son amitié ? Or nous savons que Heine était parmi les privilégiés que Schlegel admettait à ses soirées de gala et, faveur autrement précieuse ! il fut autorisé à soumettre ses travaux poétiques à l'éminent professeur et à venir causer avec lui, quand il lui plairait. Rien ne pouvait être plus intéressant alors à Bonn que la conversation de Schlegel, qui pouvait dire, comme un autre grand critique, poète aussi à ses heures :

> J'ai fait le tour des choses de la vie,
> J'ai bien erré dans le monde de l'art.

Ce n'était pas seulement dans le monde de l'art, mais dans l'Europe entière qu'avait déjà erré Guillaume Schlegel quand il vint se fixer, pour quelques années seulement, dans la ville de Bonn. Il avait connu à Iéna Schiller et Gœthe et, quand il lui arrivait de parler de l'un ou de l'autre, il ne manquait jamais d'ajouter, conformément à cette habitude que Heine a raillée plus haut, « mon immortel ami » (1). Et il avait le droit de les appeler ainsi, puisqu'il avait été l'utile collaborateur de Schiller

____

(1) Hoffmann von Fallersleben, ouvrage cité, p. 160.

dans les « Heures » et que Gœthe avait fait représenter sa tragédie « Jon » sur le théâtre de Weimar. Et n'était-ce pas au bras de Schlegel que Mme de Staël avait parcouru l'Italie, la Suède et l'Angleterre ? Comme d'ailleurs Schlegel possédait à fond la langue de presque tous les pays qu'il avait visités et qu'il était de ceux qui savent voir et juger, on peut aisément se figurer quel puissant intérêt offraient à un esprit jeune et curieux, tel que Heine, des conversations familières avec celui qui s'appelait lui-même « un voyageur intellectuel ».

Qu'on ajoute à cette connaissance des pays étrangers et des personnes les plus illustres de l'époque, les immenses travaux de Schlegel et, en première ligne, ses traductions des théâtres étrangers. Il avait réussi à faire passer dans la langue allemande les beautés du théâtre espagnol et des poésies italiennes ; mais surtout, par son théâtre de Shakespeare, que Heine appelle « un chef-d'œuvre incomparable », il s'était montré, le mot n'est que juste, traducteur de génie. Heine s'était nourri déjà de ce Shakespeare germanisé et il est plus que probable que son enthousiasme pour le grand dramaturge anglais, pour celui qu'il appelait « le tout-puissant ministre, dont il n'était qu'un vulgaire subordonné », fut allumé en lui, comme d'ailleurs chez presque tous les Allemands, par cette étonnante traduction, on pourrait dire par cette transposition de Schlegel : car Schlegel a si bien réussi à faire entrer Shakespeare tout vivant, à l'incorporer dans la littérature allemande, que David Strauss a pu dire, dans son remarquable essai sur Schlegel : « l'Homère de Voss et le Shakespeare de Schlegel sont devenus les fondements de notre culture esthétique (1). »

Nous n'avons pas à considérer ici dans son ensemble, encore moins à apprécier, l'œuvre de Guillaume Schlegel :

____

(1) David Strauss, *Kleine Schriften*, Leipzig ; Brockhaus 1862, 141.

nous ne cherchons qu'à imaginer, par ce que nous savons
de Schlegel en 1820, le genre de services qu'il rendit à Heine
dans ses conversations avec lui, conversations qui ne devaient guère être autre chose que des monologues, étant
donné d'une part la taciturnité, fort bien placée ici, de Heine
et, d'autre part, l'habitude bien connue qu'avait Schlegel de
faire, quand il causait avec quelqu'un, et surtout avec un
petit étudiant, à la fois les demandes et les réponses (1).
Le plus signalé des services que Schlegel rendit à son jeune
ami fut de lui apprendre comment on fait un sonnet. Heine
a dit de Schlegel qu'il était « le plus grand métricien » de
l'Allemagne et, se demandant plus loin quel rang on devait
lui assigner comme poète, il a répondu à cette question par
une anecdote : « Le joueur de violon, Salomons, qui donnait des leçons au roi d'Angleterre, Georges III, disait un
jour à son auguste écolier : les joueurs de violon peuvent
se diviser en trois classes. A la première appartiennent ceux
qui ne savent pas jouer du tout ; à la seconde, ceux qui
jouent mal ; et à la troisième, ceux qui jouent bien. Votre
Majesté s'est déjà élevée à la seconde classe.

« M. Schlegel appartient-il à la première ou à la seconde
classe des poètes ? les uns disent qu'il n'est pas poète du
tout ; les autres disent qu'il est un mauvais poète. Tout ce
que je sais, c'est qu'il n'est pas un Paganini (2). »

Heine a dit vrai : le violon de Schlegel était en des mains
fort habiles, mais il n'avait pas d'âme. Dans son *Discours
sur le Sonnet*, prononcé à Berlin en 1803, discours dans lequel il fait dire à Boileau que :

Un sonnet sans défaut vaut *tout* un long poème,

(1) Voir, à ce sujet, l'entrevue que Strauss eut avec Schlegel et dans
laquelle Strauss ne put placer un seul mot ; mais il se dédommagea
plus tard en écrivant un récit très amusant de l'entrevue : *Kleine
Schriften*, 140.

(2) *De l'Allemagne* (édit. franç.), t. I, p. 261.

Schlegel a très bien vu que le principal mérite du sonnet consiste dans l'union de la forme et du fond, ou, suivant son expression, « dans le mariage indissoluble de l'âme et du corps ». Malheureusement il n'a jamais fait dans ses sonnets que des mariages de raison parce qu'il n'a jamais su unir que des idées, non des sentiments, à des formes d'ailleurs trèsb elles. Mais, comme versificateur, Schegel est incomparable. Les difficultés du sonnet, comme celles de la traduction en vers, sont un jeu pour lui et il a pu dire sans fatuité, ce qui ne lui arrive guère lorsqu'il parle de lui-même, car il est bien le plus grand fat qu'ait produit la littérature allemande, il a pu dire qu'il avait « le droit de prétendre à quelque gloire dans l'art de bien rimer » (schön zu reimen).

Les sonnets de Schlegel sont des *tableaux* (Gemäldeso-nette) et nous allons voir que Heine donnera aux siens un nom analogue. Ce que Schlegel se plait à « peindre », ce sont des sujets bibliques, la Naissance du Christ, les Trois Mages, la Sainte Famille ; ce n'est pas que l'auteur croie le moins du monde à ce qu'il décrit ; s'il chantait hier les « dieux de la Grèce » et aujourd'hui les saints du Testament, c'est qu'il a vu dans tout cela de « beaux sujets pittoresques » ; il fait maintenant des « sonnets catholiques », non par conviction, mais, comme il l'écrit en français à une dame, « par prédilection d'artiste (1) ».

Ce qu'il y avait dans ces « sonnets de peintre » de Schlegel, l'habileté d'un artiste consommé, c'est ce que Heine apprit à Bonn dans son commerce avec Schlegel ; et ce qui manquait aux sonnets de Schlegel, à savoir l'émotion et la flamme, c'est justement ce que Heine va mettre dans ses « sonnets à la fresque » et, par là, le disciple sera supérieur au maître comme la poésie sincère est supérieure à la plus brillante versification.

---

(1) *Œuvres* de G. Schlegel, édit. Böcking, t. I, p. 191.

« Un masque, qu'on me donne un masque et les haillons d'un pauvre diable, car je ne veux pas que tous ces gredins magnifiques qui font la roue dans la grande mascarade de la vie aillent me prendre pour un des leurs. » (Sonnet II.) Et ailleurs : « Méfie-toi, mon ami, des noires grimaces du diable, mais redoute encore plus les douces minauderies des anges. Un de ces anges m'offrit un jour un tendre baiser : je m'approchai et reçus un terrible coup de griffe. » (Sonnet VII.) Et ce début, d'un tout autre style, du sonnet IX :

> Je voudrais bien, mais je ne puis pleurer !

On le voit, c'est tantôt, dans les sonnets amoureux, la passion qui parle toute pure ; tantôt, dans ce que j'appellerai les sonnets sarcastiques, qui furent une innovation en Allemagne, c'est la franchise du jeune homme qui se révolte et s'emporte contre les fausses grandeurs qu'il voit courtiser autour de lui, « contre ces idoles toutes d'or à l'extérieur, toutes de sable au dedans, qu'il refuse d'encenser avec la foule » ; et alors, ce n'est pas, comme chez son maître, « une prédilection d'artiste », c'est l'indignation qui fait les vers du poète.

Mais il nous faut porter un jugement d'ensemble sur ces sonnets de Heine qui, à vrai dire, ne sont pas très nombreux, dix-sept en tout, mais qui occupent une place à part dans son œuvre poétique et qu'il a groupés dans son immortel « Livre des Chants » sous ce double titre : « Sonnets » et « Sonnets à la Fresque » (1). Trois inspirations bien différentes dominent tour à tour dans ces sonnets et permettent de les ranger en trois catégories.

(1) Le Livre des Chants ne contient en tout que treize Sonnets : deux des Sonnets à Schlegel et deux Sonnets à la Fresque ne se trouvent que dans l'édition complète (allemande) des œuvres de Heine. t. XV, p. 75.

Les premiers sonnets ont été dictés par la reconnaissance et forment une « couronne » (Sonettenkranz) tressée par le disciple à la gloire de son maître, Schlegel : Heine s'y dépeint doutant de lui-même ; il n'était qu'un faible arbrisseau qui a trouvé un appui dans la bienveillance de son illustre maître ; si l'arbrisseau réussit jamais à fleurir, c'est à Schlegel qu'en reviendra tout l'honneur. — Ailleurs la fausse poésie, toute parée de colifichets, avec des mouches sur ses joues fardées, a été renvoyée bien loin par le maître qui était homme de goût. Il est piquant de relever ici tous ces témoignages sincères d'admiration de la part d'un disciple qui depuis... mais alors Schlegel était pour notre jeune auteur un grand poète, un vrai « Paganini », puisqu'il réussit, sans doute grâce aux accords merveilleux de ce violon, si décrié plus tard par Heine, « à réveiller dans un château, situé au milieu d'une profonde forêt, une belle jeune fille qui dormait d'un magique sommeil ». Cette jeune fille, c'était « la vraie Muse allemande qui, se réveillant alors avec un sourire, se jeta, ivre d'amour, dans les bras » de Schlegel. Pauvre Muse allemande ! son prince charmant avait alors cinquante-trois ans bien comptés ; il venait justement d'épouser la fille d'un conseiller de consistoire, du grand rationaliste Paulus : le romantisme, dont Schlegel était le chef, épousait le rationalisme ; c'était, dira Heine lui-même, « une union symbolique » et cette union resta telle, au grand mécontentement du rationalisme, lequel, dans la personne de la jeune mariée, rompit, dès le lendemain des noces, avec le romantisme dont les prétentions ne lui paraissaient pas soutenues par un mérite suffisant. — Dans un dernier sonnet, c'est l'étudiant qui remercie l'éminent professeur de ses belles leçons sur les Niebelungen et félicite le savant traducteur d'avoir été cueillir des fleurs sur les rives du Tage et pêcher des perles dans les eaux sacrées du Gange. Pour juger d'un mot ces sonnets à Schlegel, ils font plus l'éloge du cœur que du génie de Heine.

Dans la seconde série de sonnets, *les Sonnets à la Fresque*, que Heine a dédiés à son intime ami, Christian Sethe, le sujet, assez difficile à saisir au premier abord, paraît être surtout une peinture à grands traits de ce qu'on pourrait appeler la mascarade de la vie humaine. Ce sujet était trop vague et, en même temps, trop vaste pour tenir dans le cadre étroit d'un sonnet. Sans doute, ici encore, la passion est sincère et c'est de tout cœur que le jeune satirique raille et fustige les faux bonshommes, les marchandes d'amour et les « singes savants » ; mais un jeune homme qui s'indigne contre la société ne peut se tenir de déclamer, et les déclamations de Heine font paraître plus grande encore la disproportion entre le sujet qu'il traite et le cadre où il prétend l'enfermer. Même si on admet, ce qui est au moins contestable, que le sonnet se prête à la satire, vouloir faire une satire des mœurs du temps en deux quatrains et deux tercets, entreprendre de peindre à la fresque les critiques envieux et les pédants à lunettes et les jeunes filles qui ont « un joli corsage rouge », voire même un « joli petit cœur », mais qui « n'ont point d'amour dans ce cœur », faire entrer tous ces masques, repoussants ou gracieux, dans quelques pièces de quatorze vers chacune, c'est tenter une entreprise contradictoire, c'est vouloir peindre quelque chose comme le Carnaval de Venise dans un tableau grand comme la main (1).

Si on nous permet de rapprocher ici Heine d'un poète français contemporain, M. Théodore de Banville, nous appellerons volontiers quelques-uns de ces sonnets (particulièrement le IIIe et le IVe) : des sonnets funambulesques.

(1) On pourrait trouver la théorie de ce genre particulier de Sonnets dans le Discours sur le Sonnet cité plus haut, et prononcé par le maître de Heine, Schlegel. Schlegel y démontre la possibilité du « Sonnet burlesque ».

La définition que M. de Banville donne de ses « odes funambulesques » convient à merveille à ces sonnets de Heine : « L'ode funambulesque (disons ici le sonnet) est un poème... dans lequel *l'élément bouffon* est étroitement uni à *l'élément lyrique* et où, comme dans le genre lyrique pur, l'impression, comique ou autre, que l'ouvrier a voulu produire, est toujours obtenue par des *combinaisons de rimes*, par des *effets harmoniques* et par des *sonorités particulières*. »

Chez M. de Banville le comique résulte le plus souvent du mélange de termes bourgeois et même boulevardiers avec des termes très poétiques. C'est de même le cas chez Heine qui remplace seulement les termes boulevardiers par des « mots d'étudiant » (burschikos) (1).

Hâtons-nous d'ajouter d'ailleurs que les expressions pittoresques, les vers éclatants et sonores abondent dans ces sonnets de Heine. Qu'on lise, par exemple, ces derniers vers du IIIe sonnet :

« Quand les colifichets du bonheur sont brisés par la main du sort et gisent en morceaux à nos pieds. — Et que dans notre sein notre cœur est brisé, broyé et tout transpercé, alors il nous reste encore le beau rire éclatant (2). »

Heine n'est-il pas tout entier dans ce vers superbe de la fin qui retentit comme un éclat de rire et semble chanter le triomphe du railleur qui veut se faire invulnérable à force d'ironie et de gaîté ?

(1) Voir, sur Théodore de Banville et ses *Odes funambulesques*, la spirituelle étude de M. Jules Lemaître (*Les Contemporains. Études et Portraits littéraires*, 1re série. Paris 1886. Lecène et Oudin.)

(2)   Denn wenn des Glückes hübsche Sieben Sachen,
    Uns von des Schicksals Händen sind zerbrochen,
    Und so zu unsern Füssen hingeschmissen;
    Und wenn das Herz im Leibe ist zerrissen,
    Zerrissen und zerschnitten, und zerstochen,
    Dann bleibt uns doch das schöne gelle Lachen.
                    (*Buch der Lieder*, 94.)

Une dernière remarque à faire sur ces Sonnets à la Fresque, c'est que Heine y parle une langue d'une richesse merveilleuse. Les mots qui peignent, et, si on peut ainsi parler, les mots qui chantent, il les a déjà tous sous la main et il s'entend aussi bien à charmer l'oreille qu'à éblouir les yeux de son lecteur émerveillé. Plus tard, au contraire, son grand mérite sera de se servir des mots les plus simples, les plus familiers pour en tirer les plus grands effets et les plus inattendus. Mais déjà, à Bonn, il possédait un vocabulaire extraordinairement riche, si riche qu'il est, croyons-nous, impossible de bien traduire en français ces étranges sonnets. Avoir eu à sa disposition une si grande abondance de mots curieux et pittoresques et n'avoir admis dans ses Lieder que les plus simples et les plus connus de tous, ce fut là un trait de génie dont la popularité de Heine a justement bénéficié.

Un des sonnets à la fresque les mieux réussis est celui où Heine a célébré l'amitié de Sethe, de ce compagnon d'enfance qu'il avait retrouvé aussi bon et aussi dévoué à Bonn qu'à Dusseldorf : « Tu m'as vu souvent en guerre avec ces rustres... tu as vu mon sang jaillir de mille blessures.

« Mais tu es resté ferme comme une tour, ta tête a été pour moi un phare dans l'orage et ton cœur fidèle un port sûr.

« Tout autour les hautes vagues s'amoncellent avec furie, bien peu de vaisseaux peuvent y jeter l'ancre ; mais quand une fois on y est, on peut dormir tranquille (1). »

(1)   Du sahst mein Blut aus tausend Wunden sprudeln,
Du aber standest fest gleich einem Thurme ;
Ein Leuchtthurm war dein Kopf mir in dem Sturme,
Dein treues Herz war mir ein guter Hafen.
Wohl wogt um jenen Hafen wilde Brandung,
Nur wen'ge Schiff' erringen dort die Landung,
Doch ist man dort, so kann man sicher schlafen.
(Buch der Lieder, 99.)

Ces vers, et le dernier surtout qui dit si simplement ce qu'il veut dire, auraient dû avertir Heine que des sentiments tels que l'amitié et l'amour conviennent bien mieux au sonnet que la colère et l'indignation du satirique. Ces sentiments sont en tous cas ceux qui ont le mieux inspiré notre poète, car nous avons réservé pour la fin la dernière catégorie des sonnets : il n'y en a que deux, mais ils sont très beaux et, après les critiques que nous avons adressées au poète, nous pourrions ajouter : ce sont enfin deux *vrais* sonnets. Heine les a dédiés et consacrés tous deux à sa mère. Il suffira de les citer pour que le lecteur y reconnaisse la marque de l'ouvrier qui a fait les Lieder.

I.

« J'ai pour habitude de porter haut la tête ; je suis, de nature, un peu roide et tenace, et quand le roi lui-même me regarderait en face, je ne baisserais pas les yeux.

« Pourtant, mère bien-aimée, je veux le dire tout haut, quelque orgueilleusement que se gonfle mon cœur, souvent, en ta douce et confiante présence, je me sens pris d'une humble crainte.

« Est-ce ton esprit qui secrètement me maîtrise, ton noble esprit qui pénètre hardiment toutes choses et s'élève étincelant jusqu'à la lumière du ciel ?

« Ou bien est-ce le souvenir d'avoir commis tant de fautes qui ont contristé ton cœur, ce noble cœur qui m'a tant aimé ?

II.

« Dans une heure de fougue insensée, je t'ai quittée un jour : je voulais aller jusqu'au bout du monde et voir si

je rencontrerais l'amour, pour le saisir et l'embrasser éperdu-
ment.

« J'ai cherché l'amour sur tous les chemins : j'étendais la
main devant chaque seuil et je mendiais une pauvre au-
mône d'amour, — mais on ne me donna, en riant, que la
froide haine.

« Et toujours, toujours j'errais après l'amour, mais je ne
l'ai trouvé nulle part et je suis revenu au logis, malade et
triste.

« Là, tu es venue au-devant de moi et alors ce que j'ai
vu briller dans tes yeux, c'était l'amour, le doux amour si
longtemps cherché (1). »

(1)   I.

Ich bin's gewohnt, den Kopf recht hoch zu tragen,
Mein Sinn ist auch ein bischen starr und zähe ;
Wenn selbst der König mir in's Antlitz sähe,
Ich würde nicht die Augen niederschlagen.
Doch, liebe Mutter, offen will ich's sagen :
Wie mächtig auch mein stolzer Muth sich blähe,
In deiner selig süssen, trauten Nähe
Ergreift mich oft ein demuthvolles Zagen.
Ist es dein Geist, der heimlich mich bezwinget,
Dein hoher Geist, der Alles kühn durchdringet,
Und blitzend sich zum Himmelslichte schwinget ?
Quält mich Erinnerung, dass ich verübet
So manche That, die dir das Herz betrübet,
Das schöne Herz, das mich so sehr geliebet !
                    (*Buch der Lieder*, p. 89.)

II.

Im tollen Wahn hatt' ich dich einst verlassen,
Ich wollte gehn die ganze Welt zu Ende,
Und wollte sehn, ob ich die Liebe fände,
Um liebevoll die Liebe zu umfassen.

Bürger, le maître de Schlegel, disait qu'un sonnet parfait devait être « tel que celui qui voudrait le mettre en
prose n'en pourrait ôter ni une phrase ni un mot et ne
saurait dire les choses autrement qu'elles n'ont été dites
en vers ». Nous avons vu aussi que, pour le maître de
Heine, pour Schlegel, le sonnet idéal était celui qui unis-
sait le plus intimement le fond à la forme. Il n'est guère
possible de s'exprimer en termes plus simples et, pour entrer dans la pensée de Bürger, plus indispensables que ne l'a
fait Heine dans ces deux sonnets. Et, d'autre part, pour
prendre les mots mêmes de Schlegel, la forme ne pourrait
mieux s'accorder avec le fond, ni « le corps avec l'âme »,
parce que le génie du poète ne pouvait mieux servir le cœur
du fils.

> Die Liebe suchte ich auf allen Gassen,
> Vor jeder Thüre streckt' ich aus die Hände,
> Und bettelte um g'ringe Liebesspende,
> Doch lachend gab man mir nur kaltes Hassen,
> Und immer irrte ich nach Liebe, immer
> Nach Liebe, doch die Liebe fand ich nimmer,
> Und kehrte um nach Hause, krank und trübe.
> Doch da bist du entgegen mir gekommen,
> Und ach! was da in deinem Aug' geschwommen,
> Das war die süsse langgesuchte Liebe.
>
>   (*Buch der Lieder*, p. 90 (édition française);
>   *Poésies inédites*, p. 62.)

CHAPITRE VII.

Heine à Gœttingue.

Au mois de septembre 1820, après avoir passé une partie de ses vacances tout près de Bonn, dans le joli village de Beul, où il avait travaillé ardemment à sa tragédie d'*Almansor*, Heine boucla sa valise, alla embrasser ses parents à Dusseldorf, puis il partit à pied, le sac au dos, pour l'université de Gœttingue. Il voyagea à petites journées à travers la Westphalie, s'attarda « dans les jolies vallées qui entourent la ville de Hagen », admira à Soest les vieilles fortifications et l'église gothique du quatorzième siècle, Sainte-Marie de la Prairie, écouta, dans les environs de Paderborn, les discours que lui tinrent les forêts de chênes sur les anciens habitants de ces contrées, vaillants Saxons qui furent les « derniers défenseurs de la foi germanique »; il entendit même très distinctement une pierre fort ancienne qui l'interpella en ces termes : « Arrête-toi, voyageur, c'est ici qu'Arminius a vaincu Varus (1). »

Pour comprendre si bien ce que disaient les vieilles piérres dans les landes de Paderborn, il ne fallait rien moins qu'avoir suivi avec assiduité les cours de Schlegel,

(1) Voir la première des *Lettres de Berlin* (t. XIII, p. 24). C'est seulement en 1875 qu'on a inauguré sur le Grotenbourg, non loin de Paderborn, le « monument d'Arminius ». (Hermannsdenkmal) œuvre de M. de Bandel. Heine avait souscrit pour « cinq centimes ». C'était juste alors la mesure de son enthousiasme pour « Hermann, la noble épée ». C'était aussi le temps où le soleil se levait sur Paderborn « avec une mine rébarbative ». Quel ennuyeux métier, en effet, d'avoir à éclairer une « si sotte terre ». (*Germania*, XIII.) Qui eût dit à Heine, au moment où nous le suivons sur la route de Gœttingue, qu'il deviendrait un jour si odieusement infidèle au vénéré Irminsul?

d'Arndt et de Radlof sur l'histoire et la littérature des vieux Germains ; nous reconnaissons déjà dans les *lettres de Berlin*, écrites au commencement de 1822, le lecteur enthousiaste des Niebelungen et des vieilles histoires du moyen âge, l'étudiant de Bonn, en un mot, que nous retrouverons plus tard dans les Lieder.

Mais le voici au terme de son voyage. Nous savons tout ce qu'il avait laissé derrière lui, à Bonn : qu'allait lui offrir, en échange, sa nouvelle résidence ? qu'était la ville de Gœttingue à l'époque où Heine y fit son entrée ?

« La ville de Gœttingue, célèbre par ses saucissons et son Université, appartient au roi de Hanovre et contient neuf cent-quatre-vingt-dix-neuf feux, diverses églises, une maison d'accouchements, un observatoire, une prison, une bonne bibliothèque et une taverne municipale où la bière est aussi fort bonne. Le ruisseau qui passe devant la ville s'appelle la *Leine*, et l'on s'y baigne pendant l'été. L'eau en est très froide et si large en quelques endroits que mon ami Luder dut réellement prendre un furieux élan quand il la franchit d'un saut. La ville en elle-même est belle et ne plaît jamais autant que lorsqu'on la regarde en lui tournant le dos. Elle doit exister depuis bien longtemps, car lorsque j'y fus immatriculé, ily a de cela plus de cinq ans, elle avait déjà le même aspect grisonnant et posé, et elle était déjà complètement pourvue d'huissiers, de caniches, de dissertations, de thés dansants, de blanchisseuses, de *compendia*, de pigeons rôtis, d'ordres de Guelfes, de carrosses de promotion, de têtes de pipes, de conseillers auliques, de conseillers de justice, de conseillers de légation et de relégation, et d'autres farceurs (1). »

Telle était la cité « grisonnante » et vieillotte, qui, au mois de septembre 1820, eut l'honneur de recevoir, dans ses

---

(1) *Reisebilder*, t. I, p. 8 (édition française).

murs augustes et vermoulus, le plus jeune et le plus fougueux des poètes. Le lecteur se demande sans doute ce que Heine était venu faire dans cette galère. C'est justement ce que Heine se demanda à lui-même, dès qu'il eut fait connaissance avec la respectable antiquaille pour laquelle il avait abandonné la vivante et plaisante ville de Bonn.

On a supposé (1) que les parents de Heine, voyant que le jeune étudiant en droit faisait à Bonn tout autre chose que du droit, l'exilèrent dans une ville plus studieuse et plus tranquille, dans une ville où il fallait travailler si l'on ne voulait pas mourir d'ennui.

Heine lui-même écrivait à un de ses amis : « Souvent, à l'heure du crépuscule, quand je rêvais sous les saules pleureurs de Beul, j'ai vu planer devant moi, dans une gloire, le lumineux génie des piocheurs, le « bœuf » en robe de chambre et en pantoufles, tenant d'une main les *Institutes* de Mac-Keldy, et de l'autre me montrant les tours de la Georgia-Augusta (2). »

Que Heine fût réellement venu à Gœttingue pour travailler, ou, qu'une fois installé, il ait simplement fait de nécessité vertu, il est certain qu'il se mit bravement à l'œuvre et réussit, dans son séjour à Gœttingue, à terminer sa tragédie d'*Almansor*, et à envoyer, au bout de l'an, à l'éditeur Brockhaus un recueil de poésies.

Mais ce n'était pas pour composer des tragédies qu'il était venu à Gœttingue ; il avait fort à faire s'il voulait rattraper le temps perdu et devenir un jour un avocat sérieux.

(1) M. Strodtmann, *Heine's Leben und Werke*, 1re édition. Berlin ; Franz Duncker, 1867, t. I, p. 66.

(2) *Correspondance*, t. I, p. 3. Georgia-Augusta, c'est le nom de Gœttingue ; quant au *bœuf* dont Heine parle plus haut, il faut savoir que le bœuf est, parmi les étudiants, le vivant symbole du travail ; ce que nous appelons *piocher*, les Allemands l'appellent « bœufer », image qui éveille assez l'idée d'un lent et lourd travail.

Voyons donc ce qu'il avait à attendre de ses nouveaux professeurs et s'il n'eut pas trop lieu de regretter les leçons et les conseils de Guillaume Schlegel.

C'est l'Université, bien plus que les saucissons, quoi qu'en dise Heine, qui avait fait, au siècle passé, la gloire de Gœttingue. On peut même dire que la fondation de cette Université, en 1734, par le baron Adolphe de Münchhausen, est une date très importante dans l'histoire des idées et des doctrines aussi bien littéraires que pédagogiques, car c'est l'honneur des Universités allemandes que leur création ou leurs transformations répondent presque toujours à quelque grand mouvement de l'opinion et que leur histoire se confonde le plus souvent avec celle du progrès dans tous les domaines scientifiques (1).

Ainsi, c'est l'Université de Gœttingue qui avait été, au milieu du dix-huitième siècle, le berceau de l'humanisme moderne en Allemagne. Des savants tels que Gesner et Heyne y avaient créé le premier séminaire philologique de l'Allemagne; ce séminaire fut, dans son temps, une pépinière de jeunes philologues qui répandirent dans le pays tout entier les idées nouvelles, et il suffit de rappeler ici qu'un des élèves de l'illustre Heyne s'appelait Guillaume de Humboldt (2).

---

(1) Pour de plus amples détails sur l'histoire parallèle des sciences et des universités en Allemagne, voir le livre récent de M. Paulsen : *Geschichte des gelehrten Unterrichts auf den deutschen Schulen und Universitäten vom Ausgang des Mittelalters bis zur Gegenwart*, Leipzig, Veit et Cie, 1885.

(2) Si l'on voulait se rendre compte de l'importance qu'avait eue, au milieu du dix-huitième siècle, la fondation de l'Université de Gœttingue, il faudrait se rappeler tous les abus universitaires auxquels précisément le baron de Münchhausen avait l'intention de mettre fin en créant son université. Qu'on nous permette de citer ici quelques-uns des abus les plus curieux... ou les plus scandaleux : et d'abord toutes les sciences étaient bien positivement dans les Universités des servantes de la théo-

Qu'on ajoute enfin, comme pour mettre le comble à la gloire de cette vaillante petite ville de Gœttingue au dix-huitième siècle, la création d'un journal fameux, la *Correspondance* (Briefwechsel) (1), journal rédigé par un homme de cœur, Schloezer, avec l'aide des professeurs de l'Université.

Qu'était devenue, en 1820, à l'époque où Heine y vint étudier, cette glorieuse Université ? C'est Heine lui-même qui va nous le dire. Le pédantisme trônait dans les chaires et semait à pleines mains, dans les discours et les livres des professeurs, ces fleurs pâles qui croissent en si grande abondance dans le jardin des pédants et qu'on appelle des formules et des citations. « Il était de très bonne heure quand je quittai Goettingue et le savant Eichhorn était certainement encore étendu dans son lit et faisait peut-être son rêve ordinaire : qu'il se promenait dans un beau jardin, sur les plates-bandes duquel il ne croissait que de petits papiers blancs chargés de citations, qui brillaient d'un doux

logie, et les théologiens en profitaient pour faire les importants et pour tout régenter. Ensuite on reprochait aux professeurs la longueur interminable d'un même cours : ainsi le théologien Pregizer à Tubingue fit un cours qui dura vingt-cinq ans (1,509 heures) sur le prophète Isaïe. D'autres, pour attirer les étudiants (qui payaient), annonçaient chaque semestre de nouveau cours qu'ils commençaient à peine ; ceux-ci s'obstinaient à parler latin, bien que Thomasius eût introduit, depuis longtemps, l'usage de l'allemand dans les Universités ; ceux-là, du haut de leur chaire, injuriaient ou tournaient en ridicule leurs collègues ; la plupart avaient rendu leur professorat héréditaire dans leur famille ou bien attiraient à leur Université leurs gendres et leurs neveux. « Je repoussai trois fois, dit Moser, la proposition que me fit un théologien d'épouser une jeune fille de ses amies, et il m'en punit rudement. » On trouvera ces détails et d'autres du même genre dans le consciencieux ouvrage de Biedermann sur « l'Allemagne au dix-huitième siècle. » (Leipzig ; Weber, 1880, II ter Band. 491. *Deutschland im achtzehnten Jahrhunderte.*)

(1) La *Correspondance* (1776-1782) devint plus tard (1782-1793) les *Annonces politiques* (Staatsanzeigen).

éclat au soleil ; çà et là il en cueillait plusieurs qu'il trans-
plantait laborieusement dans une planche nouvelle, pendant
que les rossignols réjouissaient son vieux cœur de leurs accents les plus doux (1). »

D'ailleurs citations ou idées personnelles, ceux des professeurs qui se piquaient d'être habiles disaient tout en latin ;
cela leur paraissait plus distingué que de se servir du langage courant dont Thomasius avait voulu faire le langage
des Universités. C'est ce qu'ils appelaient enseigner la « Jurisprudence élégante ».

« Tous les trois ans on trouve à Gœttingue une nouvelle
génération d'étudiants. C'est un éternel fleuve d'hommes,
où chaque vague semestrielle chasse l'autre. Les vieux professeurs seuls, dans ce mouvement général, restent solides et
inébranlables sur place comme les pyramides d'Égypte, si ce
n'est que ces pyramides d'Université ne recèlent aucun trésor de sagesse. »

On se figure sans peine les frémissements d'impatience
d'un libre esprit, tel que Heine, emprisonné, pour de
longs mois, dans cet étouffoir académique. L'ennui mortel, qui s'exhalait de la salle des cours et qu'on devait
éprouver rien qu'à considérer les traits corrects, relevés
de majestueuse sottise, la tête anguleuse et le regard
pointu de tous ces professeurs de droit, solennels et râpés
comme leurs vieilles doctrines, tout cela nous paraît ressortir merveilleusement de ces lignes humoristiques de Heine :

« Il était nuit noire quand j'arrivai à Osterode. L'appétit
me manqua et je me mis tout de suite au lit. J'étais fatigué comme un chien et je dormis comme un dieu. En songe,
je revins à Gœttingue, et m'y retrouvai dans la bibliothèque, assis dans un coin de la salle de jurisprudence ; j'y
feuilletais de vieilles dissertations, je m'enfonçais dans la

____

(1) *Reisebilder*, t. I, p. 11 (édition française).

lecture et quand je cessai, je remarquai à mon grand étonnement qu'il était nuit, et que des lustres en cristal éclairaient la salle. L'horloge de l'église voisine frappa douze coups ; la porte de la salle s'ouvrit lentement et donna passage à une femme orgueilleuse et gigantesque, qu'accompagnaient respectueusement les membres de la faculté de jurisprudence. La géante, quoique passablement âgée, avait cependant les traits d'une beauté sévère ; chacun de ces regards trahissait la superbe fille des Titans, la puissante Thémis. Elle tenait négligemment d'une main la balance, et dans l'autre un rouleau de parchemin. Deux jeunes « *doctores juris* » portaient la queue de sa robe, fanée et grise. A sa droite bondissait comme un lévrier le sec conseiller aulique Rusticus Bauer, le Lycurgue du Hanovre, lequel déclama quelque chose de son nouveau projet de loi. A la gauche de la déesse clopinait tout galant et en belle humeur son *cavaliere servente*, le conseiller intime de justice *Cujacius Hugo*, qui ne cessait de faire des *bons mots* juridiques, et en riait le premier de si bon cœur, que la grave déesse elle-même se pencha, en riant, vers lui, le frappa sur l'épaule avec son grand rouleau de parchemin, et lui dit amicalement à l'oreille : « Petit mauvais sujet, qui plaisante si bien et raisonne si mal (1) ! » Chacun des autres messieurs eut aussi quelque chose à remarquer, puis à en rire, quelque petit système tout nouvellement rêvassé, une petite hypothèse ou quelque semblable avorton de sa propre petite tête. Arrivèrent aussi par la porte, restée ouverte, beaucoup de messieurs étrangers, qui s'annoncèrent comme les autres grands hommes de l'ordre illustre, compagnons anguleux et pointus pour la plupart, qui, avec une

(1) Le professeur Hugo aimait à citer *Cujas* et à faire des bons mots ; seulement sa vieille mémoire se trouvant parfois en défaut, il lui arrivait de dire aux étudiants : « Messieurs, j'avais l'habitude de faire ici un bon mot ; malheureusement je ne m'en souviens plus. »

ample suffisance, se mirent tout de suite à définir, à distinguer, et à disputer sur chaque petit paragraphe des Pandectes. Et toujours arrivaient de nouvelles figures, de vieux savants jurisconsultes en costumes passés de mode, avec de blanches et longues perruques et des visages oubliés depuis longtemps, et qui s'étonnaient fort qu'on ne fît pas plus d'attention à eux, les illustres du siècle passé! Ils se mêlèrent alors, à leur manière, au bavardage, au glapissement et aux cris universels, qui toujours plus bruyants et plus confus, comme le grondement de la mer, étourdirent la noble déesse jusqu'à ce qu'elle perdît patience, et s'écriât tout d'un coup du ton le plus formidable de son désespoir gigantesque : « Silence ! Taisez-vous ! J'entends la voix de mon cher Prométhée : la force insultante et la violence muette de la sainte alliance ont enchaîné le héros sur un rocher dans l'Océan, et votre bavardage et vos querelles ne peuvent rafraîchir ses blessures et briser ses fers ! » Ainsi parla la déesse, et des ruisseaux de larmes coulèrent de ses yeux. Toute l'assemblée hurla comme saisie d'une angoisse de mort, la voûte craqua, les livres roulèrent de dessus leurs rayons. Ce fut en vain que le vieux Münchhausen sortit de son cadre pour ordonner le calme ; le tumulte et le vacarme devenaient toujours plus épouvantables. Je m'enfuis loin de ce tintamarre de frénétiques, et me réfugiai dans la salle consacrée à l'histoire, à la place d'asile où l'Apollon du Belvédère et la Vénus de Médicis sont auprès l'un de l'autre, et je tombai aux pieds de la déesse de la beauté. A son aspect, j'oubliai l'affreux vacarme auquel j'avais échappé; mes yeux burent avec ravissement les harmonies et l'éternelle amabilité de ses formes célestes, le calme grec se répandit dans toute mon âme, et sur ma tête Phébus-Apollon versa les plus doux accords de sa lyre (1). »

(1) *Reisebilder*, t. I, p. 18 (édition française).

Traduisez cette dernière phrase poétique par ces mots plus clairs : Heine ne fréquenta guère plus les cours de droit de l'Université de Goettingue qu'il n'avait fréquenté ceux de Bonn et céda à sa passion pour l'histoire, encouragé par le professeur Sartorius qui devint son ami et qui prophétisa au sarcastique étudiant qu'il deviendrait certainement illustre, mais qu'il ne « réussirait pas à se faire aimer ».

Les condisciples de Heine à Goettingue étaient bien les plus singuliers jeunes gens qu'on pût voir : la plupart appartenaient à la noblesse hanovrienne et n'avaient garde de l'oublier; ils avaient formé des *Landsmannshaften*, ces corporations fermées dont nous avons parlé plus haut, et ils y passaient leur temps à parler de leurs aïeux, de leurs chevaux et de leurs chiens, à se battre comme de vrais enragés, à boire enfin tant qu'ils pouvaient. On les rencontrait du reste dans les rues en habit noir et en gants blancs, toutes les fois qu'ils allaient rendre visite à MM. les professeurs.

Restaient la ville elle-même et ses habitants. Heine eut le bonheur de trouver chez ces derniers, à défaut de relations agréables, quelques indications précieuses et comme des documents authentiques sur un certain type allemand auquel il réserve les traits les plus acérés de sa verve caustique. Nous voulons parler du philistin. « En général les habitants de Gœttingue sont partagés en étudiants, en professeurs, en philistins et en bétail, quatre états entre lesquels la ligne de démarcation n'est rien moins que tranchée... La quantité de philistins à Goettingue doit être très grande, comme le sable ou, pour mieux dire, comme la boue au bord de la mer. En vérité, quand je les voyais le matin avec leurs figures sales et leurs blancs mémoires à payer, plantés devant la porte du sénat académique, je pouvais à peine comprendre comment Dieu avait pu créer tant de semblables canailles (1). »

(1) *Reisebilder*, t. I, p. 10.

Les philistins de Gœttingue avaient-ils du moins, pour se faire excuser, de jolies femmes ou de jolies filles ? Nous connaissons assez le cœur de Heine pour savoir qu'à ce prix il eût consenti à leur pardonner tous leurs défauts : que ne pardonne-t-on pas à un manant qui a eu l'esprit d'épouser un joli minois ou de mettre au monde quelque blonde « Véronique » qui trottine à ses côtés en laissant voir à l'étudiant qui passe un joli petit pied ! Justement cette dernière consolation était refusée au pauvre étudiant de Gœttingue. Quand les dames de la ville passaient devant lui, Heine ne pouvait s'empêcher de songer aux pieds « des éléphants ».

Que devenir dans une ville où les professeurs n'étaient que vaniteux, où les étudiants avaient adopté « cet air national : Bois de la bière, ma chère Lise ! » où enfin les femmes les plus distinguées péchaient si fort par la base ? Heine prit le parti de ne voir personne, sauf un condisciple, Waldek, auquel il prédisait un grand avenir de poète et qui se contenta d'être un des plus illustres chefs de la démocratie allemande, et une chatte sur laquelle il avait concentré toutes ses affections. Nous allions oublier d'ajouter qu'il vivait surtout avec *Almansor*, le héros de cette tragédie qu'il eut le bonheur d'achever à Gœttingue, et que nous verrons représenter quelques années plus tard.

Il enrichissait aussi de poésies nouvelles le recueil qu'il comptait publier prochainement, il amassait enfin des notes ou faisait en tous cas de curieuses observations sur cette ville de Gœttingue qu'il devait rendre à jamais célèbre et que nous avons essayé à notre tour de faire revivre en nous inspirant surtout de ses *Reisebilder*. Un jour Heine, s'étant permis de critiquer, devant un groupe d'étudiants, les duels, si fréquents d'une corporation à l'autre, une querelle s'ensuivit, un duel au pistolet fut arrêté entre Heine et un étudiant qui lui avait donné un démenti ; le prorecteur enfin se saisit de l'affaire et la conduisit si mal que, après maint et maint pourparler, dont nous épargnons les ennuyeux détails au lecteur, Heine fut « relégué » ; le sénat académique lui envoya, par l'intermédiaire d'un de ces huissiers qui avaient de jolis noms idylliques, Berger et Doris, un « *consilium abeundi* », ce qui signifie qu'on lui conseilla d'aller se promener pendant six mois loin de l'Université de Gœttingue. Ce n'est pas pour six mois, c'est pour toujours que Heine aurait voulu être exilé de cette ville que le célèbre Forster, le gendre de Heyne, appelait « la raide et insociable Gœttingue (1) ». Ses parents lui firent ce plaisir en lui enjoignant d'aller terminer ses études à Berlin. Heine quitta Gœttingue dans les derniers jours de février 1821.

En sortant par la porte de Weende, il rencontra deux petits écoliers indigènes, dont l'un disait à l'autre : « Je ne veux plus fréquenter Théodore, c'est un polisson ; car hier il ne savait pas quel était le génitif de *mensa*. » Un proverbe allemand lui vint à l'esprit : les petits gazouillent, se dit-il, comme les vieux sifflent, et il lui parut que les mots du petit écolier feraient très bien, comme devise, sur les portes de la ville ; « ils caractérisaient tout à fait l'étroit et sec orgueil d'érudition de la très savante Georgia-Augusta ». Il était temps qu'il allât vivre dans une ville où les génitifs seraient moins en honneur et où il pourrait trouver un milieu plus ouvert aux idées nouvelles, des hommes plus capables d'apprécier et de guider son génie.

Berlin lui offrait tout cela : heureusement pour lui, ses parents, en l'envoyant dans la capitale de la Prusse, ne se rendirent pas compte du service signalé qu'ils rendaient, non pas au futur avocat, mais au futur auteur des *Lieder*.

(1) Steif und ungesellig.

CHAPITRE VIII.

Les « Lettres de Berlin. » — Berlin et la société berlinoise en 1821.
— Le cours de Hegel. — Les salons. — Rahel et Varnhagen.

C'est vers le mois de mars 1821 que Heine arriva à Berlin. Il se logea dans la *Behrenstrasse*, à deux pas des *Tilleuls*, et c'est de là qu'il écrivit dans un journal de Westphalie, à l'adresse des amis qui l'avaient accueilli lors de son voyage dans ce dernier pays, trois longues lettres qui figurent dans ses œuvres sous le titre de : *Lettres de Berlin* (1). Ces lettres sont pour nous une bonne fortune, car elles vont nous aider à tracer la physionomie de Berlin au moment où Heine devint Berlinois et elles nous diront en même temps quelle impression fit la capitale de la Prusse, « la Résidence, » sur l'étudiant libéré de Gœttingue.

Dès sa première lettre, Heine invite le lecteur à faire avec lui une promenade au centre de la ville : qu'il soit donc notre cicérone et nous fasse connaître le Berlin de 1821.

Nous nous dirigeons naturellement vers les grands boulevards, vers les fameux *Linden*. Chemin faisant, Heine nous fait admirer les longues et larges rues, telles que la *Königstrasse*, dans lesquelles les boutiques se touchent et les passants se coudoient. Il jouit de notre ébahissement et on voit bien que, les premiers jours, il a été si étonné de voir tant de monde dans une seule ville qu'il a dû se poser à lui-même la question qu'il se fait adresser par son lecteur : « Où diable tous ces gens-là trouveront-ils à

(1) *Œuvres complètes*, éd. all., t. XIII. Ces lettres se trouvent dans le volume de la traduction française intitulé : *De tout un peu.*

dîner ? » C'est fort amusant de circuler dans des rues si animées quand on vient de quitter ce triste Gœttingue, où l'herbe poussait dans les rues ; mais c'est aussi fort désagréable d'être bousculé et on avait ce désagrément-là en 1821, comme de nos jours, à Berlin, où la démarche, lourde et haletante à la fois, la mine effarée et bourrue des passants vous font songer, par contraste, à l'air affable et gai des habitants de Paris. Après avoir été « bousculés de tous côtés », nous arrivons cahin-caha à la grande avenue des Tilleuls (Unter den Linden). Traversons l'ancien « pont des Chiens », qu'on est en train de remplacer par un magnifique pont en fer et nous avons sous les yeux « un imposant panorama. » A droite, voici le corps de garde, tout nouvellement bâti dans le style dorique, par le plus grand architecte de l'Allemagne, Schinkel. Puis l'Université, « un magnifique bâtiment » aussi, mais qui n'offre guère aux étudiants que des salles « étroites, tristes et sombres. » Plus d'un sans doute et Heine tout le premier, a dû s'y répéter à lui-même les vers mélancoliques de l'étudiant de Faust : « On n'y a pas assez d'espace, on n'y voit point de verdure, pas un arbre, et dans les salles et sur les bancs je perds la faculté d'entendre, de voir et de penser. » Ici ce qui empêche encore les étudiants d'écouter, c'est que beaucoup de fenêtres donnent sur la rue et qu'à travers les barreaux on aperçoit l'Opéra. « Comme le pauvre *Bursche* (étudiant) est sur des charbons ardents, lorsque les plaisanteries triviales et tannantes (ledernen) de quelque ennuyeux privat-docent bourdonnent à son oreille et qu'il voit passer dans la rue les brillants équipages et les nymphes sémillantes qui courent à l'Opéra ! »

Mais pourquoi tant de gens arrêtés devant l'Université ? ils mettent tous la main à leur gousset et lèvent le nez en l'air. C'est qu'il est midi et qu'on vient régler sa montre sur l'horloge de l'Académie, la meilleure horloge de la capitale. C'est justement l'heure de la promenade pour le beau monde : une foule endimanchée monte et descend l'avenue des *Linden*. Voyez-vous ce jeune élégant avec son beau gilet « bariolé ? » Sentez-vous « la fine pommade » dont il est parfumé ? Il lorgne une jeune belle, « sourit et de la main frisotte ses cheveux » : décidément Berlin a été de tous temps la ville des belles manières. — Quant à ce gaillard, que la belle regarde si tendrement, « il n'est pas de ceux qui ont inventé la poudre, mais de ceux qui s'en servent, c'est un militaire. » Heureux militaires qui déjà en 1821 avaient le privilège de traîner après eux tous les cœurs, les tendres cœurs des Berlinoises !

A cette époque, les boutiques les plus achalandées de la ville, c'étaient les confiseries (Konditoreien) (1). Heine, qui était gourmand comme une Allemande, n'oublie pas, dans sa promenade à travers Berlin, de s'arrêter et de s'attendrir devant chaque boutique de confiseur : parfois même il prend sa lyre pour chanter en strophes émues les splendeurs de ces devantures qui lui semblent aussi belles que les portes du Paradis. Mais c'est le soir surtout qu'il fait bon s'attarder dans ces lieux de délices ! On y voit défiler toute la société berlinoise : les jeunes filles arrivent, traînant après elles « leur père, leur mère, leur tante, leur petite sœur et leur petit frère ; elles les conduisent comme en pèlerinage de boutique en boutique et font des stations prolongées devant les poupées de sucre ou de dragées. »

Ces confiseurs du reste sont des gens d'esprit : pour attirer le monde, ils ont imaginé de vendre des bonshommes en sucre qui représentent des personnes vivantes et connues de tous ; il faut entendre alors les grands éclats de rire

(1) En 1818, Giovanoli ouvrit à Berlin la première confiserie ; c'est M. Treitschke qui dans son *Histoire allemande* (t. II, p. 257) donne cette date, mémorable pour l'histoire de l'Allemagne.

par lesquels les Berlinois accueillent cette fine plaisanterie (1)!

Nous ne suivrons pas Heine au delà de la *porte de Brandebourg*, jusqu'au *Thiergarten*; il se contente d'énumérer des monuments et des curiosités plus ou moins connues et n'est ici qu'un Baedecker incomplet. Pour rentrer en ville, où il nous montrera des choses plus intéressantes, acceptons la *droschke* (voiture) qu'il nous offre et remarquons que, si les Berlinois avaient depuis longtemps inventé le véhicule qui a pris le nom de leur ville (2), ce n'est que peu de temps avant l'arrivée de Heine qu'un hardi entrepreneur eut l'idée de faire stationner sur les places publiques trente-deux fiacres. Montons dans l'un d'eux : moyennant quinze sous, un cocher en capote grise nous mènera où nous voudrons. Chemin faisant, Heine engage avec nous la conversation : il nous demande ce que nous pensons de l'immortalité de l'âme qui lui paraît être une invention de bien plus de valeur que celle de la poudre ; ne prenons pas la peine de lui dire ce que nous paraît valoir à nous sa plaisanterie et tâchons d'apprendre, ce qui nous intéresse davantage, quelle est au vrai l'impression qu'a faite sur lui la ville de Berlin. « Comment trouvez-vous Berlin ? nous demande-t-il ; n'êtes-vous pas d'avis que la ville, quoique neuve, belle et régulièrement bâtie, produit cependant une impression un peu froide ? (3) »

(1) Les Berlinois n'avaient pas le mérite d'avoir inventé cette ingénieuse plaisanterie. Pendant le séjour de Lessing à Breslau, en 1760, un pâtissier, propriétaire de la maison qu'il habitait, irrité contre un locataire qui rentrait tous les soirs à des heures indues, imagina un jour de vendre des gâteaux qui représentaient un noctambule (Nachtwächter) avec le nom de Lessing au bas. (A. Stahr, *Lessing, Sein Leben und seine Werke*, Berlin, 1868. Ier Band, Vte Buch, 207.

(2) C'est Chiese, l'architecte de l'électeur de Brandebourg, qui, dit-on, inventa au dix-septième siècle la voiture à quatre roues appelée *berline*.

(3) Comparer un passage semblable sur Berlin (*Œuvres complètes*,

On s'explique aisément cette impression de froideur que Berlin produit d'ordinaire sur l'étranger si on songe que cette capitale de parvenus avait à peine cessé d'être un obscur village de pêcheurs à l'époque où notre vieux Paris voyait s'élever la Sorbonne et la Sainte-Chapelle. Aussi Heine trouve-t-il « très ingénieuse » cette remarque de Mme de Staël : « Berlin, cette ville toute moderne, quelque belle qu'elle soit, ne fait pas une impression assez sérieuse; on n'y aperçoit point l'empreinte de l'histoire, du pays, ni du caractère de ses habitants, et ces magnifiques demeures nouvellement construites ne semblent destinées qu'aux rassemblements commodes des plaisirs et de l'industrie (1).»

Voilà pour la ville. Voyons maintenant la société berlinoise en 1821. Son langage, semble-t-il, n'était pas des plus fins, ni ses manières des plus distinguées, si nous en croyons de bons juges. La célèbre Rahel, dont nous parlerons tout à l'heure avec plus de détails, car Heine eut le bonheur d'être de ses amis, Rahel, qui avait vécu à Paris, aurait bien voulu transplanter sur les bords de la Sprée la causerie et l'esprit de société : mais ces fleurs, éminemment françaises, avaient, paraît-il, en 1821, beaucoup de peine à s'acclimater dans « la sablonnière prussienne » et Rahel se plaignait amèrement de ce qu'elle appelait « la grossièreté berlinoise (2) ». Elle et son mari, Varnhagen, lequel était pourtant un si ardent patriote, enviaient aux Français leurs « fines manières »; ils trouvaient tous deux qu'il ne fait pas bon vivre dans les pays « qui n'ont pas encore reçu la

édit. all., t. II, p. 10); le passage commence par ces mots : « Berlin n'est pas une ville, mais Berlin fournit simplement un lieu de réunion à une masse d'hommes parmi lesquels il y a beaucoup d'hommes d'esprit; mais le lieu même où ils se rencontrent leur est indifférent. »

(1) Mme de Staël, *De l'Allemagne*, 1re partie : Berlin.

(2) Comme si le mot allemand, *Das Grob*, ne lui paraissait pas assez expressif, elle l'altérait pour en faire l'onomatopée : *Das Berliner Krop*.

culture et qui n'ont plus la force de la rude et primitive nature » ; les habitants de ces pays, qui flottent entre la barbarie et la civilisation, « ont bien déraciné dans leurs âmes les vieilles forêts, mais ils ne les ont pas remplacées par des champs et des jardins, de sorte qu'on ne voit partout qu'une surface froide, sans caractère, à demi sauvage. »

Ajoutons que la société berlinoise était parquée en différentes castes qui ne frayaient pas entre elles : ainsi les hommes de lettres n'étaient point invités aux « thés dansants et médisants » de la noblesse ; les militaires ne paraissaient jamais aux « thés esthétiques » de MM. les professeurs, et le gouverneur de Berlin lui-même ne fréquentait absolument que des officiers. « Il y a ici, disait Heine, une vie sociale très animée, mais morcelée à l'excès. La société est divisée en une masse infinie de lambeaux, en une foule de petits cercles, groupés les uns à côté des autres et qui, au lieu de s'étendre, tâchent plutôt de se rétrécir de plus en plus. A voir seulement les divers bals, on pourrait croire Berlin uniquement composé de corporations (1). »

Essayons, en feuilletant les « Lettres de Berlin », de faire connaissance avec quelques-unes de ces « corporations » et nous aurons ainsi un tableau complet de cette société, que notre jeune poète admira d'abord avec toute la candeur d'un novice et d'un provincial, mais que, bien vite déniaisé, il jugea ensuite plus librement.

Voici d'abord les bals de la cour : « Ils sont sur le modèle de ceux de Paris, » nous dit Heine ; mais n'y étant pas admis, il nous renvoie pour plus de détails à une brochure que publia, en cette même année 1821, sur les fêtes qui se donnèrent à Berlin, la baronne Caroline de la Motte-Fouqué (2). Nous lisons en effet dans cette brochure que « Pa-

----

(1) *Un peu de tout,* p. 71.
(2) Cette brochure, que nous avons eu la bonne fortune de trouver,

ris faisait la mode et, plus invincible que Buonaparte, étendait son sceptre sur l'Europe entière. On ne voit que robes de Paris, plumes de Paris, rubans et souliers de Paris; il semble qu'on doive d'autant plus imiter Paris qu'on a plus de prétentions à l'élégance (1). »

Les militaires seuls, en dehors de la noblesse, étaient admis à ces bals de la cour et souvent, dit Heine, « on ressent une singulière impression à voir un lieutenant en second, vivant de sa pauvre solde, ou une demoiselle sans fortune, attifée de diverses loques ou paillettes comme une mosaïque, se guinder effroyablement pour prendre les grandes manières, de sorte que leur figure maigre, où se peint la misère, contraste, comme dans un jeu de marionnettes, avec le raide costume de cour dont ils sont affublés (2). »

Quant au roi, Frédéric Guillaume III, il était adoré, non seulement de la cour, mais de la ville tout entière. On l'aimait surtout à cause de cette simplicité qui était de tradition dans la famille des Hohenzollern, vertu fort utile aux souverains pauvres et tout à fait digne d'éloges toutes les fois qu'elle n'est pas poussée jusqu'à la ladrerie d'un Frédéric II. « Voici le roi qui passe. Ce n'est pas le magnifique carrosse attelé de six chevaux, car celui-ci appartient à un ambassadeur. Non, le roi est assis dans une mauvaise calèche à deux chevaux communs, la tête couverte d'un bonnet ordinaire d'officier et le corps enveloppé dans une capote grise. » Cet amour pour son roi, la bonne ville de Berlin l'étendait à toute la famille royale et, alors comme aujourd'hui, ce qui pour le bourgeois faisait de Berlin un séjour vraiment enviable, c'était surtout le privilège de

est intitulée : *Briefe über Berlin*, von Caroline de la Motte-Fouqué Berlin, 1821. In der Schlesingerschen Buch-und-Musikhandlung.

(1) *Ibid.*, p. 12.
(2) *Ibid.*, p. 72.

voir se promener vers midi et demi dans le *Thiergarten*
« les beaux rejetons de la famille royale... Les princes et
les princesses sont ici un des principaux sujets d'entretien
dans les plus pauvres maisons bourgeoises. Un vrai Berlinois n'emploie jamais d'autres termes que ceux-ci : notre
Charlotte, notre Alexandrine, notre prince Charles. »

Heine eut une fois le plaisir d'assister à une manifestation éclatante de cette tendre affection que toute âme bien
née de Berlinois, et surtout de Berlinoise, doit ressentir pour
la famille royale : c'était à l'occasion du mariage de la fille
du roi, « du sérénissime mariage de Son Altesse royale, la
princesse Alexandrine, avec Son Altesse royale le grand-
duc héritier de Mecklembourg-Schwerin... Jamais je n'ai
vu, réunis sur un seul point, tant d'équipages magnifiques.
Les valets avaient endossé leurs plus belles livrées : dans
leurs surtouts à longues jupes et à couleurs claires et voyan-
tes... ils ressemblaient à des tulipes de Hollande... Des sentiments contradictoires étaient peints sur les figures des
Berlinois lorsque, dans une curieuse attente, ils regardaient
les hautes fenêtres du château où on célébra le mariage
de notre Alexandrine. Ils n'osèrent pas se montrer de mauvaise humeur, car c'était le jour d'honneur de la princesse
bien-aimée ; mais ils ne purent pas non plus se réjouir de
bon cœur, car c'était le jour où ils devaient la perdre. A
côté de moi se tenait une vieille mère, sur la figure de laquelle on pouvait lire : « A présent je l'ai mariée, il est
vrai, mais elle va me quitter. » La figure de ma jeune
voisine exprimait la pensée : « Comme duchesse de Meck-
lembourg, elle n'est pourtant pas aussi haut placée qu'elle
l'était ici comme reine de tous les cœurs. » Des lèvres rouges
d'une jeune fille je croyais entendre tomber ces mots : « Ah !
que ne suis-je au même point, moi aussi (1) ! »

(1) *Un peu de tout*, p. 89.

Si, de la cour, nous passons à l'armée, nous voyons que Heine professait pour celle-ci, à cette époque du moins, une vive admiration : « C'est avec raison qu'on fait ici peu de cas des commerçants. Mais on en fait d'autant plus de ces beaux messieurs là-bas, avec leurs beaux chapeaux à plumets et leurs tuniques bordées de rouge. Je ne suis pas un ami particulier des choses militaires ; cependant, je dois l'avouer, c'est toujours pour moi un spectacle réjouissant de voir les officiers prussiens groupés en cercle dans le parc. De beaux hommes vigoureux, solides et pleins de vie ; çà et là seulement on aperçoit des figures d'aristocrates bouffis d'orgueil qui, par leur regard sottement provocateur, se distinguent de la foule (1). » Ce que Heine vante surtout, et avec raison, dans l'armée prussienne de 1821, c'est le service militaire obligatoire pour tous : « du fils du roi au fils du savetier, personne ne peut se soustraire à cette obligation... Notre jeunesse est par là garantie du danger de l'efféminanation... Pour mettre fin aux plaintes que fait naître ailleurs le fardeau du service militaire, il faudrait sans doute exempter les pékins blagueurs, les commis de magasin politiqueurs et tous les batteurs de pavé ! Ici, voyez-vous ce paysan faire l'exercice : il porte, il présente les armes et... se tait. »

Cette admirable discipline, inflexible et la même pour tous, a fait ses preuves et il est permis de l'envier à l'armée prussienne. Mais, comme les plus belles choses du monde ont leur revers, il est permis aussi de se demander si une nation tout entière, soumise à cette discipline de fer, peut continuer à être, ce qu'avait été l'Allemagne avant son absorption par la Prusse, une nation de libres esprits, de penseurs et de poètes originaux. Par exemple, à l'époque qui nous occupe, on venait d'assister, à Berlin même, au triomphe de la philosophie la plus individualiste, la plus

______

(1) *Un peu de tout*, p. 9.

subjective qui fût jamais, la philosophie de Fichte. Aujourd'hui il n'est pas à craindre que le *moi* de Fichte ressuscite en Allemagne : la consigne rabattrait bien vite son orgueil en le faisant rentrer dans les rangs. A cette même époque de 1821 vivaient les deux plus grands poètes lyriques qu'ait eus l'Allemagne, Gœthe et Heine. Les amis de Gœthe s'efforcèrent à plusieurs reprises de l'attirer à Berlin, il se garda bien de les écouter : « Vous comptez sur mes vieilles années comme sur les feuilles de la Sibylle, » leur répondait-il. Heureusement pour la gloire de l'Allemagne, le libre génie de Gœthe ne connut jamais l'obéissance passive ; il est probable qu'il eût écrit autrement son *Faust* et surtout son *Prométhée*, cette révolte superbe du *moi* contre le despotisme déraisonnable des dieux, s'il avait dû faire ses « années d'apprentissage » dans une caserne prussienne. Quant à Heine lui-même, nous devinons bien ce que l'Allemagne aurait gagné à mater son esprit indiscipliné en le soumettant, dès la jeunesse, au régime de l'impératif catégorique représenté par un caporal poméranien ; mais nous autres, Français, nous aurions vraiment trop perdu à ce changement d'éducation ; et enfin, pour nous placer à un point de vue plus élevé, l'Allemagne littéraire d'autrefois, que nous préférons de beaucoup à l'Allemagne militaire d'aujourd'hui, aurait eu dans Heine un moins grand poète, si Heine avait dû, comme ce paysan qu'il regardait avec admiration dans le parc de Berlin, porter les armes et se taire, au lieu d'avoir toujours été, à Dusseldorf comme à Bonn, et à Gœttingue comme à Berlin, un esprit raisonneur et un génie indépendant.

Le Berlin de 1821 était d'ailleurs la ville du monde où l'on s'occupait le moins de politique. On a vu plus haut que les premières confiseries s'y étaient établies en 1818 : c'est là seulement, dans quelque obscur cabinet de lecture, attenant à la boutique, qu'on venait lire, au milieu des fades odeurs de la confiserie, les journaux prussiens, plus douceâtres encore que les petits gâteaux et les sucreries berlinoises. On leur préférait de beaucoup les journaux étrangers, et Heine nous en donne la raison dans un passage de ses *Reisebilder,* écrit deux ans après son séjour à Berlin : « C'est la littérature de nos voisins au delà du Rhin et au delà du canal qu'il faut comparer avec notre littérature si on veut comprendre le vide et l'insignifiance de notre vie de bagatelles (Bagatell-Lebens). Souvent, quand je lis les journaux du matin, et que j'y trouve à chaque ligne la vie nationale du peuple anglais... ses assises et ses débats parlementaires, je prends alors, le cœur serré, une feuille allemande et j'y cherche des preuves de la vie d'un peuple, mais je ne trouve rien que des commérages de vieille femme sur la littérature et des cancans de théâtre. Et du reste peut-on s'attendre à autre chose? Quand, chez un peuple, toute vie politique est étouffée, ce peuple cherche ailleurs des sujets d'entretien et c'est à nous donner matière à jacasser que servent en Allemagne les écrivains et les comédiens (1). »

L'oracle de la bonne société à Berlin était le « Journal du soir », un recueil de platitudes et d'enfantillages qui se publiait à Dresde et que Heine a persiflé dans une ode que lui attribue son ami Steinmann (2). Quant aux livres qu'on rencontrait sur les tables de tous les salons berlinois, c'étaient les œuvres de Clauren, le plus grand fabricant de romans que possédât alors l'Allemagne ; Clauren était le romancier à la mode, parce qu'il s'entendait à merveille à exciter d'abord les nerfs de ses lectrices par de petites histoires scandaleuses, pour les détendre ensuite par les torrents de larmes qu'arrachaient aux yeux des sensibles Ber-

(1) *Reisebilder*, t. I, p. 180, édit. all. Ce passage n'existe pas dans l'édit. française.

(2) Steinmann, *H. Heine*, p. 168.

10

linoises les tragiques infortunes de ses héros. « En général, dit Heine, tout ce qui sort de la plume de Clauren a ici un immense succès. » C'est précisément ce succès de Clauren qui nous permet de rendre pleine justice au mérite de l'auteur des *Lettres de Berlin*. Quand on jette un coup d'œil sur les platitudes sentimentales qui avaient tant de vogue en Allemagne au moment où Heine écrivait ces *Lettres*, quand on lit, en outre, sur le sujet même que traitait Heine, sur le Berlin de 1821, l'opuscule d'un écrivain très en renom, de la baronne de la Motte-Fouqué, lequel opuscule n'est qu'une description pompeuse et fastidieuse des fêtes et des bals de la cour, un récit bon tout au plus à mettre dans un journal de modes, on est agréablement surpris de trouver dans les Lettres de ce jeune homme de vingt et un ans un style si vif, si pimpant et déjà si personnel. On lui pardonne ses bons mots d'étudiant et ses plaisanteries berlinoises, parce que tout ce qu'il dit, bon ou mauvais, il le dit en termes clairs et parfois lumineux. Il y a bien ici, comme dans toutes ses œuvres en prose, de mauvais calembours et des traits d'esprit qui ne nous font pas trop rire, nous autres Français; mais cet humour qui s'essaie dans les *Lettres de Berlin,* même lorsqu'il ne rencontre pas juste, nous avertit pourtant que nous avons affaire à un esprit vivant et hardi, qui sera original à sa façon et saura juger librement les hommes et les choses de son temps et de son pays.

Pour achever ce tableau de la société berlinoise vers 1821, il nous reste à présenter au lecteur le monde des lettres et de l'Université.

C'est seulement à la fin du dix-huitième siècle et au commencement du dix-neuvième, que Berlin devint véritablement un foyer de lumières pour toute l'Allemagne : il recueillait à ce moment l'héritage littéraire d'Iéna et de Weimar, que les grands écrivains et les philosophes abandonnaient peu à peu pour la capitale de la Prusse. Trois causes principales contribuèrent, semble-t-il, à la nouvelle prospérité de Berlin : l'arrivée des romantiques, l'ouverture des premiers salons berlinois et la fondation de l'Université.

Nous retrouverons plus loin les romantiques, ces premiers maîtres de Heine ; nous nous attacherons ici à faire connaître tout d'abord l'Université, ou du moins les professeurs dont Heine suivit les cours et dont il nous a fait lui-même le portrait ; nous dirons ensuite un mot des salons que Heine fréquenta le plus assidûment et où il trouva des amis et d'illustres protecteurs.

En 1821, la lumière de l'université de Berlin, c'était Hegel. Le philosophe qui avait dû, à ses débuts, se conténter d'un auditoire bien modeste, il avait quatre élèves, était enfin arrivé à la gloire et on accourait en foule à ses cours. Les jeunes gens surtout se pressaient autour de sa chaire : le maître ne leur promettait-il pas ce que tout jeune étudiant qui a l'âme bien située vient chercher à l'Université, ce que l'étudiant de Faust demandait à Méphistophélès : « Je voudrais bien devenir tout à fait savant et embrasser tout ce qui est sur la terre et dans le ciel, la science et la nature. » La science en effet, au lieu du simple amour de la science, qu'enseigne la vulgaire philosophie, et non pas telle ou telle science particulière, mais la science universelle, voilà la grande révélation que réservait à ses disciples le récent auteur de « l'Encyclopédie ». Ajoutez l'attrait qu'ont, pour la plupart des esprits, l'enchaînement des idées et la systématisation des faits : or, quelle doctrine pouvait offrir à l'esprit un ensemble plus méthodiquement et plus rigoureusement lié que cette puissante synthèse qui enserrait le monde tout entier, être et pensée, dans « les mailles de diamant » de son inflexible dialectique ? Heine fut séduit comme les autres : il voulut, lui aussi, être initié au savoir absolu et fut des plus assidus aux cours de Hegel.

Il ne paraît pas y avoir beaucoup profité : après avoir passé deux ans à écrire en français une exposition de la philosophie de Hegel, il désespéra, en fin de compte, de « traduire les idées hégéliennes dans la langue maternelle du bon sens et de l'intelligibilité universelle », et, un jour que le feu pétillait gaîment dans son foyer, il jeta aux flammes son manuscrit. « Quand ces feuilles, fruit de tant de labeur, s'envolèrent en fumée, j'entendis dans la cheminée un sifflement ricaneur comme le rire d'un démon. » Était-ce le démon de la dialectique hégélienne qui riait du poète incapable de lui arracher son secret ? « Pour dire la vérité, j'ai rarement compris ce pauvre Hegel et ce n'est que par des réflexions arrivées après coup que je parvins à saisir le sens de ses paroles... Combien il est difficile de comprendre les écrits de Hegel, c'est ce dont je ne m'aperçus que bien des années plus tard, ici, à Paris... Dans la langue française il faut savoir exactement ce qu'on a à dire et l'idée la plus bégueule est forcée de laisser tomber ses jupes mystiques et de se montrer dans toute sa nudité (1). »

Ce que disait Hegel à son auditoire berlinois en 1821 était pourtant très clair, trop clair même pour l'honneur du philosophe qui enseignait alors ce qu'on pourrait très justement appeler sa philosophie prussienne du droit et de l'histoire. Arrêtons-nous un instant sur ce cours de 1821, qu'entendit Heine, et dont il dut s'entretenir bien souvent avec un de ses intimes amis, un des plus illustres disciples de Hegel, nous voulons parler du juriste Gans (2).

Dans la *Philosophie du droit*, le système hégélien aboutit à une théorie parfaite de la monarchie prussienne. C'est à Berlin, sur le trône du roi de Prusse, en 1821, que

(1) *De l'Allemagne*, t. I, p. 294.

(2) C'est ce dernier qui eut l'honneur de donner au monde philosophique la première édition de la *Philosophie de l'histoire* de Hegel, avec une remarquable préface de sa main.

la Raison dialectique vient se reposer de son long voyage
à travers la Nature et l'Esprit, car la « Philosophie du
droit » fut le couronnement de tout le système. Il est facile
de montrer, en quelques mots, ce touchant accord entre la
philosophie et la monarchie absolue.

La philosophie de Hegel a pour base la raison, elle repose sur la toute-puissance de l'Idée. Or l'État prussien,
selon notre philosophe, est fondé, lui aussi, sur la puissance
de l'esprit. L'ensemble de la réalité, pour Hegel, c'est « la
Substance » et le problème à résoudre, c'est de concilier
cette substance, cette réalité extérieure, avec l'Esprit, de
telle façon que la substance et l'esprit, l'être et la pensée
ne fassent plus qu'un. N'approfondissons pas davantage et
voyons comme l'État prussien va résoudre ce grave problème :
L'État prussien a, lui aussi, le bonheur de posséder une
substance, c'est « la force morale ». En effet, s'écrie ce
même Hegel qui, quelques années auparavant avait divinisé
Napoléon et souhaité la victoire aux armées françaises, c'est
lors de la guerre contre la France que la Prusse a fait éclater dans toute sa beauté cette « force morale », et c'est
pour notre génération un inappréciable honneur d'avoir
vécu à cette époque glorieuse où la « substance prussienne »
a triomphé. Maintenant, « la mission de la Prusse, » c'est
de développer cette substance et de la concilier avec l'esprit, ce qui est, comme on l'a vu, la solution du grand problème dialectique.

Nous avons vu comment la Prusse entendait développer en
1821 sa substance morale : en mettant l'Allemagne entière
dans la main de la police. Devant ces coups de force, dont se
souvient le lecteur, devant la confiscation de toutes les libertés, libertés politiques, liberté de la parole et liberté de la
presse, on croit que Hegel va s'indigner et protester. Bien au
contraire, il ne se sent pas de joie, il applaudit de tout cœur
aux tristes « résolutions de Carlsbad », à la persécution de

tous ces « romantiques » qui rêvent de réformer la société et « substituent leur raison individuelle à la raison générale de l'État », et si la police prussienne oublie de persécuter quelques-uns de ces songe-creux qui font de la « sentimentalité politique », eh bien, Hegel les signalera lui-même à la police, fussent-ils des hommes d'honneur et de dignes philosophes comme Fries. Mais au nom de quel principe un philosophe peut-il se persuader qu'il a le droit et le devoir de dénoncer un philosophe ? Au nom de ce principe, faux et suranné, que Hegel avait emprunté au paganisme, et qui veut que l'homme existe pour l'État et non l'État pour l'homme et que la volonté individuelle se soumette et s'immole à la raison générale. Mais cette raison enfin, que nous retrouvons partout, à tous les degrés du système hégélien, à quel signe la reconnaîtrons-nous ? Car si nous sacrifions notre liberté individuelle, notre âme même, à ce qui est rationnel, il vaut la peine de savoir ce qu'est au fond ce rationnel et à quel titre il nous impose de si durs sacrifices. C'est alors que le génie de Hegel enfanta cette mémorable formule, dont sa nouvelle patrie ne devait malheureusement pas garder le monopole, mais que les Berlinois eurent les premiers l'honneur d'applaudir : « Tout ce qui est réel est rationnel ; » rationnel, c'est-à-dire légitime, et par conséquent le dernier mot de cette « philosophie du droit », c'est qu'il n'y a pas de droit, puisqu'on confond le droit avec le fait ; la force est donc la souveraine légitime du monde et le succès a toujours raison. C'était bien la peine d'être le premier philosophe de son temps et d'avoir usé sa vie à approfondir les plus difficiles problèmes pour en arriver à la morale si simple du loup qui égorge l'agneau ; et encore les loups sont-ils moralement supérieurs aux philosophes qui vous démontrent doctoralement qu'ils ont raison de vous dépecer : les loups du moins vous mangent sans autre forme de procès.

Heine qui, dans son *Allemagne*, est très dur pour Schelling, « cet apostat, rampant dans les antres du Jésuitisme, » est, semble-t-il, beaucoup trop doux pour Hegel, auquel il ne reproche que « d'avoir prêté au *statu quo* de l'État et de l'Église quelques justifications très préjudiciables (1) ». Il est vrai qu'ailleurs il se moque de lui dans un court dialogue qu'il échange avec le maître par une belle nuit étoilée : « Un soir, dans la maison de Hegel, prenant le café après le dîner, je me trouvais à côté de lui dans l'embrasure d'une fenêtre, et moi, jeune homme de vingt ans, je regardais avec extase le ciel étoilé et j'appelais les astres le séjour des bienheureux. Mais le maître grommela en lui-même : « Les étoiles, hum ! hum ! les étoiles ne sont qu'une lèpre luisante sur la face du ciel. » — Au nom de Dieu ! m'écriai-je, il n'y a donc pas là-haut un local de béatitude pour récompenser la vertu après la mort ? Mais Hegel, me regardant fixement de ses yeux blêmes, me dit d'un ton sec : « Vous réclamez donc à la fin encore un bon pourboire pour avoir soigné madame votre mère pendant sa maladie ou pour n'avoir pas empoisonné monsieur votre père ? » A ces mots, il se retourna tout craintif, mais parut aussitôt rassuré en voyant que ses paroles n'avaient été entendues par personne autre que Henri Beer, qui s'était approché de lui pour l'inviter à une partie de whist (2). »

N'en déplaise à Heine, la métaphore saugrenue, qu'il met dans la bouche de Hegel, nous paraît être une invention de sa part et une invention de mauvais goût. Ce n'est pas ainsi, en effet, que Ferdinand Lassalle, le célèbre philosophe socialiste, lui avait entendu raconter l'anecdote en 1846. « Tandis que Heine, les regards levés au ciel, rêvait tout haut sur l'amour divin qui anime les étoiles, il sentit

(1) *De l'Allemagne*, t. I, p. 178.
(2) *Ibid.*, t. II, p. 294.

tout à coup une main qui se posait sur son épaule et il entendit ces mots : « Les étoiles ne sont pas tout cela, mais
« ce que pense l'homme à propos des étoiles, cela seul est. »
Heine se retourna, Hegel était devant lui. Dès ce moment
il sentit que dans cet homme « battait le cœur du dix-
neuvième siècle (1). »

Il est difficile de dire au juste quelle action exercèrent sur
la pensée de Heine les cours de Hegel. C'est exagérer singulièrement l'influence du philosophe sur le poète que de
prétendre, comme le fait M. Strodtmann, que Heine dut à
Hegel « le tranchant dialectique de son style ». Rien, en définitive, ne ressemble moins au style sibyllin de Hegel que
la prose lumineuse de Heine. Mais ce que Heine dut incontestablement à Hegel, c'est cette secousse morale que donne
toujours à de jeunes esprits la parole d'un homme de génie
capable d'ouvrir à la pensée des horizons nouveaux : or, les
leçons qu'entendit Heine sur la *Philosophie de l'histoire*
abondent en jugements profonds et ingénieux ; de quelque
façon en effet qu'on juge Hegel, on ne peut nier qu'il ait
été peut-être le plus grand remueur d'idées qu'ait eu l'Allemagne. On n'écoute pas impunément de tels hommes, même
si on n'a jamais été, comme Heine nous le dit de lui-même,
un « grand métaphysicien ».

Après cela, nous n'affirmerions pas que Heine n'ait rap-
porté des leçons de Hegel plus d'une migraine. Il éprouvait
justement, à cette époque de son séjour à Berlin, « d'horribles douleurs de tête, » comme il l'écrit sans cesse à son
ami Moser, et ces douleurs lui laisseront désormais peu de
relâche : il est certain dans tous les cas que la métaphysique hégélienne n'était pas faite pour les guérir. Heureusement, à côté des cours de l'Université, il y avait les

____

(1) Article de F. Lassalle dans une revue de Berlin, *der Gedanke*, édi-
tée par Michelet, 11º vol., p. 77.

salons et, avant tous les autres, le salon de son amie, la
célèbre Rahel Levin.

Lorsque Heine fut présenté à Rahel en 1821, celle-ci
avait cinquante ans, mais elle était restée jeune d'esprit et
de visage : elle avait toujours cette « voix douce et argen-
tine qui semblait sortir des profondeurs de son âme » et qui
avait fait une si grande impression sur le jeune Varnhagen,
ce regard pénétrant et candide à la fois « qu'on n'osait pas
affronter avec une mauvaise conscience », suivant l'expression du comte de Salm. Avant d'épouser, en 1814, Varnhagen d'Ense, qui avait assisté cette année-là Hardenberg au
congrès de Vienne, Rahel Levin avait éprouvé une violente
passion pour un certain comte de Finkenstein, qui l'avait
lâchement abandonnée au moment où leur union semblait
décidée ; le cœur de la jeune femme s'était brisé et, plus
tard, lorsque Varnhagen parcourait le journal de Rahel
écrit à cette époque orageuse de sa vie, il ne pouvait retenir
ses larmes, tant les mots semblaient brûler le papier : « C'est
ainsi, se disait-il, c'est dans ce style de flamme que l'infortuné Jean-Jacques avait dû écrire jadis à Mme d'Houde-
tot. » Le calme était rentré peu à peu dans cette âme passionnée et meurtrie : l'affection de Varnhagen, la poésie
sereine et apaisante de Gœthe et aussi la fermeté peu commune de son jugement et de sa volonté l'avaient aidée à se
ressaisir et à développer harmonieusement toutes ses merveilleuses facultés ; mais l'observateur attentif sut toujours
lire dans son âme et jusque dans sa physionomie le souvenir
des anciennes souffrances et c'est ce qui faisait sans doute
qu'on ne pouvait l'aimer faiblement. Si elle imposait par
son esprit tranquille, capable de s'élever sans effort aux plus
hautes vérités, elle attirait et captivait surtout par sa sensibilité vive et facilement émue, elle « qu'un rien agitait et
que rien n'ébranlait (1) », et c'est ce que semble avoir

(1) Devise de Mme de Beaumont.

voulu dire Varnhagen lorsque, cherchant à donner la formule de cette nature si complexe, il inscrivait, en tête du monument qu'il a élevé à sa mémoire, ces deux mots qui semblent se contredire : « Tranquille et agitée (1). »

Ce qui prouve, plus encore que l'admiration enthousiaste de ses innombrables amis, la supériorité de Rahel, c'est l'ascendant qu'elle avait pris tout naturellement sur un homme tel que Varnhagen. Quand on a lu le journal de Varnhagen, ces fameux *Tagebücher,* où se révèle un esprit si pénétrant, si incapable d'être dupe de n'importe qui, et qu'on voit ce même esprit, qui semble être l'analyse et la critique incarnées, non seulement rendre les armes devant la souveraine raison de Rahel, mais ne trouver dans tout ce qu'elle dit qu'à admirer et même qu'à adorer, sans que d'ailleurs une grande passion soit venue troubler son jugement, il est impossible de ne pas sentir soi-même qu'on est en présence d'une femme vraiment extraordinaire.

Ce qu'il y a de plus remarquable en Rahel, et ce qui devait lui gagner à la fois les esprits et les cœurs, c'est l'union d'une intelligence lumineuse, faite pour aborder et éclairer les plus difficiles problèmes, avec la fraîcheur et la vivacité des impressions, Varnhagen disait, avec la naïveté d'un enfant. Elle comprend tout : la philosophie de Kant, de Fichte, de Schelling, n'a pour elle aucun mystère ; n'est-elle pas, suivant l'expression d'un bon juge, de Brinckmann, « intelligente comme le soleil ? » Tous les hommes qui passent dans son salon, artistes, hommes d'État, publicistes ou poètes, qu'ils s'appellent Gentz, Guillaume de Humboldt, Henri Heine, elle les pénètre et les juge tous avec une promptitude et une sûreté de coup d'œil incomparables. Mais, d'autre part, qu'on lise ses jugements dans sa Corres-

(1) *Still und bewegt,* en tête du livre de Varnhagen intitulé : *Rahel. Ein Buch des Andenkens für ihre Freunde.* Berlin, 1834.

pondance : elle les exprime dans le langage le plus spontané, le plus près des choses qu'on puisse imaginer Elle a, ce qui est extrêmement rare en Allemagne, le style de la conversation sans tomber jamais dans la trivialité. Elle trouve de ces mots qui embrassent et enserrent les objets, semblent ne faire qu'un avec eux, « des mots qui sont les choses mêmes, » disait Varnhagen ; et Gœthe, qui avait aussi cette façon d'écrire, qui est une marque de génie, appelait Rahel « une nature étrange, concevante, unissante..., qui ne juge pas les choses, mais s'en empare et que les choses ne touchent pas quand elle ne s'en est pas emparée ».

Pour arriver à parler une telle langue, adéquate, en quelque sorte, aux pensées et aux choses, il faut avoir, outre les dons de l'esprit, un amour ardent pour la vérité : il n'y a pas, dans toute la littérature allemande, un écrivain plus vrai que Rahel. La vérité, elle la disait hardiment, tout entière, à ses hôtes les plus illustres, fussent-ils des princes du sang comme le prince Louis Ferdinand, qui l'avait prise pour confidente ; elle la disait à son mari, elle la disait sur elle-même. Et ce qu'elle demandait aux autres avant tout, comme elle en offrait l'exemple elle-même, c'est qu'on se donnât pour ce qu'on était, qu'on ne se mentît pas à soi-même en imitant n'importe qui, qu'on fût soi pleinement, sincèrement. Elle avait comme soif de l'originalité, elle la prêchait aux autres, à son mari tout le premier et lui donnait souvent un conseil qu'elle ne dut pas manquer d'adresser à Heine lui-même : « Laisse-toi aller quand tu travailles, disait-elle à Varnhagen ; ne songe à aucun ami, à aucun modèle, ni aux grands maîtres, si ce n'est pour t'en éloigner, ... ni à l'impression, à rien en un mot. Ne mets dans tes œuvres que toi et les choses que tu vois et de la façon dont tu les vois... Les chétifs imitateurs s'oublient eux-mêmes et veulent représenter *un monde sans eux* : un tel monde n'existe pas. » Quelle précieuse conseillère que

Rahel pour un jeune poète tel que Heine, qui ne pouvait justement arriver à la gloire qu'à une condition : c'était qu'il cessât d'imiter les romantiques et ne s'inspirât que de son propre cœur.

On imagine aisément quelle profonde impression dut faire sur Heine un esprit aussi net et aussi poétique en même temps, qui faisait de Fichte et de Gœthe ses lectures favorites, mais qui aimait par-dessus tout « les enfants, la verdure, les beaux yeux et la parole ». Dailleurs que de goûts communs n'avait-elle pas avec notre poète ! Et d'abord elle avait vécu à Paris, peu de temps il est vrai, assez cependant pour préférer la société des Français à celle de ses compatriotes. Ce qu'elle reprochait à ceux-ci, c'était de devenir trop vite familiers, de ne pas savoir tenir le juste milieu entre l'indifférence pure et les indiscrétions de l'amitié, ce juste milieu qu'observe si bien la politesse française, affable et discrète à la fois. Elle en voulait parfois à Varnhagen lui-même de s'ingérer dans les affaires d'autrui et de rendre des services qu'on ne songeait pas à lui demander. Par son goût pour l'esprit français et la politesse française, elle devait plaire doublement à Heine, si Français d'esprit, et dont la nature indépendante, assez sauvage et renfermée, ne redoutait rien tant que les indiscrets. Il se brouilla, on s'en souvient, avec Varnhagen, parce que celui-ci, officieux jusqu'à l'importunité, avait voulu l'empêcher d'aller à Hambourg retrouver d'anciens et cruels souvenirs.

Rahel était, disions-nous tout à l'heure, naturelle avant tout, mais elle était naturellement distinguée : sa conversation, son style et jusqu'à ses traits mêmes, tout en elle respirait la finesse. En outre, elle faisait tant de cas de l'originalité qu'un peu de bizarrerie n'était pas pour lui déplaire, à condition que cette bizarrerie ne fût point cherchée. Finesse et bizarrerie, c'était bien là ce que lui offraient le caractère et l'esprit de Heine, et c'est aussi par ces deux mots qu'elle le dépeint dans une lettre au célèbre publiciste, Frédéric Gentz : « Il était *fin* et *un peu bizarre,* c'est pourquoi je le comprenais et il me comprenait moi-même, ce qui me l'attacha d'autant plus que les autres souvent ne le devinaient pas (1). » Malheureusement cette lettre à Gentz est le seul témoignage de Rahel sur le génie de Heine qui nous soit parvenu. Ses lettres à notre poète furent brûlées dans un incendie qui détruisit la maison de la mère de Heine. Il nous reste du moins les lettres de Heine à Rahel et nous pouvons juger par celles-ci ce que fut Mme Varnhagen pour notre poète. Nous savons déjà, par cette lettre à Gentz, que Heine appelait Mme Varnhagen sa « patronne, et qu'il ne faisait rien imprimer sans la consulter ». Ouvrons maintenant la correspondance de Heine ; le poète va quitter Berlin et voici en quels termes gracieux et reconnaissants il se recommande au souvenir de son aimable patronne : « Je vais partir et, je vous en prie, ne jetez pas mon image une fois pour toutes dans le garde-meubles de l'oubli. Vraiment, je ne pourrais pas user de représailles et, quand bien même je me dirais cent fois le jour : « Oublie Madame Varnhagen ! » Cela ne me réussirait pourtant pas. Ne m'oubliez pas ; vous ne sauriez chercher d'excuses dans une mauvaise mémoire. Votre esprit a fait un pacte avec le temps, et, lorsque, peut-être dans quelques siècles j'aurai le plaisir de vous revoir comme la plus belle et la plus splendide des fleurs dans la plus belle et la plus splendide des vallées du ciel, soyez assez bonne pour me saluer encore comme une ancienne connaissance, moi, pauvre houx épineux, ou quelque chose de pire encore, et pour me réjouir de votre doux éclat et de votre suave haleine.

« Vous le ferez à coup sûr ; déjà, dans les années 1822 et 1823, vous avez fait quelque chose de semblable en me

______

(1) *Rahel* (von Varnhagen), t. III, p. 452.

11

traitant, moi, malade, aigri, boudeur, poétique et insupportable que j'étais, avec une grâce et une bonté que je n'avais certainement pas méritées en *cette* vie et dont je ne puis être redevable qu'aux bienveillantes réminiscences d'une connaissance antérieure (1). »

Et plus tard, durant sa brouille avec Varnhagen, il écrit au frère de Rahel, Louis Robert : « Je parle déjà trop longtemps de cette petite poésie (*la Fille de l'Alcade*) ; mais il m'arrive comme à votre sœur, madame Varnhagen, qui est toujours obligée, me disait-elle, d'écrire de longues lettres quand elle a la moindre des choses à dire. Saluez pour moi cette chère bonne petite personne avec une grande âme. Dites-lui que c'est un cas rare quand je ne pense pas à elle. Toute la semaine dernière c'est d'elle que je me suis occupé : je lisais en effet *Corinne,* de Mme de Staël. Je n'aurais certainement pas pu comprendre ce livre avant cette grande époque de ma vie, où j'appris à connaître votre sœur (2). »

Enfin en 1826 (29 juillet), quand Heine s'est réconcilié avec Varnhagen, et il avait eu, disons-le en passant, l'honneur de faire les premiers pas, il dédie son livre « le Retour » (Heimkehr) à Rahel et explique ainsi à Varnhagen les motifs de sa dédicace : « Il m'a semblé que je voulais exprimer par là que j'appartenais à quelqu'un. Je cours fougueusement à travers le monde et parfois viennent des gens qui feraient volontiers de moi leur propriété ; mais il arrive toujours que ces gens ne me plaisent guère, et, aussi longtemps qu'il en sera ainsi, mon collier portera ces mots : *J'appartiens à madame Varnhagen* (3). »

---

(1) *Correspondance* (éd. française.), 1re série, p. 51.

(2) *Correspondance,* 27 novembre 1823.

(3) Et ailleurs : « Au fond quand j'écris autrement qu'elle (Mme Varnhagen), c'est que je sors de ma nature : nos pensées ne se ressemblent-elles pas comme une étoile ressemble à une autre étoile ? » (*Correspondance,* 5 avril 1830.)

Il est permis de supposer que le poète, en dédiant son livre, « le Retour », à celle qu'il appelait « sa patronne », avait une intention qu'il ne dit pas et qu'il laissait à Rahel le soin de deviner : Rahel n'avait-elle pas aimé et souffert, comme Heine, et maintenant que le poète semblait vouloir, par ce « Retour au Foyer », reposer son cœur des déceptions et des souffrances qu'il avait trouvées sur son chemin alors qu'il « allait de porte en porte, mendiant un peu d'amour et ne recevant qu'indifférence et mépris », est-ce que Rahel ne lisait pas sa propre histoire en maint endroit du volume, elle qui avait erré si longtemps aussi, secouée et ballottée à tous les vents de la passion, avant d'arriver au port, au foyer de Varnhagen? C'est là qu'enfin elle avait trouvé, à défaut de « cet infini bonheur » par l'amour, qu'elle avait rêvé comme Heine, le calme du moins et le goût de toutes les belles et nobles choses qui, à ses yeux, donnaient du prix à la vie : l'amitié, les livres, la causerie, le printemps et les fleurs.

Avec quelle émotion ne devait-elle pas lire, par exemple, des vers comme les suivants qui semblaient faits pour elle, — peut-être même avaient-ils été inspirés par « cette âme unissante et aidante », comme l'appelle Gœthe, une âme qu'on ne pouvait connaître et aimer, sans se réconcilier avec la vie :

« Mon cœur, ô mon cœur, ne sois plus triste et oppressé ! Supporte ta destinée : un *nouveau printemps* va te rendre ce que t'a ravi l'hiver.

« Et *que de biens* il te reste encore ! Et *comme le monde encore est beau !* Et puis, mon cœur, *tout ce qui te plaît, tu peux, tu peux l'aimer* (1). »

(1) *Buch der Lieder* (214) *Die Heimkehr*, XLVI.

> Herz, mein Herz, sei nicht beklommen,
> Und ertrage dein Geschick,
> Neuer Frühling giebt zurück,
> Was der Winter dir genommen.

C'est dans le salon de Rahel que Heine se lia d'amitié avec quelques-uns des hommes les plus distingués de Berlin. Sans doute ce salon n'était plus ce qu'il avait été dans les toutes premières années du siècle, de 1801 jusqu'à la bataille d'Iéna, c'est-à-dire le rendez-vous, non seulement des artistes et des écrivains les plus célèbres, mais encore des personnages politiques les plus influents (1). Les beaux temps de la maison de la *Iœgerstrasse* étaient passés ; Varnhagen n'était plus bien en cour et on était passablement frondeur dans la *rue Française*, où se trouvait le nouveau salon de Rahel ; mais, comme par le passé, les hommes que Rahel honorait de son amitié étaient tous distingués à divers titres et nous devons citer tout au moins les plus connus d'entre eux, ceux qui devinrent les amis de notre poète.

Au premier rang de ceux-ci est le mari de Rahel, le conseiller de légation, Varnhagen d'Ense. Il était né, comme Heine, à Dusseldorf, mais c'était, à ce que dit Heine dans sa Correspondance, l'amour des vers qui avait rapproché le jeune poète et l'ancien diplomate. Entre Varnhagen, ce fin critique, et l'auteur des *Lieder*, il y avait peut-être autant de goûts communs que de motifs de dissentiment. Sur plusieurs points les deux amis ne pouvaient s'entendre : Varnhagen n'aimait pas Napoléon, dont il semble même n'avoir pas compris le génie, et on sait que Heine resta, toute sa vie, fidèle à son Empereur. Varnhagen, conséquent dans ses antipathies et, d'ailleurs, patriote prussien avant tout, écrivait

> Und wie viel ist dir geblieben !
> Und wie schön ist noch die Welt !
> Und, mein Herz, was dir gefällt,
> Alles, alles darfst du lieben !

(1) Voir, sur le salon de Rahel avant la bataille d'Iéna, et, en général, sur la société berlinoise, antérieure d'une génération à peu près à celle qui nous occupe, deux articles de M. Hillebrand, dans la *Revue des Deux-Mondes* (15 mars et 1er mai 1870).

l'éloge d'un des plus grands ennemis de Napoléon, de Blücher ; Heine, qui tendait de plus en plus à devenir « un Prussien libéré », lui répondait : « Je ne puis lire votre *Blücher* avec amour, peut-être est-ce encore en moi un écho des marches du Tambour Legrand ; mais je m'irrite quand je songe que l'homme de l'idée, l'idée faite homme, Napoléon, a été terrassé par deux adversaires, dont l'un n'était qu'un hussard, joueur de pharaon (Blücher) et l'autre un roué anglais, dépourvu de tout enthousiasme » (Wellington) (1).

Enfin Varnhagen partageait le culte, on pourrait dire le fanatisme de sa femme pour Gœthe (2). Heine admirait Gœthe, à coup sûr, mais comme on admire un rival qui vous a précédé dans la carrière et a fait, avant vous, des *Lieder* immortels. Sans énumérer ici les jugements, assez divers, de Heine sur Gœthe, on peut dire qu'à cette époque Heine professait pour l'auteur de Faust une admiration que les Gœthéens et surtout les Gœthéennes de la *rue Française* devaient trouver assez tiède. Par exemple, il fait dire à Rahel qu'il a lu tout Gœthe et paraît sous-entendre que c'est pour être agréable à son amie ; et il écrit, après cette lecture : « Gœthe me plaît beaucoup. » Varnhagen lui-même dut bondir d'indignation en lisant ce jugement sommaire et le

(1) Heine, *Correspondance*, t. I, p. 339.

(2) Gœthe était pour Rahel « un dieu », le mot (Gott), revient souvent dans ses lettres. Elle dit quelque part : « Quand je pense à lui (à Gœthe), les larmes me montent aux yeux ; les autres hommes, je les aime avec mes propres forces, lui m'apprend à aimer avec ses forces qu'il me communique. » Si Rahel a eu l'incontestable mérite d'être une des premières, et peut-être la première, à comprendre et à faire comprendre à ses contemporains toute la grandeur du génie de Gœthe, elle n'a pas su toujours se garder de cette exagération dans l'enthousiasme qui provoque la contradiction chez ceux qui vous écoutent ; elle est un peu responsable de la *Gœthomanie* qui sévit depuis tant d'années en Allemagne.

trouver impertinent, lui que Heine appelait « le Statthalter de Gœthe ». Ce n'est que plus tard, semble-t-il, et peut-être lorsque Heine n'eut plus à craindre d'être dépossédé de sa gloire, que les deux amis se réconcilièrent en Gœthe. Il est un auteur, en revanche, au nom duquel le poète et le diplomate pouvaient se tendre la main, parce qu'il personnifiait les qualités d'esprit qui avaient surtout valu à Heine l'amitié de Varnhagen : c'était Voltaire. Varnhagen, qui était d'ailleurs une nature très complexe, puisqu'il était capable de s'enthousiasmer à la fois pour le mystique Baader et pour Voltaire, sans que la causticité de son esprit fît le moindre tort à son mysticisme, Varnhagen aimait trop le style net et incisif, l'ironie fine et mordante, pour ne pas saluer dans l'auteur des *Reisebilder* le plus voltairien des écrivains allemands. Enfin, si Varnhagen goûtait peu Napoléon, nous savons qu'il partageait les sympathies de Rahel pour les Français et les manières françaises : c'est dans son salon que nos compatriotes trouvèrent toujours l'accueil le plus bienveillant à Berlin. C'est enfin Varnhagen qui, le premier, conseilla à Heine d'aller vivre à Paris : voilà bien des motifs pour que l'élève du Tambour Legrand pardonnât au panégyriste de Blücher.

Après Varnhagen, nommons cet autre ami de Heine, Louis Robert, le frère de Rahel, un poète dramatique qui ne pouvait réussir à être sombre, comme l'auraient exigé ses drames, parce qu'il avait une trop jolie femme : « Vraiment ce doit être un travail, pour le mari de Mme Robert, d'écrire une tragédie. Pauvre bienheureux ! A peine a-t-il contracté ses sourcils, pour se monter au sérieux tragique, un doux sourire de sa charmante femme fait évanouir cette colère et, de dépit, il saisit son tricotage, au lieu du poignard de Melpomène (1). »

L'éclatante beauté de Mme Robert paraît avoir fait une

____

(1) *Correspondance*, t. I, p. 222.

grande impression sur Heine, si nous en jugeons par les éloges enthousiastes qu'il fait de « la belle Souabe, de l'aimable Turque », dans maint endroit de ses lettres. Pour ce qui est de l'esprit, Mme Robert se serait-elle contentée d'en avoir... comme une rose ? C'est peut-être ce qu'on pourrait conclure de ce fragment d'une lettre de Heine à Varnhagen : « Je n'ai pas écrit à Robert, je sais qu'il n'aime pas les correspondances. Je conviens aussi que, bien que sa femme soit fort distinguée, même intellectuellement, (Heine écrit au beau-frère de M. Robert), j'aime encore mieux la voir parler que de la lire. Entre nous, écrire à une jolie femme me semble aussi fou que si je voulais entrer en correspondance avec un pâté de Strasbourg... Ces beaux yeux, dont l'éclat réjouit notre cœur, et ces pâtés aux truffes, dont le fumet nous transporte, perdent beaucoup à l'éloignement (1). »

Quoi qu'il faille penser d'ailleurs de l'esprit de Mme Frédérique Robert et des tragédies de son mari, il est certain que les Robert furent, après les Varnhagen, les meilleurs amis de Heine pendant son séjour à Berlin. Heine les mettait au nombre des « onze personnes qu'il aimait ; » peut-être même la belle Frédérique fut-elle quelque temps la première des onze :

« Adieu, et soyez bien persuadée que je vous aime. Quand j'emploie cette expression, figurez-vous en même temps une pieuse chapelle dans les bois d'où sortent, comme des flots d'harmonie, les accords émouvants de l'orgue (2). » Parmi ces « flots d'harmonie », qui célébraient la beauté de Mme Robert, il faut citer trois sonnets que lui dédia notre poète : « les Sonnets à Frédérike » (1824) (3). Seulement

(1) Heine, *Correspondance*, t. I, p. 342.
(2) *Ibid.*, t. I, p. 165.
(3) *Œuvres complètes*, éd. allem., t. XVI, p. 221. Éd. franç., *Correspondance*, t. I, p. 161.

ces sonnets ne sont pas tous faits pour être chantés « dans une pieuse chapelle. » Voici, par exemple, le premier de ces sonnets : « Quitte Berlin avec ses sables épais et son thé clair et ses gens ultra-spirituels, qui, dès longtemps, grâce à la philosophie de Hegel, ont compris ce que veut dire Dieu, le monde et leur propre moi.

« Viens avec moi dans l'Inde, le pays du soleil, où les fleurs d'Amra répandent leur parfum, où les caravanes des pèlerins cheminent vers le Gange, pieusement et en blancs habits de fête.

« Là où les palmiers s'inclinent au vent, où étincellent les vagues du fleuve, sur le rivage sacré où les fleurs de lotus s'élancent jusqu'à la forteresse d'Indra, éternellement bleue.

« Là, je veux dévotement tomber à tes genoux et presser tes pieds et de dire : Madame, vous êtes la plus belle de toutes les femmes. »

En envoyant à Mme Robert cette poésie, dont la fin est aussi peu hindoue que possible, Heine semble reconnaître qu'elle n'est pas tout à fait digne de la Sakountala qui la lui a inspirée, car il prie celle-ci de la faire imprimer sans signature. La guirlande de Frédérique n'a pas trouvé place dans le *Livre des Chants* et nous ne pensons pas que Heine ait été trop sévère pour ces petites poésies qui ne sont qu'à moitié orientales et à moitié poétiques.

En dehors de la famille de Rahel, Heine fréquentait le salon d'Elise de Hohenhausen. Après avoir énuméré les personnages distingués qui se retrouvaient tous les mardis chez sa mère, Mlle de Hohenhausen ajoute : « Parmi les femmes Rahel tenait naturellement le premier rang ; à côté d'elle rayonnait sa ravissante belle-sœur Frédérique Robert... Heine y lisait son « *Intermezzo lyrique* », et ses tragédies *Almansor* et *Ratcliff*. Il lui fallait subir parfois de vives critiques : par exemple on le persiflait

souvent pour sa sentimentalité (?) poétique qui, quelques
années plus tard, devait lui gagner les ardentes sympathies
de la jeunesse... Les opinions sur son talent étaient alors
très partagées ; très peu avaient le pressentiment de sa gloire
future. Élise de Hohenhausen (la maîtresse de maison) qui
l'appelait le Byron allemand trouvait beaucoup de contra-
dicteurs... Heine était petit, frêle, imberbe, blond et pâle ;...
plus sensible à la moquerie que disposé lui-même à railler. »

Si on ajoute aux « thés esthétiques » du grand monde
qui paraît bien avoir été pour Heine, à en juger par un lied
malicieux de l'*Intermezzo* (1), le monde où l'on s'ennuie, ces
soirées plus intéressantes passées chez des femmes d'esprit
avec des hommes de lettres ou des professeurs distingués ;
et si on n'oublie pas les folles orgies au *Casino* de la rue des
Ours avec des comédiens tels que Devrient, ou des écervelés
tels que Grabbe, on saura tout ce que nous pouvons savoir
ou deviner de la vie que Heine menait à Berlin, au moment
où il mettait la dernière main à ses *Tragédies* et à son *Intermezzo* (2).

En résumé, des cours à l'université faits par des professeurs hors ligne, tels que Bopp, Wolf et Hegel, des conversations littéraires avec des écrivains de talent tels que
Varnhagen, Grabbe, Chamisso, ou avec une femme de
génie telle que Rahel, le théâtre et les bals et, de temps en
temps, les distractions, littéraires ou *autres*, du Casino de
la rue des Ours, voilà plus qu'il n'en fallait pour achever

(1) Lied L.

(2) Il n'y aurait aucun intérêt pour le lecteur à lire le récit des farces,
plus berlinoises que spirituelles, imaginées au Casino par le poète
Grabbe, et auxquelles Heine, du reste, semble n'avoir pris aucune
part. Il savourait dans son coin un verre de punch, et écoutait, silencieux et ironique, les élucubrations romantiques de Grabbe et de Louis
Robert, le mari de la belle Frédérique.

11.

l'éducation d'un jeune étudiant qui débarquait, il est vrai, de la petite ville endormie de Gœttingue, mais qui s'appelait Henri Heine et qui était en train de rimer l'*Intermède lyrique.*

CHAPITRE IX.

Les Tragédies de Heine : Almansor et Ratcliff. — Les « Tragédies de la Fatalité » en Allemagne.

Dans les premiers jours d'avril 1823, un jeune homme, que nous connaissons bien, se promenait les mains dans ses poches et d'un air insouciant « sous les Tilleuls » ; quand il arriva devant la librairie Dümmler, qui était, depuis plusieurs jours, le but secret de ses promenades, il s'arrêta et tout à coup son visage devint « rouge comme du feu (1) » : c'est qu'il venait d'apercevoir dans la devanture un petit livre in-douze sur la couverture duquel on lisait : *Tragédies et Intermezzo lyrique, par Henri Heine.*

Nous retrouverons l'*Intermezzo* dans le *Livre des Chants* et nous l'apprécierons alors en même temps que les autres Lieder du volume. Quant aux Tragédies, c'étaient : *Almansor*, commencé déjà à Gœttingue dans l'automne de 1821, et *William Ratcliff,* composé tout entier à Berlin en 1822. Ces deux tragédies sont tout le bagage dramatique de notre poète, ce qui va nous permettre de décider tout de suite s'il y avait dans l'auteur des Lieder l'étoffe d'un véritable dramaturge. Heine a tour à tour exalté avec la plus grande conviction et critiqué avec la plus extrême sévérité *Almansor* et *Ratcliff.* « Mes tragédies viennent de sortir de presse, écrit-il à un ami ; je sais qu'on les déchirera à belles dents ; mais je veux te dire en confidence qu'elles sont très bonnes, meilleures que mon recueil de poésies, qui ne vaut pas une charge de poudre (2). »

(1) *Grabbe' s Leben,* von K. Ziegler, p. 48.
(2) *Correspondance,* t. I, p. 44.

Meilleures que les Lieder eux-mêmes ! à ce compte, Heine serait le premier poète dramatique de l'Allemagne ; quels drames, en effet, l'Allemagne a-t-elle à mettre seulement en parallèle avec les œuvres lyriques de ses poètes et avec les Lieder de Heine en particulier ? Mais ne faudrait-il pas retourner le jugement de Heine, et n'est-ce pas plutôt ses tragédies qui ne valent pas une charge de poudre ? Heine n'est pas éloigné d'en convenir dans une autre lettre écrite à propos d'*Almansor*. « J'y ai travaillé de toutes mes forces, n'épargnant ni le sang de mon cœur, ni la sueur de mon cerveau... et je m'aperçois avec épouvante que cette œuvre splendide, adorée et divinisée par moi, non seulement n'est pas une bonne tragédie, mais ne mérite pas même le nom de tragédie... *N'aurais-je aucun talent dramatique ?* C'est bien possible. Ou bien les *tragédies françaises,* que j'ai fort admirées jadis, auraient-elles, à mon insu, continué à agir sur moi ? C'est probable. Pense donc que, dans ma tragédie, les trois unités sont observées avec le plus grand scrupule, qu'on n'y entend parler que quatre personnes à peu près et que le dialogue est presqu'aussi précieux, peigné, arrondi que dans *Phèdre* ou *Zaïre*. Tu t'étonnes ? voici le mot de l'énigme. J'ai tenté de *combiner dans ce drame l'esprit romantique* avec *une forme sévèrement plastique* (1). »

Disons simplement, pour trancher la question soulevée par Heine, que si Racine et même Voltaire « ont agi » sur l'auteur d'*Almansor,* ce n'est pas seulement, comme il le dit lui-même « à son insu »; mais c'est aussi à l'insu du lecteur qui ne songe à rien moins qu'à *Phèdre* ou à *Zaïre* en lisant *Almansor*. Une influence tout autre et un tout autre esprit sont aisément reconnaissables dans cette pièce : c'est *l'esprit romantique* que notre auteur déclare avoir voulu faire passer dans son œuvre et qui, en effet, se manifeste en maint endroit.

(1) *Correspondance,* t. I, p.10.

Notons enfin que, dans le passage cité, Heine se montre déjà préoccupé « de combiner l'esprit romantique avec une forme *sévèrement plastique* ». Cette combinaison-là était une innovation dans l'école des Novalis et autres assembleurs de nuages, et c'est justement leur forme sévèrement plastique qui distinguera surtout les poésies de Heine de tant d'œuvres informes du romantisme. Mais les qualités que nous admirerons plus tard dans les Lieder, les trouvons-nous déjà dans les tragédies, et ces qualités sont-elles d'ailleurs celles d'un poète dramatique ? C'est ce que nous apprendra l'analyse très sommaire d'*Almansor* et de *Ratcliff*.

I.

Avec *Almansor,* nous sommes en Espagne au quinzième siècle et au lendemain de la chute de Grenade. Le Christ a triomphé partout à la suite des armées victorieuses de Ferdinand et d'Isabelle, et, sur les tours de l'Alhambra, brille, à la place du croissant, la croix de Mendoza. Les Musulmans, qui n'ont pu se résigner à quitter ce beau pays, ont cherché, dans quelques vieux châteaux mauresques délabrés, un refuge contre les fureurs de l'inquisition espagnole. C'est dans un de ces châteaux que s'offre à nous, aux rayons du soleil couchant, le jeune Almansor, une toque sur la tête, un manteau sur l'épaule. Que vient donc faire en Espagne, et sous un pareil costume, ce jeune Maure qui avait pris, avec les siens, le chemin de l'exil plutôt que de renoncer à la foi musulmane ? Almansor est amoureux et il a voulu voir une dernière fois celle qui fut sa fiancée, la belle Zuleima, car là-bas dans la terre d'exil son âme « avait soif de Zuleima, comme le sable du désert a soif de la rosée du matin ».

Protégé par son déguisement espagnol et par sa bonne

épée, il arrive au château d'Aly, la veille de la noce de Zuleima, qui va devenir la femme de don Enrique. Nous partageons l'étonnement de don Enrique quand nous apprenons, par une confidence d'Aly, que Zuleima n'est pas la fille de ce dernier, mais bien d'Abdallah, qu'Almansor croit à tort être son père ; Almansor est fils d'Aly. Comment donc s'est fait entre les deux pères ce singulier échange d'enfants ? La femme d'Aly mourut en donnant le jour à Almansor et, comme la vue de ce fils réveillait sans cesse, dans l'âme du père, la douleur que lui avait causée la mort de sa femme, un ami généreux, Abdallah, prit chez lui Almansor, le nomma son fils et, pour consoler tout à fait le malheureux Aly, qui restait seul, il lui donna sa propre fille, Zuleima. Touché, comme il le devait, de cette preuve d'amitié dont un musulman seul peut, croyons-nous, être capable, Aly éleva Zuleima avec la plus tendre sollicitude, afin qu'elle devînt un jour la digne épouse d'Almansor. C'est ainsi qu'Almansor, élevé par le père de Zuleima, et Zuleima, élevée par le père d'Almansor, ne pouvaient manquer d'être faits l'un pour l'autre. Ils s'aimèrent et se jurèrent mutuellement fidélité.

Mais le jour où la bannière de Castille flotta sur les tours de Grenade, Abdallah partit pour l'exil et il mourut en Arabie, maudissant l'indigne Aly qui avait très mal récompensé son amitié en faisant de Zuleima une chrétienne. La nouvelle se répandit même qu'Abdallah, pour se venger, avait fait tuer Almansor. Aly croit encore à cette heure que son fils n'est plus.

Tandis qu'on danse au château d'Aly, Almansor rôde aux alentours, maudissant musiciens et danseurs ; peu à peu tout se tait, les flambeaux s'éteignent, une seule lumière brille encore à une fenêtre du château, à la fenêtre de Zuleima. Almansor entonne alors une de ces chansons enivrantes, telles qu'en ont dû entendre, de tout temps, ces terres des nuits chaudes et langoureuses, où les étoiles, les oiseaux et les fleurs semblent se renvoyer à travers l'espace de brûlants soupirs d'amour et de volupté. « Les esprits des étoiles se penchent vers la terre, en proie au désir d'amour ; les fleurs éclatantes leur font signe et langoureusement se tournent vers le ciel... « O fleurs, tressaillez ! sources, bondissez ! élancez-vous en bas, esprits des étoiles ! tout veille, tout rit, tout chante ; l'empire de l'amour est ouvert ! »

Qui résisterait à de si pressants et de si poétiques appels ? Zuleima apparaît sur son balcon et aussitôt s'engage entre elle et Almansor un de ces dialogues ou plutôt un de ces tendres et mélancoliques duos d'amour que traînent volontiers en longueur les amants malheureux, pour raconter toutes leurs peines, et les poètes lyriques, pour montrer toute leur virtuosité.

Mais tout à coup les cloches d'une église rappellent à Zuleima, qu'on croyait décidée à l'oublier, « qu'elle se marie ce soir même avec un homme qui ne s'appelle pas Almansor. »

Celui-ci se décide alors, poussé par un vieux serviteur fidèle, Hassan, à enlever Zuleima. En effet, les Maures font irruption dans la salle du festin, et Almansor, se frayant un passage avec son épée, enlève sa maîtresse évanouie. Maures et Espagnols en viennent aux mains. Le vieil Hassan tombe sous les coups d'Aly ; mais, avant de mourir, il apprend à ce dernier que son fils est vivant et que c'est « le chevalier rouge » qui emporte Zuleima. Aly s'élance aussitôt à la poursuite de son fils ; mais il ne peut empêcher Almansor, dont la tête s'égare, de se jeter dans un précipice avec Zuleima dans ses bras.

Telle est, en abrégé, la tragédie d'*Almansor* : malgré l'horreur du dénouement, c'est moins un drame qu'une suite de *Lieder* passionnés et mélodieux. Le professeur et l'ami de Heine, Guillaume Schlegel, reproche au public français d'être trop sujet à l'impatience et, à nos dramaturges, de trop céder à l'impatience du public en supprimant de leurs œuvres « ces points de repos et ces suspensions heureuses où la poésie lyrique apparaissait autrefois ». Nos auteurs ne mettent pas assez dans leurs tragédies, au gré de Schlegel, de « ces moments que l'âme solennise en se recueillant au dedans d'elle-même et en jetant un regard mélancolique sur le passé et sur l'avenir (1) ».

Sans discuter cette critique de Schlegel, on peut dire qu'en effet elle ne s'applique pas à la plupart des tragédies allemandes, où tant de personnages, au lieu d'agir, rêvent ou déclament, à moins qu'ils ne chantent, comme font, tout le long de la pièce, Almansor et Zuleima. Il n'y a pas d'action véritable dans la tragédie de Heine, pas d'intérêt croissant de scène en scène, mais un simple coup de foudre à la fin et, çà et là, des imprécations qui alternent avec des soupirs d'amour : on soupire, on se bat et on meurt. Comme dans la plupart des drames composés par de purs poètes lyriques, les personnages, ayant perdu leur temps à chanter, s'agitent tout à coup fiévreusement pour rattraper le temps perdu et arriver au dénouement. C'est ce qu'avait senti, semble-t-il, l'auteur lui-même, lorsqu'il disait de son poème : « Il est tour à tour épique (il aurait dû dire lyrique) avec sérénité, et dramatique avec violence. »

A part peut-être le vieil Hassan à qui son fanatisme a donné une certaine vie et un certain relief, il n'y a pas, dans la pièce de Heine, un seul caractère, il n'y a que des chanteurs ; la pièce tout entière n'est vraiment qu'un concert où font leur partie, non seulement les personnages de la pièce, mais les oiseaux, les fleurs et la nature entière. C'est donc seulement la valeur lyrique d'Al-

____

(1) G. Schlegel, *Cours de littérature dramatique*, onzième leçon, t. II, p. 165. Traduction française ; Paris, Paschoud, 1814.

mansor qui peut intéresser les biographes de Heine. Comme il fallait s'y attendre chez un poète lyrique, Almansor, c'est Heine lui-même, c'est lui qui, sans le vouloir, se donne en spectacle, et le drame qu'il nous raconte est celui-là même qui s'est joué dans son propre cœur.

Quant au mari, Heine, peu généreux cette fois, en a fait un échappé du bagne, ce qui nous empêche d'ailleurs de trop pleurer sur l'horrible mort de celle qui lui était destinée, de Zuleima.

Le « but polémique », dont parle Heine dans une lettre à Steinmann, et qui est d'opposer la religion musulmane à la religion chrétienne, et le paradis de Mahomet au paradis des ascètes du moyen âge, ce but ne nous paraît pas même nettement indiqué dans la pièce (1). En effet, si le vieil Hassan et Almansor sont des mahométans éloquents, la douce Zuleima est aussi une chrétienne fort persuasive et qui triomphe même des objections religieuses d'Almansor. Du reste, et c'est là un des plus graves défauts de la tragédie, cette lutte entre le croissant et la croix ne nous intéresse guère et nous ne pouvons nous empêcher de sourire, lorsque le vieil Hassan, à son dernier soupir, entrevoit les houris aux yeux noirs, qui lui tendent les bras du haut du paradis mahométan. Des houris pour le vieil Hassan ! passe encore pour Almansor ou plutôt pour Heine lui-même, qui s'en accommoderait fort, n'étant pas sûr, comme le héros de son drame, de jouir, dans le paradis de ses rêves, de l'amour de sa Zuleima ! Quant au style d'Almansor, il a, par endroits, la suave harmonie, non encore la netteté et la vigueur d'expression que nous admirerons dans les Lieder (2).

____

(1) Au fond, Heine voulait représenter, sous les traits des Maures proscrits, ses coreligionnaires, les Juifs, indignement persécutés par les chrétiens.

(2) La tragédie d'Almansor fut seule représentée sur la scène allemande. Le 20 août 1824, Heine avait eu le plaisir d'assister à la représen-

II.

De ses deux tragédies, *Almansor* et *Ratcliff*, Heine préférait de beaucoup la seconde à la première, ainsi qu'il l'écrivait au baron de la Motte-Fouqué : « Je ne sais pourquoi, mais ce poème doux et lumineux d'*Almansor* me répugne au plus haut degré, tandis que je songe avec complaisance au sombre et dur *Ratcliff* (1). » Faut-il partager les préférences de Heine et *Ratcliff* est-il vraiment supérieur à *Almansor* ?

Et d'abord pourquoi *Ratcliff* était-il, suivant l'expression de son auteur un drame « sombre et dur » ? Pour deux raisons bien différentes : d'une part Heine a fait passer dans sa tragédie le sombre désespoir auquel il était en proie, quand il écrivit *Ratcliff*, et, d'autre part, il a pris pour modèle un genre de tragédies tout à fait lugubres qui étaient très populaires à cette époque et qu'on appelait *les tragédies de la Fatalité*.

Que Heine, en composant *Ratcliff*, n'ait pu se déprendre de lui-même et faire une œuvre impersonnelle, c'est ce qui ne saurait nous étonner chez l'auteur d'*Almansor*. Mais pourquoi donc ce drame est-il particulièrement triste, ou, ce qui revient au même, pourquoi Heine était-il si

tation qui en fut donnée sur le théâtre de Brunswick. D'après une anecdote racontée par Strodtmann (t. I, p. 235), la pièce avait marché sans encombre jusqu'au moment où Almansor apparaît sur la scène tenant sur ses genoux Zuleima inanimée. Un *Stallmeister* (officier instructeur) qui entrait dans la salle à ce moment-là trouva la « situation » plaisante, et, ayant appris que l'auteur de la pièce s'appelait Heine, il se figura que c'était un vilain usurier de Brunswick, et se mit à siffler et à frapper des pieds. La foule suivit et la pièce tomba. Avouons qu'elle n'était pas faite pour se relever.

(1) *Correspondance*, t. I, p. 67.

désolé lorsqu'il l'écrivit ? La date même de la composition de *Ratcliff* permet de répondre à cette question. Ce n'est pas en janvier 1821, comme le dit Heine dans sa préface (1), que ce drame fut composé « sous les Tilleuls » ; à cette époque Heine était encore à Gœttingue ; c'est seulement en janvier 1822 que le poème fut achevé, assez rapidement, paraît-il, « en trois jours, » s'il faut en croire le poète.

Or cinq mois seulement avant cette époque, le 15 août 1821, une jeune fille de Hambourg, nommée Amalie, et qui nous est connue, épousait un jeune homme qui ne s'appelait pas Henri Heine, ce dont Henri Heine était désespéré. N'est-ce pas là l'explication toute naturelle de ce sombre pessimisme qui a inspiré à l'auteur, avec la tragédie de *Ratcliff*, la dédicace dont il la fit précéder en 1826 : « J'ai cherché le suave amour et j'ai trouvé la haine amère, j'ai soupiré, j'ai maudit, j'ai saigné par mille blessures (2).

Enfin *Ratcliff* est sombre parce que c'est un *drame fataliste*, ou, plus exactement, un *drame de la Fatalité (Schicksalstragödie)*, ainsi qu'on appelait certaines pièces qui firent fureur sur les théâtres allemands de 1810 à 1825. L'inventeur du genre fut Zacharias Werner, l'hôte de Mme de Staël à Coppet, et l'auteur du *Vingt-quatre février*, une pièce en un acte qui fut le modèle du genre (3).

Nous n'avons pas à faire ici l'histoire de la tragédie fataliste : nous voudrions seulement caractériser ce genre

(1) Sämmtliche Werke : Vorrede ; dritte Auflage der « Neuen Gedichte » XVI, p. 7.

(2) *Ibidem*, XVI, p. 92.

(3) Les principaux représentants de la « *tragédie fataliste* » furent, après Werner, Müllner qui fit en 1812 *le Vingt-neuf février*, Grillparzer qui donna *l'Aïeule* (1817), et Houwald avec ses drames le *Portrait* (1821) et le *Phare* (1822). La tragédie de Heine est contemporaine, on le voit, des drames sanglants de Houwald.

nouveau et bizarre, cette vraie maladie littéraire, qui sévit en Allemagne pendant plus de dix ans et dont fut atteint l'auteur de *Ratcliff*.

La tragédie fataliste était déjà en germe dans les drames de Schiller, puisque c'est Schiller qui introduisit dans le théâtre allemand un personnage nouveau, ou plutôt renouvelé des tragédies grecques : la Fatalité. C'est surtout à l'époque, dite classique, où Schiller, devenu l'ami de Goethe, se préoccupait bien plus de la forme que du fond même et de l'intrigue de ses pièces, qu'il écrivit la plus antique, et, si l'on peut parler ainsi, la plus *fatale* de ses tragédies, *la Fiancée de Messine* (représentée à Weimar en 1803). On connaît le sujet de *la Fiancée de Messine* : deux frères aiment, sans le savoir, la même jeune fille, et, ce qu'ils ignorent encore, cette jeune fille est leur sœur. Don César, trouvant son frère, don Manuel, aux pieds de Béatrice, poignarde son rival ; quand il apprend que Béatrice est leur sœur, il se frappe lui-même et tombe sur le cercueil de son frère.

Un fratricide qui a failli être suivi d'un inceste, et qui est vengé par un suicide, voilà une histoire passablement lugubre : il est vrai que Schiller en a su adoucir et poétiser les tragiques horreurs par le charme de ses beaux vers et surtout par la calme et noble attitude que gardent ses personnages au milieu de leurs plus grands malheurs. Les beaux vers et la grandeur d'âme antique des personnages, ce n'est point là, et pour cause, ce qu'empruntèrent à Schiller les auteurs des *tragédies fatalistes* : ce qu'ils prirent à la *Fiancée de Messine* pouvait se transporter plus aisément, même dans des œuvres médiocres. Dans la tragédie de Schiller, don César et don Manuel sont les victimes de la Fatalité qui a fixé d'avance leur fin tragique : leur père n'a-t-il pas vu jadis en songe deux lauriers sortir de sa couche nuptiale, et, entre ces lauriers, surgir un lis blanc qui, tout à coup, changé en une flamme ardente, a consumé les deux lauriers ? Les deux frères doivent donc, pour ne pas faire mentir la Destinée, se haïr, se combattre et mourir enfin, plus malheureux encore que coupables.

Mais la *Fiancée de Messine*, par son inspiration élevée et sa forme grecque, était faite pour plaire seulement aux délicats, aux honnêtes gens de Weimar en 1803. Ce n'est d'ailleurs que plus tard, et à la faveur de l'abattement général qui suivit la catastrophe d'Iéna, que cette idée de la Fatalité, triste recours des peuples vaincus, prit faveur parmi le vulgaire. Le soulèvement patriotique de 1813 n'ayant été, nous l'avons montré, qu'un élan passager, un magnifique réveil après lequel on retomba bien vite dans le découragement, c'est surtout pendant les années qui suivirent (1815-1825) que la Fatalité régna sur le théâtre pour la plus grande commodité et des dramaturges, à qui elle fournissait de faciles dénoûments, et des philistins dont elle excusait la paresse et l'indifférence politique : ce que fait là Fatalité est bien fait.

Un jour Werner et Gœthe firent une gageure à Weimar : Gœthe représenterait la bénédiction divine et Werner la malédiction, dans un drame très court. Werner soutint la gageure et écrivit sa tragédie *le Vingt-quatre février* qui fut jouée d'abord à Weimar (1809), puis à Coppet où, comme nous l'apprend Werner dans son prologue, la pièce arracha « de précieuses larmes à la bonne dame de Coppet », ou, comme il l'appelle encore, à « la moderne Aspasie (1). »

Comme dans la *Fiancée de Messine*, la Fatalité est l'âme de la tragédie de Werner, seulement c'est une Fata-

____

(1) Aspasie ne fut pas ingrate, car elle a consacré à Werner, dans son livre *de l'Allemagne*, un chapitre aussi long que celui qui traite des drames de Lessing.

lité qui ne laisse rien au hasard. Le Suisse Kunz a lancé contre son père le couteau fatal le 24 février. Le fils de Kunz (ô dangereuse naïveté de l'enfance !) ayant vu sa mère couper le cou à un poulet, joue au poulet avec sa sœur, s'empare du couteau maudit, et tranche la tête à sa sœur le 24 février ; la maison paternelle lui est désormais odieuse et, le 24 février, il prend la clef des champs. Il passe de longues années à courir le monde et à s'enrichir, et quand il revient chez ses parents, qui ne le reconnaissent pas, son père le tue avec le couteau prédestiné, et naturellement aussi le 24 février.

Chez Werner, on le voit, comme chez la plupart de ses imitateurs, la Fatalité sait le calendrier et elle a ses instruments favoris : mais, en s'attachant à des détails si matériels et si précis, elle compromet gravement son autorité qui n'était si redoutable aux mortels que parce qu'elle restait mystérieuse, et elle ne nous intimide guère plus qu'une superstition de vieille femme.

Le lecteur sait maintenant ce qu'est un drame fataliste, et il peut aborder, en connaissance de cause, les horreurs que récèle dans sa ténébreuse intrigue « le sombre et dur Ractcliff ».

III.

La scène se passe dans le plus romantique des pays, dans l'Écosse du Nord. Quand le rideau se lève, nous voyons le laird écossais, Mac Grégor, mettre la main de sa fille Marie dans celle du comte Douglas et donner sa bénédiction aux deux fiancés. Puis il prend Douglas à part et lui raconte une lugubre histoire : Il y a six ans, arriva au château un étudiant voyageur, William Ratcliff ; il vit Marie, l'aima, et osa le lui dire, mais Marie le congédia aussitôt. Deux ans après,

Marie était fiancée au comte Mac-Donald ; le jour de la noce, la belle fiancée était devant l'autel, attendant son fiancé qui ne venait pas ; on le chercha longtemps jusqu'à ce qu'on trouvât son cadavre près de la Pierre-Noire. Qui donc était le meurtrier ? Marie seule le connaissait et finit par faire cette révélation : la nuit qui suivit le meurtre, William Ratctiff était entré tout à coup dans sa chambre à coucher, lui avait montré en riant sa main encore rouge du sang du fiancé et lui avait présenté l'anneau de fiançailles de Mac-Donald avec une gracieuse révérence ; puis il avait disparu et on avait cherché vainement à s'emparer de lui ; on l'avait vu un jour à Londres, dissipant son héritage en débauches effrénées, et, une fois ruiné, il s'était mis, disait-on, à la tête d'une troupe de brigands. Deux ans s'étaient écoulés, meurtre et meurtrier étaient oubliés ; on ne songeait plus au château de Mac-Grégor qu'au prochain mariage de Marie avec lord Duncan. Le jour de la noce arrive et Marie, toute parée pour la fête, s'approchait de l'autel... et son fiancé Duncan était couché mort auprès de la Pierre-Noire. Et cette nuit encore William Ratcliff se glissa dans la chambre de Marie, et, avec un gracieux salut, lui restitua l'anneau de mariage du fiancé !

A peine Douglas a-t-il entendu ce dramatique récit, qu'il reçoit des mains d'un sombre personnage, enveloppé d'un manteau, un billet auquel il fait oralement la réponse suivante : « Dites-lui que j'y vais. — Allons ! au *Schwartzenstein!* (à la Pierre Noire).

On devine qui l'attend au Schwartzenstein. Il fait nuit, Ractliff est déjà au rendez-vous. La contrée est déserte et sauvage ; à gauche d'énormes masses de rochers et des arbres séculaires ; à droite, un monument en forme de croix ; c'est là que dorment Mac-Donald et Duncan, les deux téméraires qui ont osé aspirer à la main de Marie. Le vent souffle avec violence ; on voit deux fantômes blancs qui se tendent les bras avec amour, s'approchent l'un de l'autre, puis s'éloignent; nous ne saurons qu'à la fin du drame quels sont ces fantômes. Le troisième fiancé de Marie, Douglas, est fidèle au rendez-vous, et, cette fois, c'est William Ratcliff qui est vaincu; il tombe, blessé, sur la Pierre-Noire.

Mais arrivons au dénouement : il est lugubre, comme doit l'être le dénouement d'une tragédie fataliste : la nourrice de Marie, une vieille folle, chante sans cesse une lugubre chanson, qu'avait déjà fait entendre au théâtre la tragédie de Werner « le Vingt-quatre février (1). »

Mais tandis que, dans la pièce de Werner, cette chanson ne rime absolument à rien, elle a, dans le drame de Heine, un sens mystérieux que la vieille folle révèle à Marie : le père de William Ratcliff s'appelait Édouard; il aima

(1) Pourquoi ton épée est-elle si rouge de sang, Édouard, Édouard? et pourquoi es-tu si triste? — J'ai tué mon vautour, ô mère; hélas! il n'y en avait pas d'aussi beau que lui.

Le sang de ton vautour n'est pas si rouge, Édouard, mon fils, dis-moi la vérité! — J'ai tué mon cheval rouge, hélas! il était si fier et si fidèle.

Ton cheval était vieux, tu n'avais pas besoin de lui; une autre douleur t'oppresse. — J'ai tué mon père, hélas! et mon cœur saigne.

Et comment veux-tu expier ton crime? Édouard, Édouard, dis-moi tout. — Mon pied ne doit plus reposer sur terre, je vais m'en aller au loin à travers les mers.

Et que deviendra ton manoir, ton manoir si somptueux et si beau? — Je l'abandonne et le laisserai tomber en ruines. Je ne veux plus le revoir.

Et que deviendront ta femme et ton enfant, quand tu seras au loin sur la mer? — Le monde est grand, qu'ils mendient! Je ne les reverrai plus.

Et que laisseras-tu à ta mère bien-aimée, Édouard, Édouard? mon fils, dis-le moi. — Je lui laisserai ma malédiction et le feu de l'enfer, car c'est vous, vous qui m'avez conseillé!

(Traduit de Herder : *Stimmen der Völker* (Herders Sämemntliche Werke; Stuttgard, Cotta'scher Verlag 1852, XVIe Band, p. 236.)

la belle Betty avant que celle-ci épousât Mac-Grégor. Un jour Betty était seule et chantait la triste romance : « Pourquoi ton épée est-elle rouge de sang, Édouard ? » Son amant, Édouard, s'élançant tout à coup dans la chambre, continua par bravade sur le même ton : « J'ai tué ma bien-aimée, ma bien-aimée si belle ! » Betty fut saisie d'une telle horreur qu'elle jura de ne plus revoir ce sauvage amant et elle épousa Mac-Grégor. Édouard Ratcliff, de dépit, se maria de son côté avec Jenny Campbell, et de cette union insensée naquit William Ratcliff. Mais Édouard aimait toujours la belle Betty ; on le voyait jour et nuit rôder autour du château et étendre les bras avec transport vers la fenêtre de Marie. A son tour celle-ci s'élança un jour à la fenêtre et tendit les bras du côté d'Édouard ; Mac-Grégor la vit, et le lendemain, au pied de la vieille muraille du château, on trouva le cadavre sanglant d'Édouard Ratcliff. On comprend maintenant quels sont ces deux fantômes qui apparaissent parfois à William Ratcliff et à Marie, et qui s'approchent, sans se joindre jamais. Ce sont Édouard et Betty qui veulent et ne peuvent s'embrasser. William les rencontre à cette heure sur le seuil de la chambre de Marie ; quoiqu'il n'ait pu tuer en duel le troisième fiancé de sa maîtresse, il vient pourtant au château, poussé par ces deux ombres désolées et cédant à une force mystérieuse qui n'est autre que la Fatalité. C'est cette même Fatalité qui arme son bras contre Mac-Grégor et contre Marie elle-même, qu'il assassine, pour se tuer lui-même après. Pourquoi a-t-il assassiné Mac-Grégor ? Évidemment pour venger son père, quoiqu'il ne sache pas ce qu'il fait en le perçant de son épée ; mais la Fatalité, qui sait tout, dirige le bras du fils contre celui qui a tué le père. Pourquoi maintenant assassine-t-il aussi celle qu'il aime ? C'est ce qu'on comprend moins.

Mais toutes ces questions sont indiscrètes : la Fatalité

12.

agit et fait agir les personnages comme il lui plaît. Les passions, si furieuses qu'elles soient, raisonnent encore, bien ou mal, et on a toujours le droit de discuter un drame fondé sur la *fatalité logique* des passions ; mais on ne discute pas un « drame fataliste » : on n'a qu'à féliciter le poète d'avoir trouvé dans la Destinée une divinité si secourable qui conduit, à elle seule, toute l'intrigue et dispense l'heureux auteur de l'étude difficile des passions et des caractères.

Est-il besoin de faire remarquer que William Ratcliff, c'est encore Henri Heine ? Ainsi, qu'il nous transporte en Écosse ou en Espagne, dans *Ratcliff* comme dans *Almansor*, c'est l'auteur que nous découvrons sous le plaid écossais ou sous le manteau espagnol : il se joue lui-même dans ses drames, comme il se chantera lui même dans ses Lieder.

CHAPITRE X.

Le romantisme allemand.

Heine fut, dès ses débuts, un romantique. « Il a ses racines mêmes dans le romantisme », a dit le plus récent historien de la littérature allemande, M. W. Scherer (1). Plus tard, sans doute, l'élève de Guillaume Schlegel brûlera avec ostentation ce qu'il avait jadis adoré, mais il ne cessera pas d'adorer au fond du cœur ce qu'il vient de brûler. Le mot *romantique* devra donc revenir souvent, il a même été mainte fois employé dans cette étude : il est temps de l'expliquer et de faire connaître l'école qu'on a appelée de ce nom. C'est le seul moyen de savoir ce que Heine emprunta à cette école et ce qu'il ne dut qu'à lui-même.

Qu'est-ce donc que le romantisme allemand ?

I.

Le romantisme allemand n'est point une page isolée et qu'on peut lire à part dans l'histoire de la littérature ; cette page n'a de sens que pour celui qui a lu ou, tout au moins, parcouru les pages qui précèdent. L'esprit allemand, aux différentes époques de son histoire, a ressemblé à ce cavalier ivre dont parle Luther et qui ne sent le besoin de porter son corps à gauche que parce qu'il l'a trop incliné à droite. Ce ne sont, du milieu du dix-huitième siècle jusqu'à l'époque romantique, qu'actions et réactions, mouvements en

(1) « Heine wurzelte in der Romantik. » W. Scherer. (*Geschichte der deutsch. Literatur* p. 661.)

sens contraires qui se suivent et se déterminent les uns les autres, de sorte que, pour comprendre les revendications d'une époque, on doit connaître le régime littéraire qui l'a précédée et qu'elle prétend abolir ; et comme, à son tour, ce régime littéraire a sa raison d'être et son explication dans ce qui l'a précédé lui-même, il faut, de toute nécessité, remonter aux *principes* mêmes qui ont présidé à toutes ces révolutions du goût ; ces principes, tour à tour proclamés et combattus par les différentes écoles, nous permettront seuls de donner un sens relativement simple et clair à bien des querelles d'Allemand (1).

Mme de Staël dit dans son livre « de l'Allemagne » : « Si l'on n'admet pas que le paganisme et le christianisme... se sont partagé l'empire de la littérature, on ne parviendra jamais à juger sous un point de vue philosophique le goût antique et le goût moderne » (ou romantique). Rien n'est plus vrai, rien n'est plus commode aussi pour débrouiller le chaos des théories entassées par les écoles rivales en Allemagne, que ce principe si simple posé par Mme de Staël.

Le *classicisme allemand*, c'est le *paganisme* embrassé, soit comme une religion de l'âme, soit plutôt comme une simple religion artistique ; de même que le *romantisme allemand* c'est le *christianisme* et même le *mysticisme du moyen-âge* honorés et chantés par de vrais croyants ou par de simples artistes. On pourrait dire que les deux révolutions littéraires qu'on appelle la *Période d'assaut* et le *Romantisme*

(1) Les principaux auteurs qui se sont occupés du romantisme en Allemagne sont : M. Hettner, dans un petit volume intitulé : *L'École romantique dans ses rapports avec Gœthe et Schiller* (Braunschweig, 1850) ; M. Haym qui a fait, pour ainsi dire, un livre classique sur le romantisme : *l'École romantique (die Romantische Schule* ; Berlin, 1870), et enfin M. Brandes, *l'École romantique en Allemagne* (Leipzig, 1873); c'est le second volume des études si intéressantes de M. Brandes sur *Les grands courants littéraires au dix-neuvième siècle*. L'œuvre entière de ce libre et vigoureux esprit mériterait d'être traduite en français.

ont été deux croisades entreprises au nom du christianisme poétique et religieux à la fois ; la première a été dirigée (par Herder, puis par Gœthe et Schiller dans leur jeunesse) aussi bien contre le paganisme artistique de Winckelmann et de Lessing que contre le plat rationalisme de Nicolaï ; la seconde a été faite, au nom du mysticisme du moyen âge, contre celui qui était devenu alors « le grand païen », Gœthe, et contre son coreligionnaire en poésie, Schiller. On voit par là comment le romantisme allemand se rattache à « la période d'assaut » ; il y a une telle filiation et de si nombreuses analogies entre les deux époques, qu'on pourrait appeler la première *le pré-romantisme allemand*. C'est que, en définitive, ce qui domine dans ces différentes périodes littéraires qui vont du milieu du dix-huitième siècle au romantisme, c'est toujours *la lutte du paganisme classique et de la chevalerie chrétienne*. Semblables à ces héros du Walhalla germanique qui, blessés à mort, se relèvent pourtant et recommencent la bataille avec une nouvelle ardeur, le génie païen et le génie chrétien ressuscitent de même et tour à tour dans la littérature allemande, alors qu'ils semblaient vaincus et morts à jamais. L'antiquité, exaltée par Winckelmann et Lessing, recule, dans la jeunesse de Gœthe, devant la littérature nationale et chrétienne de « la période d'assaut », de ce que nous avons appelé pré-romantisme ; elle reparaît et triomphe durant l'âge mûr et « la période classique » de Gœthe, mais elle cède enfin la place à la poésie mystique du romantisme proprement dit.

Ainsi le Romantisme nous apparaît déjà comme une *réaction chrétienne contre le paganisme de Gœthe et de Schiller*. Mais, d'autre part, et les historiens n'ont pas toujours suffisamment montré cette double position du romantisme vis-à-vis des deux grands poètes de l'Allemagne, c'est *l'idéalisme* même de Gœthe et de Schiller qui a frayé la voie à l'école romantique. On pourrait dire, en empruntant aux Allemands leur vocabulaire, que le romantisme, par la *matière* de ses chants, à savoir le moyen âge et la chevalerie, tend à détruire, tandis que par sa *forme,* qui est l'idéalisme, il continue l'œuvre classique de Gœthe et de Schiller.

Un jugement rapide sur cette œuvre classique doit donc précéder et préparer toute étude un peu approfondie sur le romantisme.

C'est le propre du génie de concilier et de fondre dans une harmonie supérieure les tendances des écoles opposées : ainsi nos plus grands écrivains du dix-septième et du dix-huitième siècle ont su, comme on l'a dit (1), « maintenir l'équilibre entre deux tendances également fortes, parce qu'elles sont également intimes à l'esprit national, » l'esprit précieux et l'esprit gaulois. Gœthe et Schiller eurent, de même, ce merveilleux don du génie de réconcilier dans leurs œuvres harmonieuses deux écoles contraires et ennemies qui s'étaient succédé dans la littérature allemande : l'école du rationalisme et la littérature de « la période d'assaut » ; ils surent combiner les conquêtes les plus solides du rationalisme allemand avec les justes revendications de cette littérature « orageuse » dont ils avaient été, dans leur fougueuse jeunesse, les plus illustres représentants. Dans la période d'apaisement qui succéda pour eux à « la période de tempête et d'assaut » pendant laquelle ils avaient écrit Werther et les Brigands, ils conservèrent, ou pour me servir d'un mot allemand plus expressif, ils « sauvèrent » l'instinct et le sentiment que le froid et sec rationalisme d'un Nicolaï avait supprimés et qu'avaient ressuscités les écrivains de « la littérature d'assaut » ; mais en même temps ils disciplinèrent le sentiment et l'instinct : Werther et Carl Moor, au lieu de se tuer ou de tuer leur prochain, apprirent à se soumettre aux

<hr>

(1) M. Ferdinand Brunetière, *Nouvelles études critiques sur l'histoire de la littérature française,* Hachette, 1882, page 26.

lois sociales aussi bien qu'aux règles du goût qu'avaient
proclamées les rationalistes et sans lesquelles il n'y a ni
société viable, ni saine littérature. Gœthe, qui sentait très
bien alors que, pour le génie, le grand problème à résoudre
est de concilier les exigences de l'art avec la liberté de l'inspiration personnelle, d'unir en de justes proportions *le
sentiment* et *l'idée*, la matière et la forme, résolvait magnifiquement ce difficile problème en composant peu à peu et
le premier Faust et ses poésies lyriques : Faust, où, d'une
part, on apprend ce que valent la science et la philosophie
et où, d'autre part, on retrouve son cœur de vingt ans,
toutes les naïvetés et toutes les illusions du bel âge où, comme
Gretchen, on consultait les marguerites ; et les poésies lyriques, dont un critique moderne a fait précisément ressortir le
double mérite par ces mots qui terminent son livre et résu-
ment son jugement sur le poëte : « En réalité un seul objet
inspire Gœthe, c'est l'amour... Si l'amour a été le sujet le
plus familier à sa poésie, comme il fut la passion de sa vie,
il faut avouer qu'aucune matière n'était plus favorable à
son génie poétique. Cet accord des formes *sensibles* et des
idées, cette intime pénétration du monde des sens et de
celui de l'âme, n'est-ce pas à la fois le caractère de la poésie
de Gœthe et celui du véritable amour ?...... Les plus grands
artistes sont ceux qui savent concilier ainsi l'idéal et la
réalité : c'est cette fusion harmonieuse des deux éléments
indispensables à l'art qui nous enchante... dans les poésies
de Gœthe (1). »

Ainsi, dans la plupart des *Lieder* comme en général dans le
premier *Faust*, Gœthe tient la balance égale à la fois entre
l'idéal et le réel, entre la pensée et le sentiment. Et, de
même, Schiller, se demandant à quelles conditions on est

(1) E. Lichtenberger, *Étude sur les poésies lyriques de Gœthe.* 1re
édition ; Hachette, p. 437, 446.

vraiment un artiste, écrivait à Gœthe que « le poète doit s'élever au-dessus du réel sans jamais sortir du sensible ; l'œuvre d'art est à ce prix. Si, en voulant s'élever au dessus du réel, on abandonne aussi le sensible, on devient idéaliste ; on peut même, sur cette pente, se laisser aller à devenir fantaisiste. Au contraire ceux qui s'attachent trop au sensible risquent fort de rester enchaînés à la réalité et alors ils deviennent réalistes, voire même communs et ils tombent dans la banalité. Mais dans les deux cas, qu'on soit idéaliste ou réaliste, on n'a pas fait une véritable œuvre d'art. » Rien n'est plus vrai, rien n'est plus prophétique aussi, que ces paroles de Schiller : elles annoncent le romantisme et nous expliqueront comment il est né.

Entretenir en soi, et maintenir, pour ainsi dire, dans cet équilibre esthétique que recommande Schiller, à la fois le culte de l'idéal et l'amour de la réalité, et, pour cela, exercer harmonieusement toutes ses facultés, l'imagination aussi bien que la raison et les sens en même temps que l'esprit, c'est bien là le double but que poursuit Gœthe lorsqu'il s'efforce de développer en lui-même ce qu'il appelle « la pure et complète Humanité. » Mais quelle sera maintenant cette réalité sensible dont il faut s'inspirer, disait Schiller, pour faire une œuvre d'art, qu'on doit prendre, disait Gœthe, comme point de départ, comme base d'élan pour s'élever plus haut et devenir vraiment un homme ? Sera-ce la réalité qu'on a sous les yeux ? est-ce cette Allemagne morcelée et opprimée, sont-ce les mesquines querelles de ses deux ou trois cents souverains qui vont inspirer Gœthe et Schiller ? est-ce enfin dans l'âme d'un petit bourgeois de la petite ville de Weimar que Gœthe pourra étudier « l'Humanité complète », cet idéal grandiose qu'il essaie de réaliser dans ses œuvres et dans sa vie ? « Venez à Paris, » lui avait dit Napoléon, « on y a des idées plus larges sur le monde. » Ce n'est pas à Paris, mais à Rome

que Gœthe alla chercher de quoi « se renouveler et se compléter », suivant ses propres paroles. Quant il revint d'Italie, il était « un autre homme », dit-il encore ; il était, en
tous cas, un autre artiste. Plutôt réaliste dans la « période
d'assaut » avec Gœtz et Werther, il devient de plus en plus
idéaliste et amoureux de l'antiquité dans la période classique qui suit le voyage d'Italie, témoin Iphigénie et Tor-
quato Tasso. Le paganisme, voilà désormais la religion
de Gœthe ; la Grèce antique et ses poètes, voilà sa patrie et ses dieux. Mais ce qu'il essaie de dérober aux
Grecs, c'est surtout leur style, leur forme parfaite, car la
forme devient bientôt pour lui plus importante que le fond,
l'art savant lui paraît bien supérieur à l'inspiration spontanée ; ce qu'il poursuit, dit-il, c'est moins « la vérité naturelle » que « la vérité artistique ». La pureté des lignes et
la sérénité de la pensée, c'est là, pour Gœthe, ce qu'il faut
mettre désormais dans une œuvre d'art, bien plutôt que la
vie avec tous ses orages, car au poète *orageux* a succédé un
poète *idéaliste* qui s'élève de plus en plus au-dessus de cette
réalité sensible que Schiller recommandait au grand artiste
de ne jamais perdre de vue. Et Schiller lui-même, qui avait
été, dans ses drames de la période d'assaut, un poète de combat, ou, comme on l'a justement appelé, « le poète de la
liberté, » incline de plus en plus, surtout depuis qu'il est
devenu l'ami de Gœthe, à sacrifier, comme son ami, le fond
à la forme, la réalité, l'émotion personnelle et sincère à
l'art savant et à l'idéal grec : les « Dieux de la Grèce »,
« les Artistes, » « la Fiancée de Messine, » caractéri-
sent suffisamment cette phase païenne et idéaliste de son
génie.

Or l'*idéalisme* de Gœthe et de Schiller, c'est-à-dire, d'a-
près l'esthétique même de Schiller, l'art oubliant la « réalité
sensible », voilà la porte ouverte au romantisme qui ne
sera pas seulement l'oubli, mais le mépris de la réalité et

poussera l'idéalisme des deux grands héros de la littérature allemande jusqu'au *subjectivisme,* ce qui veut dire en bon français, jusqu'à la souveraineté absolue du sentiment et du caprice dans l'art et la poésie. L'idéalisme à outrance des romantiques sera l'exagération, poussée parfois jusqu'à la caricature, de l'idéalisme généreux, mais déjà excessif, de Gœthe et de Schiller.

II

On doit distinguer, dans le romantisme allemand, ce qu'il fut au début, des conséquences politiques et religieuses qu'en tirèrent plus tard les réactionnaires du parti. Il ne s'agit ici que du *romantisme littéraire ;* mais celui-là même ne peut être compris si on le sépare absolument du *romantisme philosophique,* car il vient un moment, avec Novalis par exemple, où les deux ne font plus qu'un. Pour nous qui nous proposons, non pas certes de tracer un tableau complet du romantisme, ce qui demanderait plusieurs volumes, mais de le faire connaître dans ses *principes* et dans quelques-unes de *ses œuvres les plus caractéristiques,* nous allons le suivre dans les *trois phases* qui nous paraissent être les plus importantes. Nous le verrons naître et se développer, sans se préoccuper de se définir lui-même, avec *Tieck* et *Wackenroder,* qui sont *de purs littérateurs ;* nous assisterons ensuite, avec le théoricien du parti, *Frédéric Schlégel,* à l'élaboration d'une *philosophie romantique ; Novalis* enfin nous offrira le couronnement du système dans une œuvre à *la fois poétique et philosophique* et nous serons sûrs alors d'avoir pénétré jusqu'au fond du romantisme puisque, d'après les Allemands eux-mêmes, son originalité, « sa pensée fondamentale est d'avoir uni intimement, d'avoir fondu ensemble la philosophie et la poésie. (1). »

C'est à *l'antiquité* que Gœthe, se détournant et se désintéressant de plus en plus de la réalité présente, avait demandé comment on fait des œuvres belles et harmonieuses : c'est vers le *moyen âge* que tournèrent surtout leurs regards les romantiques, ramenant en cela la littérature allemande à l'idéal, délaissé par Gœthe, de la « période d'assaut » : ils opposaient et préféraient à l'auteur d'Iphigénie, l'auteur, romantique avant la lettre, de Gœtz de Berlichingen, et le premier des romantiques, *Wackenroder*, célébrant avec l'enthousiasme de la foi les peintres religieux du moyen âge, rappelle tout à fait le jeune Gœthe dédiant aux mânes d'Erwin de Steinbach ses études sur l'architecture gothique.

On peut faire remonter *l'aurore du romantisme* aux pieux pèlerinages que les deux premiers romantiques, *Tieck* et *Wackenroder*, firent ensemble en 1793 à la ville gothique par excellence, Nüremberg. Ils se promenaient là en plein moyen âge : « Chaque maison était un monument du passé, chaque fontaine, chaque banc de pierre témoignaient de la vie tranquille et simple des ancêtres. Ici, c'était l'église de Saint-Sébald, là, l'église de Saint-Laurent et partout les chefs-d'œuvre d'Albert Dürer, de Vischer et de Krafft. La chaux n'avait pas encore rendu toutes les maisons uniformes et ternes. Celles-ci au contraire étalaient de tous côtés leurs images coloriées représentant les héros des légendes et de la poésie populaire... Dans toute la ville régnait une atmosphère de poésie que n'avait pas encore balayée, comme ailleurs, l'âpre vent du rationalisme... Plongés dans une véritable ivresse artistique, les

____

(1) Windelband, *Geschichte der neueren Philosophie*, II^{ter} Band ; Leipzig, 1880, p. 261.

deux amis visitaient les églises et les cimetières. Ils s'approchaient tout émus des tombeaux d'Albert Dürer et de Hans Sachs ; tout un monde évanoui ressuscitait à leurs yeux, et involontairement ils peuplaient ces rues et ces places publiques des créations de leur fantaisie (1). »

Qu'on se rappelle Gœthe en Italie, se détournant avec dégoût « de l'architecture babylonienne des églises entassées l'une sur l'autre » et n'ayant d'yeux que pour les statues antiques et les temples païens, et l'on devinera déjà combien vont être différentes l'une de l'autre la littérature classique et la littérature romantique inaugurées, ce qui est déjà caractéristique, la première, par un voyage en Italie, la seconde, par les pèlerinages de Nüremberg.

De ces pieuses et sentimentales promenades « dans les rues tortueuses » de Nüremberg naquirent les deux premiers ouvrages romantiques : « les Effusions de cœur d'un moine ami des arts, » de Wackenroder (1797) et « Sternbald », de Tieck (1798).

Le héros du roman de Wackenroder, Berglinger, est donc « un moine ami des arts », et, à ce double titre, il défend à la fois le *mysticisme du moyen âge* contre le rationalisme de Nicolaï et *l'art gothique* contre le paganisme de Winckelmann, de Lessing et de Gœthe. L'art ne fait qu'un à ses yeux avec la religion, car le seul but de l'art est de louer Dieu. Berglinger est lui-même un virtuose vraiment romantique : il est maître de chapelle et la vraie musique pour lui, c'est la musique d'église « qui retentit comme un éternel *Miserere*, dont les sons lents se traînent, comme des pèlerins chargés de péchés, dans les vallées profondes. » L'auteur lui-même, Wackenroder, était ivre de mélodie religieuse et il comparait son âme à une « harpe

---

(1) Ludwick Tieck, *Erinnerungen aus dem Leben des Dichters*, von *Rudolf Köpke* (Leipzig, Brockhaus, 1855) 1er Theil, 159.

dont les cordes vibraient à tous les vents du ciel. » Ainsi nous avons déjà dans le roman de Wackenroder quelques-uns des éléments essentiels du romantisme : le mysticisme, l'art religieux, la musique enfin qui sera l'art romantique par excellence.

Si le roman de Wackenroder avait ouvert le moyen âge artistique et religieux aux romantiques, le *Sternbald* de Tieck, qui vint un an après (1798), fut la première imitation du *Wilhelm Meister*, de Gœthe, et, à ce titre, il marque une date aussi importante que l'œuvre de son ami dans l'histoire du romantisme : *le Moyen âge et Wilhelm Meister* en effet, voilà les deux sources principales où vont puiser les romantiques. *Wilhelm Meister* exerça sur la littérature allemande une action beaucoup plus profonde et surtout plus durable que Werther : pour nous en tenir à l'école romantique, les trois romans les plus caractéristiques de cette école, *Sternbald*, de Tieck, *Lucinde*, de Schlegel, et *Ofterdingen*, de Novalis, procèdent directement du roman de Gœthe, qu'ils prétendent continuer ou réfuter. Sans rendre Gœthe responsable des exagérations et des folies auxquelles se laissèrent aller ses maladroits imitateurs, on ne peut cependant méconnaître dans les œuvres de ceux-ci l'influence considérable de *Wilhelm Meister*. Wilhelm, ce coureur d'idéal, qui ne veut connaître de la vie que les côtés poétiques, devient à la fin un homme d'action et un homme utile ; il proclame même que « là où on est utile, là est la patrie ». La philosophie du roman pourrait se résumer ainsi : comment l'idéal poétique finit par se réconcilier avec la réalité. C'est ce que constatait Schiller, lorsqu'il écrivait à Gœthe : « Wilhelm sort d'un idéal vide et indéterminé pour entrer dans une vie réelle et active. » Or, unir et fondre ensemble la réalité et la poésie, ou, suivant leur expression favorite, « poétiser la vie », voilà précisément le but suprême que poursuivront les romantiques. Mais tandis que dans *Wilhelm Meister* la réalité est poétisée par un génie qui connaît aussi bien les règles de l'art que les exigences de la vie et soumet aux unes et aux autres tous ses personnages, dans *Sternbald* au contraire, les règles de l'art sont remplacées par la fantaisie du poète et la vie avec ses exigences fait place au rêve et à tous ses caprices. Les personnages, dans le roman de Gœthe, ont du moins ce que les Allemands appellent une « vérité objective », ils vivent dans le monde extérieur et les événements de leur vie donnent un fond solide à toute leur histoire. Dans *Sternbald*, le lien qui rattache les unes aux autres les aventures du héros est tout « subjectif », c'est-à-dira n'existe que dans l'imagination de l'auteur, sa vie entière n'est qu'une succession de rêveries et de vrais rêves qui ne sont pas même liés entre eux. Mieux vaut rêver que vivre, sera la devise des romantiques, qui feront, à la lettre, du génie un divin paresseux. Que si, parfois, ils s'occupent de la prosaïque réalité, qu'ils aiment mieux d'ordinaire abandonner au vulgaire philistin, si ces messieurs de l'Empyrée daignent abaisser leurs regards vers la terre, alors le pays qu'ils peignent tous à l'envi et vers lequel leur âme s'élance, pleine d'impatience et de mélancolie à la fois (Sehnsucht), c'est le pays où les âmes vraiment poétiques veulent « vivre et mourir », le pays enfin « où fleurit l'oranger ». Qu'on ne croie pas, du reste, qu'ils aient jamais, comme Gœthe, l'idée de faire un voyage en Italie pour mieux connaître le pays de leurs rêves. Il est beaucoup plus romantique d'imaginer l'Italie que d'aller la voir ; ils sont sûrs, en restant chez eux, d'en faire une description vraiment « subjective », c'est-à-dire parfaitement imaginaire, ce qui est pour eux le comble de l'art. Et que le lecteur ne s'imagine pas que nous exagérons à plaisir : c'est en lui-même, dans sa pure fantaisie, que le poète romantique doit chercher la matière de ses chants, voire même de ses descriptions. Veut-on voir, par exemple, comment un héros de Tieck, William Lovell, nous décrit le Paris de 1795 ? « La ville est un tas de pierres irrégulier et chaotique ; tout Paris vous fait l'effet d'une prison... On parle et on bavarde des jours entiers sans dire une seule fois ce qu'on pense... Pour échapper à l'ennui, j'ai été quelquefois au théâtre : des tragédies pleines d'épigrammes, sans action ni sentiment, des tirades qui me rappelaient ces vieux tableaux où l'on peint les paroles des personnages...; dans ce grand et célèbre opéra de Paris je me suis endormi. » Sans insister sur les détails folâtres de cette peinture si parfaitement réussie comme peinture « subjective », nous ferons seulement remarquer qu'il fallait bien aimer le sommeil pour dormir même dans le Paris volcanique de 1795. Il est vrai que le sommeil est le royaume des rêves, et le poète est-il au fond autre chose qu'un rêveur ? (*Träumen ist dichten :* rêver, c'est faire œuvre de poésie.) A ce compte Sternbald est un parfait poète, car il ne se lasse pas de nous conter ses rêves, lesquels sont bien vraiment des contes à dormir debout.

Quand Sternbald ne rêve pas, il chante ; tout chante d'ailleurs autour de lui, les oiseaux, les ruisseaux et les arbres ; les instruments de musique eux-mêmes parlent tout seuls et on lit dans Sternbald les discours que fait une flûte. Dans un autre roman de Tieck, *la Belle Maguelonne*, le héros du roman, qui vient de parler pour la première fois à Maguelonne, n'entend plus rien autour de lui, car, dit l'auteur, « une musique intérieure dominait le bruissement des arbres et le clapotement de l'eau ». Mais cette musique intérieure est elle-même interrompue par une musique extérieure et réelle qui fait fondre en larmes le sensible amoureux ; puis il voit en esprit « la grâce de sa bien-aimée flotter sur les vagues argentées de la musique », il s'amuse à regarder comme « ces vagues baisent le bord de ses vêtements et courent à l'envi après elle. » Tout à coup la musique cesse,

mais aussitôt les arbres se remettent à bruire et les jets
d'eau à bavarder entre eux ; notre héros alors, pour faire
aussi sa partie, se met à chanter l'amour et ses transports ;
il s'endort à la fin du chapitre et il a naturellement « les
rêves les plus merveilleux. » Le lecteur demande grâce et
se récrie :

Cet homme assurément aime *trop* la musique.

Cet homme est un vrai romantique : la musique et la
rêverie, l'une portant l'autre partout où veut aller la fantaisie, des ruisseaux qui murmurent, des rossignols qui leur
répondent, des arbres qui fredonnent leurs amours, voilà un
concert tout à fait romantique : Mignon et le joueur de harpe
sont bien dépassés. Il est vrai que les innombrables Lieder de
Tieck ne valent pas à eux tous une seule strophe de la chanson
de Mignon. Tieck, qui est parfois un conteur intéressant,
spirituel même, est un assez mince poète : ce qui manque
à toutes ces poésies des romantiques, c'est, non seulement la
santé, non seulement la vie, mais la substance même, tant
les êtres créés par leur fantaisie sont incorporels, insaisis-
sables ! Guillaume Schlegel, comparant les Lieder incon-
sistants de Tieck et ses personnages, qui sont plutôt des ombres de personnages ayant des ombres de sentiments, avec
les figures plastiques qui se détachent en pleine lumière
dans les poésies de Gœthe, dit que les Lieder de Tieck
nous rappellent ceux du maître « comme les nuages amoncelés à l'horizon, et dont le bord seul est éclairé, nous font
songer un instant aux belles montagnes de neige et de glace
qui resplendissent dans le lointain. »

Des nuages amoncelés à l'horizon et doucement éclairés
par les lueurs mourantes d'un ciel du soir, c'est bien là le
fond ordinaire des tableaux romantiques.

III.

Avec *Frédéric Schlegel*, que Heine appelle « un profond penseur », le romantisme prend conscience de lui-même : il sait désormais ce qu'il veut et le dit dans un journal, *l'Atheneum* (fondé en 1798), qui sert de lien aux romantiques disséminés et isolés jusque-là. Frédéric Schlegel, qui déjà à Berlin a fait la connaissance de Tieck et fasciné littéralement Schleiermacher, devient vraiment, par la fondation de *l'Atheneum*, le chef et le professeur de philosophie des romantiques. On sait qu'il n'est rien de plus rare en Allemagne qu'un génie spontané et un pur poète ; la poésie semble y avoir fait un pacte avec la philosophie et trop souvent elle raisonne comme Hamlet, le héros favori des Allemands, au lieu de se borner à chanter comme l'oiseau chante. Ce qui prouve peut-être, plus que tous les autres exemples qu'on en pourrait donner, combien est irrésistible pour les poètes d'outre-Rhin la tentation de dogmatiser, c'est que les auteurs qui semblaient devoir rester les plus étrangers à toute philosophie, puisqu'on ne vit jamais chose plus légère et ailée qu'un poète romantique, sont précisément ceux qui se sont le plus empressés de vendre leur âme au démon de la métaphysique. Aucune école de poètes n'a plus philosophé que l'école romantique et celui qui veut bien comprendre les théories littéraires elles-mêmes de cette école, doit se résigner à ouvrir la *Doctrine de la science* de Fichte, car ce livre est l'évangile de tout bon romantique. La philosophie de Fichte et l'esthétique de Schiller, voilà le double point de départ du grand théoricien du romantisme, Frédéric Schlegel.

Que le lecteur ait donc le courage de nous suivre, un instant seulement, dans les obscures retraites où le moi transcendantal rend ses oracles : nous ferons tous nos efforts pour tenir notre lanterne allumée et pour faire parler au moi un langage littéraire et intelligible.

On sait ce que fut la grande réforme opérée par Kant dans la philosophie et appelée le Criticisme : au lieu de chercher, comme ses devanciers, ce que pourrait bien être le monde, il se demanda tout d'abord si nous avions réellement le pouvoir de connaître le monde et, pour le savoir, il soumit à un examen rigoureux nos facultés mêmes de connaître, il en fit la *critique*.

Fichte approfondit le problème, ainsi posé, jusqu'à ce qu'il arrivât à ce qu'il appelle la « racine unique » de nos facultés. Or cette « racine », cette faculté fondamentale, d'où sortent toutes nos connaissances, c'est l'activité du *moi*, que Fichte appelle encore l'imagination créatrice ; elle mérite bien cette épithète, car elle ne crée rien de moins que le monde.

Le monde n'est donc qu'une illusion : pour les romantiques aussi le monde extérieur ne sera qu'un rêve et, de même que la pensée du philosophe qui réfléchit sur le monde, l'imagination du poète qui se représente ce monde sera « le rêve d'un rêve » ; le mot est de Fichte, mais il convient on ne peut mieux aux romantiques : il est la définition même de ce que nous pouvons appeler maintenant, par anologie avec la philosophie de Fichte, leur *poésie transcendantale*.

Mais il faut faire un pas de plus dans la doctrine de Fichte si on veut connaître cette fameuse « ironie romantique » dont Schlegel a puisé l'idée dans la morale de notre philosophe. Dans la philosophie de Fichte, c'est l'idéal moral qui crée la réalité. Eh bien, *l'ironie* de Schlegel, c'est l'activité morale de Fichte transportée dans la poésie : pour Fichte, le moi tel qu'il *est*, c'est-à-dire le moi réel et fini, tend, sans y arriver jamais, à devenir le moi tel qu'il *doit* être, c'est-à-dire le moi moral et infini. Ce moi infini, c'est, pour Schlegel, le moi de l'artiste, *le moi génial* que l'artiste voudrait faire passer dans son œuvre ; mais cette œuvre n'est jamais que l'image d'un moi fini ; il y a donc toujours entre l'œuvre et l'artiste une distance infranchissable, ce qui fait que l'artiste est toujours *supérieur* à ses propres créations ; il est donc naturel qu'il regarde celles-ci avec dédain, avec *ironie.*

Aussi le moi génial des romantiques se garde bien d'épuiser toute sa force et d'enchaîner sa liberté à une œuvre quelconque : il « joue » avec son œuvre, lui donne la forme qu'il plaît à sa fantaisie d'imaginer, car il n'est point l'esclave des formes consacrées ni des genres établis ; il interrompra, tout à coup, son récit pour philosopher ou pour rêver, pour suivre des yeux le nuage flottant ou pour écouter l'herbe germer. Enfin il quittera le jeu quand il en sera dégoûté, il laissera volontiers son œuvre inachevée pour montrer avec quelle facilité il sait s'en déprendre et s'en rendre indépendant et le point final qui, brusquement, coupe court à une histoire commencée ne fera que mieux éclater toute la puissance d'ironie de l'auteur : se moquer de ses lecteurs et de soi-même, cela est non seulement permis mais recommandé dans le romantisme, qui est le règne du bon plaisir et du désordre en littérature (1).

IV.

Nous avons considéré successivement « le père du romantisme, » Tieck, et le théoricien du parti, Frédéric

(1) Nous avons étudié plus en détails les rapports entre la philosophie et la littérature romantique dans un article auquel nous prenons la liberté de renvoyer le lecteur : le *Romantisme allemand*, Annales de la Faculté des lettres de Bordeaux, 1885. N° 3.

Schlegel. Tieck est un pur littérateur, Schlegel est surtout un doctrinaire ; Novalis fut l'un et l'autre, il fut un poète philosophe, et, à ce double titre, il peut être regardé comme le représentant le plus complet du romantisme. Novalis n'est plus seulement idéaliste, il est hyperidéaliste : ses œuvres, littéraires ou philosophiques, sont de l'essence de romantisme. Si on analyse cette essence, si on recherche ce qui fait l'originalité de ce poète, on trouve au fond de ses œuvres trois choses différentes mais également subtiles, l'idéalisme de Fichte, la philosophie de la nature de Schelling, et un dernier élément absolument indéfinissable et irréductible, un je ne sais quoi qui n'a de nom que dans la langue allemande, le *Gemüth*, le sentiment, qui n'est pas loin d'être la sentimentalité. Nous essaierons cependant d'entrer dans ce Saint des Saints et de soulever un coin du voile qui cache aux regards profanes le *Gemüth* mystique de Novalis. Disons d'abord un mot de sa philosophie : c'est la seule manière de faire comprendre sa poésie.

Nous connaissons déjà l'idéalisme passablement intrépide de Fichte : Novalis trouva moyen d'idéaliser le fichthéisme lui-même. Frédéric Schlegel disait qu'il n'y avait que Novalis et lui qui fussent des idéalistes véritables et conséquents. « Le but le plus élevé de l'éducation, dit Novalis dans ses *Fragments,* est de se rendre maître de son moi transcendantal, de devenir le moi de son moi. » Voilà certes le fin du fin de l'idéalisme.

Nous n'essaierons pas de poursuivre dans ses derniers retranchements cette philosophie qui se replie de plus en plus sur elle-même jusqu'à réfléchir sur sa réflexion : le vrai philosophe ne parle plus désormais que pour lui-même, il se sert de ce que Novalis appelle le « langage intérieur du moi qui s'adresse au moi ». Gardons-nous donc de troubler la paix profonde de ses soliloques ; ne lui refusons pas le plaisir de créer le monde par le seul effet de sa pensée, et, ce monde une fois créé, voyons comment Novalis va nous le dépeindre. Mais, ici même, nous nous heurtons à une nouvelle philosophie. En face de la nature, Novalis se sent à la fois philosophe et poète, et il en parle comme Schelling, qui vient d'écrire en poète une « philosophie de la nature ».

La pensée fondamentale de cette philosophie, c'est l'harmonie parfaite qu'établit Schelling entre la nature et l'esprit : la nature n'est pas autre chose que « l'esprit visible », et ses créations successives ne font que reproduire dans leur marche naturelle les opérations de l'esprit.

Schelling, dans une mythologie d'un genre absolument nouveau, car c'est une mythologie voulue et raisonnée, essaie, à force de dialectique, de nous convertir à « l'antique et sainte foi naturelle » de ces premiers âges du monde où l'homme ne vivait pas seulement au milieu de la nature, mais où il sentait la nature vivre en lui et où la nature et l'homme se pénétraient l'un l'autre et ne faisaient qu'un dans l'intuition poétique. C'est justement cet idéal de l'esprit-nature que semble avoir réalisé dans ses œuvres Novalis. Cette âme du monde, dont parle Schelling, (*Weltseele*), Novalis la sentait vivre en lui, dans les profondeurs de son riche et poétique *Gemüth*. La nature, dit-il, ne livre son secret qu'au poète qui la contemple en lui-même, « dans les mille nuances de son *Gemüth* infini ». « Oh ! l'heureux temps, s'écrie un de ses héros, où les animaux, les arbres et les rochers parlaient avec l'homme ! » Novalis vit dans ces temps heureux ; il comprend les discours que tiennent, à qui sait les entendre, les fleurs et les arbres de la forêt ; il entend germer les brins d'herbe dans la plaine et gémir le bois mort dans le sentier sous les pas du voyageur indifférent. Plus la nature devient mystérieuse, plus elle semble vouloir échapper à la curiosité de l'homme, et plus aussi Novalis la connaît et l'aime et vit en elle : c'est surtout dans le silence de la nuit qu'il se plaît à s'en-

13.

tretenir avec elle et avec l'âme de ceux qui ne sont plus.
A l'heure où tout repose, il s'en va, rêveur et solitaire, à travers les grands bois tranquilles et, dans ses promenades
romantiques à la clarté de la lune, son cœur ne connaît
pas de plus ineffable volupté que de se laisser doucement
envahir par cette paix profonde qui tombe du ciel étoilé.
Pour méditer à loisir, il s'assied parfois au pied d'un arbre
et, de préférence, au bord d'une tombe, et dans le frémisse-
ment léger qui, par instants, agite le feuillage il croit entendre la respiration de la terre endormie ou les soupirs
de ceux qui sont sous terre. S'il a fait de la Nuit sa muse et
son amie, s'il la proclame la « reine du monde », c'est parce
qu'elle est la douce annonce de cette nuit éternelle où il
sera déchargé du travail de vivre, délivré des soucis mes-
quins et des occupations vulgaires que chaque matin apporte
avec lui ; la nuit, c'est l'aimable sœur de la mort, « la mes-
sagère silencieuse des secrets infinis » ; le sommeil qu'elle
répand, avec ses pavots, sur la terre fatiguée, est le divin
symbole du « rêve sans fin », et les songes que nous avons
ici-bas « sont des amis qui nous accompagnent dans notre
pèlerinage vers la paix de la tombe ».

« Sommeil saint et sacré ! ne sois point avare de tes faveurs envers ceux qui portent le poids du jour ! La route
est longue et la croix est lourde, et quand on s'est tenu
un instant sur la limite du monde, sur les confins de la vie,
c'est-à-dire quand on a goûté dans la nuit, par une antici-
pation bienheureuse, les charmes de la mort, on ne re-
tourne qu'avec tristesse dans la chaleur et la poussière du
jour : les initiés de la Nuit n'aspirent plus qu'à ceindre
leur front brûlant de la fraîche couronne du tombeau. »

Ces *Hymnes à la Nuit*, dont nous essayons de donner une
vague idée au lecteur, sont une œuvre étrange et étrange-
ment belle, dont rien n'approche dans la littérature française, ni peut-être même dans la littérature allemande, si

riche cependant en poèmes mystiques et en lyriques aspirations vers l'infini. La plupart de ces hymnes sont écrits en
prose, mais dans une prose qui a des ailes, et quand l'auteur,
se souvenant tout à coup qu'il est poète, se met à parler en
vers, rien ne paraît plus naturel que ce passage d'une langue à une autre ; il semble que c'est sa prose elle-même qui
prend son vol et s'élance, avec l'âme du poète, vers ces
demeures éternelles, cette vraie patrie où Novalis est impatient de rentrer après son exil sur cette terre.

C'est avec l'enthousiasme le plus sincère que Novalis célèbre ce qu'il appelle les délices de la mort (des Todes
Entzückungen), ce qu'un autre poète, Leopardi, appellera
d'un mot plus doux encore et plus harmonieux : « la genti-
lezza del morir ». Comme Leopardi, Novalis « n'attend
d'autre jour serein que celui où il penchera son visage endormi sur le sein virginal » de la mort, et, comme lui, s'il
chante la Mort, c'est parce qu'elle est la sœur de l'Amour.
Rien ne peint mieux l'âme de Novalis, et rien aussi ne raconte mieux l'histoire de sa vie que les beaux vers dans
lesquels Leopardi exprime les sentiments mêmes qui ont
inspiré à Novalis les *Hymnes à la Nuit.*

« O Mort, tu es ardemment implorée par l'amant désolé.
Que de fois, le soir et à l'aube, en étendant son corps fatigué, il se dit qu'il serait heureux, si jamais il ne se rele-
vait de là et s'il ne revoyait plus la lumière amère ! Et
souvent, au son de la cloche funèbre, aux chants qui conduisent les morts à l'éternel oubli, avec d'ardents soupirs poussés du fond du cœur, il envia celui qui s'en va habiter parmi
les trépassés (1) ! »

Mais tandis que l'incrédule et pessimiste Leopardi attend fièrement sa dernière heure, « le front haut et rejetant

(1) *Poésies et œuvres morales de Leopardi,* trad. par F. Aulard. Paris.
Lemerre, 1880, t. II, p. 46.

loin de lui ces vaines espérances avec lesquelles le monde se console comme un enfant, » le doux et pieux Novalis est impatient d'aller, à travers la mort, retrouver la bien-aimée qu'il pleure ici-bas et à laquelle son cœur s'est fiancé pour l'éternité.

Mais qui donc était cette fiancée qui lui fit répandre tant de larmes et à laquelle il resta toujours fidèle? C'est ici qu'il faut admirer la toute-puissance du *Gemüth* et reconnaître, avec Novalis, que le poète romantique est un vrai « magicien ». Mlle Sophie de Kühn était âgée de douze ans, le lecteur a bien lu, lorsque Novalis devint amoureux d'elle. Elle mourut deux ans après avoir allumé dans le cœur de Novalis une passion qui ne devait s'éteindre qu'avec la vie de son malheureux amant. Sans doute Novalis, qui songea longtemps à se donner la mort, se fiança peu de temps après avec Mlle de Charpentier, mais les deux bien-aimées n'en faisaient qu'une pour son *Gemüth*. C'était Sophie qu'il aimait dans Mlle de Charpentier, de même que le héros de son roman, *Henri d'Ofterdingen*, retrouvait sa chère Mathilde, qu'il aimait, dans Mlle de Cyane, qu'il épousait ; les différences de temps et de personnes s'effacent et disparaissent dans l'unité du *Gemüth*, du sentiment intime, qui est tout dans la vie comme dans la poésie, car la vie n'est ou, en tous cas, ne doit être, pour un romantique conséquent, qu'un rêve poétique.

On sait quels longs voyages le moi de Fichte devait faire à travers le monde avant de pouvoir, comme Ulysse, rentrer chez lui, prendre possession et conscience de lui-même. *Henri d'Ofterdingen*, ce jeune poète à la recherche de l'idéal, voyage de même, muni d'un précieux *Gemüth* qui transforme et embellit toutes les contrées qu'il parcourt et tous les êtres qu'il rencontre sur sa route. Mais Henri a beau passer d'un pays à l'autre, s'enfoncer dans les bois les plus mystérieux, interroger les bardes ou les ermites qui peuplent ces bois et semblent l'attendre au passage pour lui chanter les plus mystiques chansons et lui raconter les histoires les plus extraordinaires, personne ne peut lui dire où est cette *fleur bleue*, cet idéal, à la conquête duquel il est parti comme d'autres partirent jadis à la recherche du Saint-Graal. Il comprend, à la fin, que le mot de l'énigme, que cet au delà vers lequel tendent tous ses pas comme toutes les aspirations de son âme, c'est en lui-même qu'il le trouvera, s'il sait écouter la voix intérieure, et alors il prend le parti, comme le moi de Fichte, de mettre un terme à sa longue Odyssée et de rentrer chez lui, c'est-à-dire dans son *Gemüth*. Le *Gemüth*, c'est là, on le voit, le premier et le dernier mot de l'œuvre entière de Novalis ; il disait lui-même que son œuvre était l'apothéose de la poésie, on peut dire avec plus de précision qu'elle est l'apothéose du *Gemüth* poétique. Le *Gemüth*, ce n'est pas seulement « ce qu'il y de meilleur dans l'homme » : c'est aussi « le principe de vie en lui et *hors de lui* », c'est la lumière du monde, car c'est lui « qui colore les objets et les fait apparaître dans leur riche et séduisante variété ». On reconnaît ici cette identification de l'esprit et de la nature, du sujet et de l'objet, où aboutit la philosophie de Schelling. « Le poète, dit en propres termes Novalis, représente, au sens le plus exact du mot, le sujet-objet : le *Gemüth* et le monde ne font qu'un. » On comprend dès lors pourquoi le conte fut si en honneur chez les romantiques et en particulier chez Novalis : le conte anime la nature entière, il donne une voix aux fleurs et de l'esprit aux animaux, il fait de ceux-ci les compagnons ou les ennemis de l'homme il se meut, en un mot, dans ce passé lointain, cher aux romantiques, où la nature, s'élevant, dit-on, au-dessus de la pure matière, et parlant aux hommes leur langage, semblait réaliser les théories de Schelling pour qui la nature était « l'esprit qui commence à naître ».

Ah ! l'heureux temps que celui de ces fables ! Les plus merveilleuses sont celles que Novalis raconte avec le plus de sérieux et de foi poétique ; celle qui l'enchante le plus et lui inspire aussi ses meilleures pages, c'est la fable d'A-rion, bien faite pour plaire aux romantiques, car la musique y joue le principal rôle : elle sauve un poète et lui gagne l'amitié d'un dauphin. Dans les *Disciples de Saïs*, un jeune adolescent aime la fille de son voisin ; il s'appelle Hyacinthe et sa bien-aimée a nom Rosette. Avons-nous affaire à des personnes ou à des fleurs ? Qu'importe, puisque la nature est l'esprit visible et l'esprit, la nature invisible, suivant la formule de Schelling, et puisque « l'âme du monde » (l'expression est dans Novalis aussi bien que dans Schelling) vit et respire, ici agrandie, là diminuée, la même pourtant et toujours une, dans tous les êtres de la création. Qu'on ne s'étonne donc pas d'entendre la violette raconter tout bas à la fraise les amours d'Hyacinthe et la fraise répéter à la groseille ce secret qui est bientôt su de toute la forêt ; si bien que, lorsque Hyacinthe passe, il entend sortir de tous les buissons ce cri railleur : Rosette est mon petit trésor ! On le voit, si Schelling a écrit la philosophie, son disciple Novalis a raconté le roman de la Nature. Enfin l'idéal lui-même, l'idéal de la vie aussi bien que l'idéal de la poésie, sont une même chose pour cette « poétisation de la vie » qu'on appelle le Romantisme : cet idéal, que cherchent également à travers le monde Wilhelm Meister, Sternbald et Henri d'Ofterdingen, n'a-t-il pas pour symbole, dans la poésie de Novalis, une fleur, cette fleur bleue que le jeune Ofterdingen a vue en rêve dès les premières pages du roman, et dont il ne sait qu'une chose, c'est qu'elle était « haute et d'un bleu clair, et que, lorsqu'elle se penchait, on voyait au fond de son calice sourire un gracieux et tendre visage. » Une fleur qui n'a pas de nom, mais qui est en revanche une fleur animée, c'est bien là le symbole qui convient à une poésie qu'inspirèrent à la fois le vague et insaisissable *Gemüth* de Novalis, et l'hylozoïsme de Schelling et des romantiques.

Heine raconte, dans son livre sur « l'Allemagne », qu'une jeune fille blanche, élancée, aux yeux bleus et sérieux et aux cheveux blonds, lui donna un jour un livre de maroquin rouge à tranches dorées : c'était le roman de Novalis, *Henri d'Ofterdingen*. « Cette jeune fille, image fidèle de la Muse douce et pensive de Novalis, portait toujours, nous dit Heine, une robe bleue, et elle se nommait Sophie. Elle vivait à quelques lieues de Gœttingue, chez sa sœur qui était maîtresse de poste ;... elle était pâle et délicate comme une sensitive et ses paroles étaient si parfumées, si harmonieuses ! Quand on les mettait ensemble, elles devenaient tout naturellement des vers. J'ai noté plusieurs choses qu'elle m'a dites : ce sont de singulières poésies tout à fait à la manière de Novalis, mais encore plus spiritualisées et plus éclatantes. Une de ces poésies, qu'elle me disait lorsque je lui fis mes adieux en partant pour l'Italie, m'est particulièrement chère. Une nuit d'automne, dans un jardin où une fête s'était terminée par une illumination, on entend un colloque entre le dernier lampion, la dernière rose et un cygne sauvage. Les brouillards du matin s'élèvent, la dernière lampe s'éteint, la rose s'effeuille, et le cygne, ouvrant ses ailes blanches, s'envole vers le sud.

Lorsque, vers la fin de l'automne de 1828, je revins à Gœttingue, Mlle Sophie était à la fenêtre et lisait ; et lorsque je montai vers elle, je retrouvai dans ses mains le volume de maroquin rouge à tranches dorées, le roman de Novalis, *Henri d'Ofterdingen*. Elle avait toujours lu et sans cesse dans ce livre : aussi elle ressemblait à une ombre. Sa beauté était toute céleste, et sa vue excitait une douce douleur. Je pris ses deux mains pâles et amaigries dans les miennes et je lui demandai : « Mademoiselle Sophie, com-

« ment vous portez-vous ? — Je suis bien, répondit-elle ; et
« bientôt je serai mieux encore ! » Et elle me montra par la
fenêtre, dans le nouveau cimetière, un petit monticule peu
éloigné de la maison ; sur cette éminence chenue s'élevait
un petit peuplier mince et desséché ; on n'y voyait que
quelques feuilles qui tremblotaient au souffle du vent d'automne. Ce n'était pas un arbre : c'était le fantôme d'un
arbre. »

C'est dans ses « Fragments » que Novalis nous explique
la philosophie de ses romans, ses idées sur le monde et sur
l'essence de l'art. Il y parle en vrai disciple de Schelling
et il pousse à l'absurde les analogies entre la matière et
l'esprit qu'avait mises à la mode la « Philosophie de la
nature ». On n'imagine pas la quantité de choses hété-
rogènes que Novalis rapproche et fond les unes dans les
autres ; il vaut la peine, ne serait-ce que pour se dérider
un peu au sortir de la nuit des tombeaux où se complaît
la pensée du poète, de feuilleter ces Fragments, où les iden-
tifications les plus inattendues et les rapprochements les
plus burlesques sont présentés avec cette candeur et cette
gravité inimitables de certains philosophes allemands.

Ainsi, on apprend avec étonnement que « les mots abs-
traits sont des espèces de gaz dans la famille des mots » ;
et que : « les plantes sont les jeunes filles, et les animaux,
les garçons de la création ».

Savait-on encore que « l'eau est de la flamme mouillée » ?
et que : « toute maladie est un problème musical » ? On
lit ailleurs, *risum teneatis !* que « parler, c'est féconder,
écouter c'est... » le contraire. Quelles piquantes révélations
attendaient le lecteur, si Novalis eût traité, dans un chapitre spécial, ce qu'il n'a fait malheureusement qu'indiquer
dans cet aphorisme plein d'originalité : « tolérance et cosmopolitisme des fleurs ». Comme on est fier d'apprendre
que « l'homme est un soleil et ses sens, des planètes ». No-

valis se demande avec le plus grand sérieux si on ne devrait pas essayer de « guérir des maladies par d'autres maladies ». Heureusement pour l'humanité, Novalis n'était que minéralogiste : il n'eut jamais à résoudre de « problème musical » sur un malade.

Comme on comprend, après avoir lu de telles sottises, l'indignation de Hegel contre les romantiques qu'il accusait, dans son style familier, d'écrire des œuvres qui n'étaient ni de la poésie, ni de la philosophie, « ni chair, ni poisson ! »

« Toutes vos analogies, leur disait-il encore dans « l'Introduction à la Phénoménologie », sont le fait de votre ignorance. Vous marchez dans la nuit : il n'est pas étonnant que vous trouviez que toutes les vaches sont noires. Vous faites passer, comme un prestidigitateur, une chose dans l'autre, et dans toute votre philosophie de la nature il n'y a qu'un procédé bien simple et bien commode, il n'y a qu'une ficelle (Pfiff) : c'est l'escamotage. »

Ce qui porta malheur à l'école romantique, à cette école de brouillons qui mêlèrent tous les genres et confondirent les objets les plus disparates, ce fut d'oublier qu'avant eux un écrivain, du nom de Lessing, avait écrit un livre immortel, *Laocoon*, pour rappeler à ceux qui faisaient semblant de l'ignorer, aux pré-romantiques qui voyaient déjà dans l'architecture « une poésie gelée », que les arts sont séparés les uns des autres par des frontières naturelles et que les poètes, qui veulent franchir ces frontières et empiéter sur un art voisin, ne font jamais que de la poésie de contrebande, comme est la poésie musicale des romantiques. Et, sans remonter jusqu'à Lessing, les romantiques auraient dû se souvenir que le plus illustre de leurs contemporains, dans ce Wilhelm Meister qu'ils prétendaient compléter, s'inspirait sans cesse de la réalité et souvent de la réalité la plus bourgeoise, et que, lors même que Gœthe avait eu le tort, dans ses tragédies antiques, de se tenir trop au-dessus de la réalité et de la vie, il donnait du moins à tous ses personnages des figures distinctes et presque sculpturales. Mais, bien loin de s'inspirer, comme Gœthe, de la sculpture grecque, les romantiques aimaient mieux imiter les peintures naïves de ces vieux maîtres du moyen âge qui, faute de perspective, mettaient tout sur le même plan, faisaient des arbres plus grands que des églises et plaçaient dans un même endroit des animaux et des personnes qui ne s'étaient jamais vus que dans leurs tableaux. De même, on n'imagine pas tout ce que Novalis sait faire entrer dans un paysage romantique. Il trouvait que Wilhelm Meister était « antipoétique au suprême degré » et c'est pour montrer ce qu'aurait dû faire Gœthe, s'il eût été moins « pratique » et moins réaliste, qu'il avait écrit *Henri d'Ofterdingen* : il est certain, en effet, que Gœthe n'a jamais décrit ni rêvé des paysages aussi merveilleux que celui-ci : « Arrivés sur une hauteur, ils virent un pays vraiment *romantique* : il était rempli de villes et de châteux forts, de temples et de tombeaux, et il joignait, à l'attrait puissant des plaines habitées la séduisante horreur des solitudes et des rochers abrupts. Les plus belles couleurs s'y mêlaient le plus heureusement du monde. Les pointes des montagnes brillaient comme des feux aériens avec leurs manteaux de neige et de glace. La plaine riait dans son frais gazon. L'horizon se parait de toutes les nuances du bleu, et de la sombre mer sortaient et flottaient au vent les mille banderoles de flottes sans nombre. Là, on voyait un naufrage dans le fond, et, plus en avant, c'était un gai repas champêtre de villageois ; ici, la superbe et terrifiante explosion d'un volcan, les ravages d'un tremblement de terre ; tout à fait sur le devant de la scène, un couple amoureux à l'ombre d'un arbre et se faisant les plus douces caresses. Dans un coin du tableau c'était une bataille et, au-dessous, un théâtre plein des masques les plus divertissants. De l'autre côté, le cadavre d'une jeune fille sur une bière que suivait un amant inconsolable, les parents pleuraient à côté de lui ; tout derrière une tendre mère pressait un enfant sur son sein, des anges étaient assis à ses pieds ou la regardaient à travers les branches d'un arbre... »

Le lecteur se demande sans doute où donc Novalis avait pu voir un paysage si varié : dans son *Gemüth,* dans sa fantaisie poétique et sentimentale, qui lui offrait sans cesse les plus agréables passe-temps, en lui représentant un monde autrement riche et romantique que le monde des sens.

Heureux homme! qui avait à sa disposition une si amusante lanterne magique dans laquelle il pouvait, dès qu'il voulait, embrasser d'un regard toutes les beautés de la nature entière. Se souvient-on de ce poète extraordinaire qu'Asmodée montra, du haut de la tour de San-Salvador, au licencié don Leandro? Il mettait la dernière main à une tragédie, intitulée *le Déluge universel,* dont l'action se passait dans l'arche de Noé. Voilà une tragédie que les romantiques ont oublié de faire ; ils auraient eu sous la main toutes les bêtes de la création et ils n'auraient pas manqué de leur faire parler un naïf et poétique langage. Ce n'est pas qu'on ne puisse trouver bien des arches de Noé dans leurs poèmes : seulement elles ont été faites à Nuremberg, la ville gothique par excellence, d'où ils ont tiré tous leurs jouets romantiques. Que de fois, en effet, en parcourant certaines œuvres plus que naïves de ces innocents poètes, il nous a semblé voir des enfants s'amusant à construire, sur une table, de jolis petits paysages avec des arbres peints, une lune en carton et des petites bêtes en bois ; précisément, dans les lignes qui précèdent la citation de Novalis faite plus haut, on entre dans un jardin, tout plein de magnifiques châteaux, au pied desquels on voit défiler « des troupeaux de petits moutons avec des toisons tantôt blanches comme neige, tantôt dorées et tantôt rose tendre »; un petit bois est peuplé des « animaux les plus merveilleux », et plus loin on voit courir « les plus singulières voitures ». Lorsque Schiller avait dit que la poésie était un jeu, il n'entendait pas par là qu'elle devait être un jeu d'enfants. Dans sa fameuse lettre à Gœthe sur les conditions du grand art, ce même Schiller semblait avoir prévu, longtemps avant qu'il y eût une école romantique, tous ces enfantillages auxquels s'amuserait un jour cette école, sous prétexte de faire de l'art pour l'art, de l'art purement subjectif. Malheur à ceux, disait Schiller, qui quittent le terrain de la réalité sensible, s'ils ont « un esprit faible ». L'épithète est dure : elle convient à l'esprit romantique.

Une vieille chambrière, raconte Heine dans son livre sur l'Allemagne, remarqua un jour que sa maîtresse possédait un élixir merveilleux qui rendait la jeunesse. En l'absence de sa maîtresse, elle s'empara de la fiole; mais, au lieu d'en prendre quelques gouttes, elle but si bien qu'elle revint, non pas seulement à la jeunesse, mais à la plus tendre enfance.

Si encore les romantiques étaient de vrais enfants ! Mais la littérature allemande (qui d'ailleurs n'a jamais eu de véritable jeunesse, étant venue trop tard et après tant d'autres dans un monde déjà vieux), ne pouvait pas, en plein dix-neuvième siècle, retrouver l'aimable simplicité des temps anciens, ni ressusciter l'enthousiasme religieux et la naïve candeur des poètes du moyen âge; l'ère de la chevalerie était close depuis longtemps, quand le noble baron de la Motte-Fouqué évoqua sur sa lyre les vieux troubadours et les belles châtelaines; aussi ne réussit-il à être, comme ses compagnons d'armes, les romantiques, qu'un Don Quichotte littéraire; ses châtelaines ne sont guère, dit Heine, que « des poupées dont la chevelure dorée descend avec grâce sur leur visage de roses ».

N'est pas enfant qui veut : les prétendus enfantillages

des romantiques ne sont, le plus souvent, que les puérilités niaises et les petites manières d'un pédant qui veut faire l'enfant, à moins qu'elles ne rappellent les grâces douteuses d'Atta-Troll dansant la gavotte au clair de lune dans la vallée de Roncevaux, tandis que ses fils, les oursons, le contemplent gravement, le museau attentif et muets d'admiration.

Si on excepte quelques œuvres très courtes, qui méritaient d'échapper au naufrage, telles que *la Rose enchantée* d'Ernest Schulze, *Ondine*, de la Motte-Fouqué, deux ou trois contes de Tieck et surtout le petit roman d'*Un vaurien*, d'Eichendorff, tout le reste, et c'est là son plus grand défaut, manque de naïveté. Comme dans la philosophie de la nature, de Schelling, où tout est le produit de deux principes ou « pôles opposés », c'était, dans le romantisme, la combinaison de deux choses contraires, la poésie et la réflexion, qui devait faire l'originalité de la nouvelle école : mais, ainsi qu'il arrive toujours dans ces mariages de raison que conclut trop souvent la poésie allemande, la réflexion intervint, non pour guider simplement la poésie et lui enseigner les règles éternelles du bon sens et du bon goût, mais pour lui souffler les maximes les plus pédantesques et les moins poétiques et pour lui rappeler, au moment même où elle faisait si bien de l'oublier, qu'elle avait fait sa philosophie avec Fichte et avec Schelling. De là des fantaisies légères, écrites gravement en un style de plomb et, inversement, les principes littéraires les mieux établis et les idées morales les plus respectables tournées en ridicule par des fous de sens rassis, qui sont trop raisonnables pour nous faire rire, et trop baroques pour nous faire penser : ni le sérieux ordinaire du philosophe allemand, ni la franche gaieté du vrai Gaulois ; je ne sais quoi d'insensé et d'ennuyeux à la fois, quelque chose comme un morne carnaval conduit par des gens qui ne savent pas rire, sous le ciel brumeux et dans les froides rues de quelque ville allemande du Nord.

CHAPITRE XI.

Le « dernier des romantiques ». — L'Intermezzo.

Dans un article de revue, écrit en 1820, pour défendre le romantisme contre les attaques d'un certain M. de Blomberg, Heine s'exprimait ainsi : « Quand le christianisme, transfigurant les âmes, les fit frémir au contact des idées d'amour et de bonheur ineffable, alors les hommes éprouvèrent le besoin d'exprimer, de chanter ces frémissements intimes, cette mélancolie infinie, qui est en même temps une volupté immense... Ainsi naquit la poésie romantique... qui s'épanouit toute gracieuse sur le sol allemand et déploya ses fleurs éblouissantes. Les images du romantisme doivent, il est vrai, éveiller les idées plutôt que les fixer avec précision. Mais jamais et nulle part je n'honorerai du nom de vrai romantisme ce que beaucoup prennent pour tel, savoir, un certain mélange d'émail espagnol, de brouillard écossais et de clinquant italien, *images vagues et confuses*, projetées en quelque sorte comme d'une *lanterne magique* (c'est justement la comparaison que nous ont suggérée les paysages invraisemblables de Novalis), et qui, par le jeu de leurs couleurs bigarrées, frappées d'éclats de lumière *fantastiques*, produisent sur l'esprit je ne sais quel *étourdissement bizarre*. Au contraire, pour réveiller ces sentiments romantiques, il faut des images *aussi claires*, aussi *nettement dessinées* que celles de la *poésie plastique*... Dans le « Faust » et les « Lieder » de Gœthe, on remarque les mêmes *linéaments purs* que dans son   Iphigénie », dans « Hermann et Dorothée », dans les « Élégies » (1).

(1) Cet article parut en 1820 dans une revue intitulée : *Reinischwestfä-*

Dans ce remarquable article écrit, ne l'oublions pas, par un jeune homme qui avait à peine vingt ans, Heine, tout épris qu'il fût, à cet âge, de romantisme, de « mélancolie infinie » et de clairs de lune, n'en découvre pas moins avec beaucoup de clairvoyance ce qui manque aux romantiques : linéaments purs, clarté des images, netteté du dessin, poésie plastique en un mot, toutes choses que nous allons justement rencontrer dans l'*Intermezzo* et qui établiront l'éclatante supériorité de Heine sur ses premiers maîtres.

Mais cette appréciation sévère et très juste du romantisme, Heine n'en serait-il pas redevable, quelqu'étonnant que cela puisse paraître au premier abord, à un des chefs mêmes de l'école romantique, à Guillaume Schlegel ? L'article de Heine a été écrit dans l'été de 1820 et, à cette date, il était encore à Bonn, profitant à la fois des leçons et des conseils de Schlegel qui, nous le savons, s'intéressait aux essais poétiques du jeune étudiant. Or, personne n'a vu plus tôt ni dit plus clairement les défauts du romantisme que Guillaume Schlegel, critique très pénétrant et très clairvoyant, malgré ses erreurs et ses injustices à l'égard de nos grands écrivains dramatiques. Dès 1806, il faisait la guerre à « la fantaisie qui joue avec elle-même et rêve sans cesse et se perd dans le maniéré, l'artificiel et les jeux de mots... Mais à la fin, dit-il en propres termes, le cœur réclame de nouveau ses droits, car dans l'art comme dans la vie, *c'est ce qui est le plus simple et le plus près de nous qui est en définitive ce qu'il y a de plus haut* (1). » Dédaigner ces frivolités littéraires et ces jeux d'une fantaisie débridée, où se complaisaient les romantiques, rendre au cœur ses droits et

lischer Anzeiger. On le trouvera au t. XIII des *Œuvres complètes* (p. 15-19) et dans le volume de l'édition française intitulé : *Drames et Fantaisies*, p. 389.

(1) A. W. Schlegel's Sämmtliche Werke, herausgegeben von Ed. Böcking, 1846 (VIII, 144.)

sa souveraineté, puisque c'est de lui que viennent les plus simples, c'est-à-dire, d'après Schlegel, les plus grandes pensées, voilà peut-être ce qu'enseignait à l'étudiant de Bonn son maître en poésie, voilà, dans tous les cas, ce qu'a fait à merveille le génie de Heine dans l'*Intermède lyrique* (1).

Mais d'abord pourquoi ce titre énigmatique d'*Intermezzo*? Heine semble n'avoir considéré d'abord ce petit poème, paru en même temps que ses deux tragédies, que comme un délassement poétique qu'il s'offrait à lui-même et qu'il offrait à ses lecteurs, une halte entre deux travaux de plus longue haleine et plus importants alors à ses yeux ; ne l'avons-nous pas entendu faire plus de cas de ses tragédies que de ses Lieder ? Il raconte quelque part qu'un jour, ayant félicité Paganini, qui venait d'enlever les applaudissements de toute une salle, il en reçut cette réponse : « Mais que dites-vous de ma façon de saluer ? » Nous ne mettons certes pas sur la même ligne les saluts de Paganini et les tragédies de Heine ; mais nous n'hésitons pas à préférer ses entr'actes à ses drames eux-mêmes, quand les premiers s'appellent l'*Intermède lyrique* et dussent les seconds s'appeler *Ratcliff* et *Almansor*.

C'est le poète lui-même qui va nous dire, dans des vers célèbres, quel est le sujet de l'*Intermezzo* : « Un jeune homme aime une jeune fille, laquelle en a choisi un autre ; cet autre en aime une autre et il s'est marié avec elle. — De dépit, la jeune fille épouse le premier freluquet venu qu'elle rencontre sur son chemin ; le jeune homme en est tout malheureux (2). »

____

(1) Dans ce même article, Heine disait de Schlegel : « Les poésies romantiques de Schlegel se distinguent *par les mêmes contours sûrs et précis* que son poème vraiment plastique intitulé : *Rome*. Avis à ceux qui s'appellent si volontiers disciples de Schlegel. »

(2)   Ein Jüngling liebt ein Mädchen,
       Die hat einen Andern erwählt ;

L'*Intermezzo* est précisément le récit de cet amour malheureux. Heine semble avoir disposé les différents morceaux de ce poème dans un ordre qui n'a sans doute rien de rigoureux, mais qui nous fait assister aux diverses péripéties du drame qui se joue entre les deux amants : l'amour naît dans le cœur du poète avec les premiers beaux jours du mois de mai ; il déclare sa passion et n'est point repoussé. On échange des aveux et même des baisers ; puis, tout à coup, la jeune fille se marie et le cœur du poète « se brise en deux », et, dans les strophes qui vont suivre, il exhalera son amère douleur.

On lui avait « juré » un amour éternel et cet amour a vécu ce que vivent les fleurs : il est né au printemps ; quand vient l'automne, quand les « premières feuilles tombent », on se sépare et pour toujours. Le poète trahi ne se répandra pourtant pas en cris de rage et en folles malédictions : quand il a dit adieu à sa bien-aimée, « il n'a pas pleuré, il n'a pas même dit : hélas ! » sa blessure n'en est que plus profonde, et ce qui met le comble à son désespoir, c'est le souvenir, à la fois odieux et charmant, des beaux jours envolés. Il maudit et bénit à la fois dans une même strophe la belle maîtresse aux « regards si faux et si doux » ; il s'encourage à « supporter » le mal qu'on lui a fait, à oublier surtout « la chère folle »; mais... elle était si jolie avec « sa petite bouche et ses yeux bleus enchanteurs » et « sa petite tête blonde » qu'il a jadis couverte de baisers ! Il la voit partout, il la pleure et la désire

> Der Andre liebt eine Andre,
> Und hat sich mit Dieser vermählt.
>
> Das Mädchen heirathet aus Aerger
> Den ersten, besten Mann,
> Der ihr in den Weg gelaufen ;
> Der Jüngling ist übel dran.
>
> (Intermezzo, XXXIX.)

14

jusque dans ses rêves, lesquels nous montrent sans cesse le même fantôme, séduisant et effrayant tour à tour, de la bien-aimée, et ses chants nous apparaissent alors comme un brûlant et adorable commentaire des vers fameux de Dante :

> Nessun maggior dolore,
> Che ricordarsi del tempo felice,
> Nella miseria; et ciò sa 'l tuo dottore (1).

On le voit, il n'est pas d'histoire plus simple et plus ordinaire que celle qui fait le fond de l'*Intermède*. L'auteur le déclare lui-même : « C'est une vieille histoire, » dit-il; mais c'est justement pour cela qu'elle nous intéresse et qu'elle trouve un écho dans le cœur de tous. C'est à tous, en effet, que s'adresse Heine, à tous ceux du moins qui ont aimé et souffert. A la foule, innombrable, hélas! de ceux et de celles qui ont passé par la voie douloureuse il semble montrer sa blessure et leur dire, comme Dante : « Vous qui passez par la voie de l'amour, soyez attentifs, regardez s'il fut jamais douleur comparable à la mienne (2). »

Ce qui frappe, tout d'abord, dans les Lieder de l'*Intermède,* c'est leur extrême simplicité : une idée naïve et un sentiment sincère exprimés en deux ou trois strophes très courtes, c'est avec cela que Heine réussit à nous faire rêver

---

(1) Dante, *Dell'Inferno*, canto quinto, 121. On connaît les vers d'A. de Musset :

> Dante, pourquoi dis-tu qu'il « n'est pire misère
> Qu'un souvenir heureux dans un jour de douleur » ?
>
> *(Souvenir.)*

(2)
> O voi, che per la via d'amor passate,
> Attendete, e guardate
> S' egli è dolore alcun, quanto 'l mio grande.
>
> *(Vita Nuova, 2ᵉ sonnet.)*

et pleurer. D'autres poètes recherchent les métaphores éclatantes qu'ils prolongent, non sans effort parfois, en une suite d'alexandrins retentissants et magnifiques, comme a fait Victor Hugo, pour prendre un exemple chez nous ; et il semble que pour ces poètes au souffle puissant, aux larges et éblouissantes périodes, la poésie soit surtout une sorte d'éloquence sonore et imagée. Rien de plus simple au contraire, de plus court et de plus sobre que les peintures de Heine. Il écrit comme la nature elle-même fait ses œuvres, en suivant la loi du moindre effort : « Là-haut, depuis des milliers d'années, se tiennent immobiles les étoiles et elles se regardent avec un douloureux amour (1). » Faire beaucoup avec peu, exprimer le plus possible avec la moindre tension du mot et du vers et par le charme seul des images les plus familières, voilà tout l'art du poète dans des *Lieder* tels que celui-ci : « Dans les eaux du Rhin, du beau fleuve, se mire, avec son grand dôme, la grande, la sainte Cologne.

« Dans le dôme est une figure peinte sur cuir doré : à travers les orages de ma vie cette image a rayonné et m'a souri bien des fois.

« Des fleurs et des anges flottent autour de notre chère vierge Marie... (2). »

(1)   Es stehen unbeweglich
       Die Sterne in der Höh'
       Viel tausend Jahr' und schauen
       Sich an mit Liebesweh.

                            (*Intermezzo*, VIII.)

(2)   Im Rhein, im schönen Strome,
       Da spiegelt sich in den Well'n,
       Mit seinem grossen Dome,
       Das grosse, heilige Köln.

       Im Dom, da steht ein Bildniss,
       Auf goldenem Leder gemalt ;

Cette figure, peinte sur cuir doré avec des anges flottant tout autour, n'est-ce pas là ce que verrait, et n'est-ce pas ainsi que dirait ce qu'elle a vu, une de ces pauvres femmes qui vont s'agenouiller à l'église et prier, dans la simplicité de leur cœur, une image de la Vierge, suspendue au mur et doucement éclairée par la lumière des vitraux ?

> Femme je suis, pauvrette et ancienne,
> Ne rien ne sais ; oncques lettres ne lus ;
> Au moûtier vois, dont je suis paroissienne,
> Paradis peint, où sont harpes et luths (1).

Parfois même le poète se passe complètement d'images et de métaphores ; ce n'est plus un auteur qui décrit : les choses semblent s'offrir directement à nos yeux et se raconter elles-mêmes, sans ornements, telles qu'elles sont, et, semble-t-il, avec le simple vocabulaire de la prose, mais d'une prose merveilleusement ailée et chantante, d'une prose qui nous attendrit et nous remue le cœur plus que ne pourraient le faire les plus brillantes comparaisons poétiques, témoin les strophes célèbres que nous avons citées : « Un jeune homme aime une jeune fille...; » et celle-ci : « Lorsque deux amants se quittent, ils se donnent la main et se mettent à pleurer et à soupirer sans fin.

« Nous n'avons pas pleuré, nous n'avons pas soupiré : les

> In meines Lebens Wildniss,
> Hat's freundlich hineingestrahlt.
>
> (*Intermezzo*, XI.)

« Les femmes peintes, continua Maximilien, m'ont toujours moins vivement intéressé que la nature de marbre. Une fois seulement je devins amoureux d'un tableau. C'était une admirable madone dont j'avais fait la connaissance dans une église à Cologne sur le Rhin. »
(*Reisebilder, Nuits florentines.*)

(1) Ballade que fit Villon, à la requête de sa mère, pour prier Notre-Dame.

larmes et les soupirs sont venus après (1). » Et ailleurs :
« Ils m'ont tourmenté, fait pâlir et blêmir de chagrin, les
uns avec leur amour, les autres avec leur haine...

« Pourtant celle qui m'a le plus tourmenté, chagriné et
navré est celle qui ne m'a jamais haï et ne m'a jamais
aimé (2). »

Tristesse plus amère et plus profonde se peut-elle exprimer en vers plus touchants et plus simples ? car c'est aux
vers mêmes de Heine que nous renvoyons sans cesse le lecteur, nous efforçant nous-même, pour nous tenir plus près
du poète, d'oublier les platitudes et les vulgarités de notre
indigne prose.

Mais où donc ce jeune homme de vingt ans a-t-il
appris à être si simple et si poète à la fois et quels modè-
les avait-il sous les yeux quand il écrivit l'*Intermezzo?* On

(1) Wenn Zwei von einander scheiden,
   So geben sie sich die Händ',
   Und fangen an zu weinen
   Und seufzen ohne End'.

   Wir haben nicht geweinet,
   Wir seufzten nicht « Weh! » und « Ach! »
   Die Thränen und die Seufzer,
   Die kamen hintennach.

        (*Intermezzo*, **XLIX.**)

(2) Sie haben mich gequälet,
   Geärgert blau und blass,
   Die Einen mit ihrer Liebe,
   Die Andern mit ihrem Hass.

   . . . .
   Doch sie, die mich am meisten
   Gequält, geärgert, betrübt,
   Die hat mich nie gehasset,
   Und hat mich nie geliebt.

        (*Intermezzo*, **XLVII.**)

           14.

peut en indiquer deux principaux : le lied populaire et
les poésies de Wilhelm Müller.

Les *Lieder populaires*, ces chansons allemandes, mélo-
dieuses et pures comme un chant d'oiseau, naïves et fraîches
comme le premier amour d'une jeune fille, parfois aussi,
tristes comme un départ, mélancoliques et résignées comme
l'adieu du soldat à sa patrie et à sa bien-aimée, quel poète
allemand ne les a entendu chanter en lui, tandis qu'il écrivait quelques-uns de ses plus beaux vers ? On sait quelles
poésies immortelles le lied populaire a inspirées à l'auteur
du *Roi des aunes*. A l'époque où Heine composa l'*Intermède*, un recueil fameux de chansons populaires était dans
toutes les mains, c'était « le Cor merveilleux de l'enfant »
publié, dès 1806, par Arnim et Brentano et dont Heine parle
en ces termes : « Je ne saurais trop louer ce livre ; il ren-
ferme les fleurs les plus délicates de l'esprit allemand...
Dans ces chansons on sent battre le cœur du peuple allemand. Là se révèle sa mélancolique sérénité, sa folle raison ;
on entend les roulements de la colère allemande, les siffle-
ments de la raillerie allemande ; ici l'amour allemand a
déposé ses baisers ; on y trouve les pleurs de la sensibilité
allemande (1). » On y trouve aussi, ce que Heine néglige
de dire dans son énumération, la forme simple et la naïveté
de sentiment que nous admirons dans ses propres poésies.
Hâtons-nous d'ajouter que, si Heine s'est inspiré de ces
vieux *Lieder*, c'est comme un compositeur de génie s'inspire d'un air populaire pour en faire une romance achevée,
une œuvre d'art aussi savante que parfaite : car l'auteur de ces poésies si admirablement simples était, avons-
nous besoin de le dire, un artiste consommé ; il possédait,
à un rare degré, cet art supérieur qui consiste à cacher l'art
et c'est pourquoi quelques-uns de ses *Lieder* sont aussi

____

(1) *De l'Allemagne*, t. I, p. 316, 318 (éd. franç.).

naturels, mais plus littéraires que les chants populaires dont il s'était inspiré.

Quant à Wilhelm Müller, ce que lui dut l'auteur de l'*Intermezzo*, c'est Heine lui-même qui va nous le dire en un passage important où il se reconnaît également tributaire de ces chants nationaux, qu'il imitait encore moins qu'il ne les transformait. Heine écrit à l'auteur des *Chants de la Grèce* et *des 77 lieder d'un joueur de cor* (1) :

« Je suis assez grand pour vous dire sans détour que mon petit rythme de l'*Intermezzo* n'a pas seulement une analogie accidentelle avec votre forme métrique, mais qu'il doit vraisemblablement sa cadence la plus intime à vos propres *Lieder ;* car ce sont ces *Lieder* bien-aimés que j'appris à connaître dans le temps même où j'écrivais l'*Intermezzo*. De très bonne heure déjà ma poésie a subi l'influence du chant populaire allemand ; plus tard, quand j'étais à Bonn, W. Schlegel m'a initié à bien des mystères métriques (2); mais ce n'est que dans vos *Lieder* que je crois avoir trouvé la *pure mélodie* et la *simplicité vraie* que j'avais toujours cherchées. Combien vos *Lieder* sont clairs, purs ! et tous sont des chants pupulaires..... Oui, je suis assez grand (3) pour le répéter encore et je le reconnaîtrai publiquement un jour, c'est la lecture de vos premières poésies qui m'a fait comprendre comment, des anciennes formes des chants populaires existants, on pouvait tirer des

(1) *Gedichte aus den hinterlassenen Papieren eines reisenden Waldhornisten*. Wilhelm Müller, père du savant professeur d'Oxford, M. Max Müller, est né à Dessau en 1794 ; il est mort en 1827. Quelques-uns de ses « Chants de voyage » (*Wanderlieder*) sont les plus chantés parmi ceux qui composent le *Livre des Chants* des étudiants allemands (*Commersbuch*).

(2) Nous avons montré cette influence de Schlegel, au chapitre VI.

(3) La lettre à W. Müller est de juin 1826 ; à cette époque, Heine était en effet « grand » et populaire en Allemagne : l'*Intermède*, le *Retour* et les premiers *Reisebilder* avaient déjà paru.

formes nouvelles, populaires aussi, *sans qu'il fût besoin d'imiter en même temps les rudesses et les lourdeurs de l'ancienne langue* (1)... » La dette de Heine envers Wilhelm Müller était-elle aussi grande que le dit Heine dans cette lettre où il ne fait parler que sa reconnaissance ? Il ne nous paraît pas.

Deux ans avant la publication de l'*Intermezzo*, c'est-à-dire en 1821, Wilhelm Müller avait fait paraître son recueil de chants intitulé : « Poésies tirées des manuscrits laissés par un joueur de cor ambulant ; » ces poésies succédaient à un premier recueil publié en 1815 (*Bundesblüthen*). De jolies chansons, simples et vives, peu émouvantes pour la plupart (il ne s'agit guère que du plaisir de voyager ou de boire), tel est le bagage poétique de ce gentil chansonnier. Le rythme est gai, entraînant même, comme il convient à un piéton toujours en marche : ce joyeux piéton toutefois s'arrête un peu trop souvent en chemin pour échanger de doux propos avec les petits ruisseaux ; il se souvient trop aussi qu'il s'appelle *Müller* (Meunier) et abuse de ce nom prédestiné pour célébrer en des strophes peu variées son éternelle « Jolie meunière ». La simplicité de son rythme et la naïveté, quoique un peu terre à terre, de ses poésies, ont pu indiquer à Heine la voie à suivre, mais ce n'est pas en écoutant « le cor du joueur ambulant » que Heine a trouvé les pensées délicates et les sentiments profonds qui nous enchantent ou nous émeuvent à la lecture de l'*Intermezzo* (2).

Si Heine est naturel et simple, c'est, avant tout, parce

----

(1) *Correspondance*, t. I, p. 296.

(2) Dans l'*Intermezzo*, Heine s'était aussi inspiré, pour le rythme du moins et la rapidité des vers, d'un recueil de chants viennois publié par un de ses amis de Berlin, Maxime Schottky. C'est ce qu'il reconnaît expressément lui-même dans une lettre à ce dernier : Pour les petits Lieder (de l'*Intermezzo*, qui venait de paraître). vos *courtes rimes dan-*

qu'il est personnel et sincère, c'est parce qu'il s'est mis tout
entier dans ses poèmes avec les désirs fous et les joies fugi-

santes viennoises, avec leurs *chutes épigrammatiques*, ont été souvent
présentes à ma pensée. » (Lettre du 4 mai 1828.)

Schottky avait publié, en 1819, un recueil de lieder viennois sous
ce titre : « *Oesterreichische Lieder mit ihren Singweisen*, » dont la
deuxième édition, la seule que nous ayons pu nous procurer, a paru
en 1844 (Pesth. Hartleben). Rien de plus « dansant », en effet, pour
prendre l'expression de Heine, que ces chansons, dont le rythme est,
dit la préface, celui de la vraie danse allemande. Le mètre en est simple
et primitif comme celui des *Volkslieder*. Quant à leur « chute épigram-
matique », qui avait séduit Heine, on pourra en juger par les deux
exemples suivants, traduits du dialecte viennois en allemand moderne :

> Wenn zwei von einander schèiden
> Thut Herzlein gar weh !
> Es schwimmen die Augen im Wasser
> Wie die Fischlein im See (p. 150).

(Quand deux amants se séparent, ah ! que leur tendre cœur a de
peine ! leurs yeux se noient dans les larmes comme le petit poisson
se plonge dans la rivière.)

> Drei Wochen und drei Tagen
> Liegt in meinem Herzen ein Stein ;
> Mein Schatz liebt einen Andern,
> Ich bleib auch nicht allein.
> Und jetzt werde ich eines thun
> Und führen ein heiliges Leben,
> Und werde mit einer Andern
> Mich in die Wildniss begeben.
> Denn das Einsiedelleben
> Das ist mir nicht gegeben,
> Ich möchte ja viel lieber
> Ein Zweisiedler sein (p. 239).

(Depuis trois semaines et trois jours une pierre pèse sur mon cœur :
mon petit trésor en aime un autre, je ne veux pas, moi, rester seul.

Je sais ce que je vais faire : je vais mener une sainte vie, je vais
m'enfuir dans un bois sauvage avec une autre à mon bras.

De vivre solitaire, cela ne m'a pas été donné : j'aimerais mieux vivre
solitaire à deux.)

tives, avec les amers et les doux souvenirs à la fois de son âme et de ses sens. Son amie Rahel était si sensible à toutes les variations de l'atmosphère qu'elle disait toujours dans ses lettres non seulement le temps qu'il faisait, mais le nombre de degrés que marquait le thermomètre. De même, en lisant les *Lieder* de Heine, on pourrait presque dire quelle était au juste la température de cette âme de poète, à la fois si sensible et si vraie ; on pourrait deviner, à la lecture de telle strophe, quelle fut pour l'impressionnable et capricieux auteur la nuance de l'heure où il l'écrivit, si bien que ses chants ne nous apparaissent pas seulement comme personnels, mais, si on peut parler ainsi, comme actuels, comme les improvisations d'un génie qui pense tout haut et pleure devant nous. Heine pouvait dire de lui ce que son frère en poésie, le poète français le plus personnel aussi et le plus sincère, Alfred de Musset, fait dire à un de ses personnages dans ses *Proverbes :* « C'est moi qui ai vécu, non un être factice, créé par mon orgueil ou mon ennui. » C'est bien Heine lui-même qui a vécu dans ses poèmes, non cet être factice et ambigu, tantôt moine et tantôt troubadour, créé par l'imagination maladive des romantiques.

Si on excepte quelques rares poésies (1), où il imite les romantiques, tout en les surpassant, dans *l'Intermède,* ce ne sont pas les siècles passés, moyen âge rêvé par les romantiques ou antiquité païenne ressuscitée par Gœthe et Schiller, qui nous parlent par la bouche du poète, c'est tout simplement le cœur de Heine lui-même, et, en l'écoutant gémir ou chanter, nous ne pouvons nous empêcher de trouver que les nobles chevaliers de la Motte-Fouqué, malgré

______

(1) Par exemple, la IXe et la Xe, où il chante les plaines du Gange et la fleur du lotus. « L'orient est romantique, » dit Jean Paul dans son *Introduction à l'Esthétique.*

toutes leurs prouesses, et les moines de Wackenroder, malgré « les effusions de leur âme », sont bien ternes et bien morts, que même ces belles statues grecques sculptées par le génie des Gœthe et des Schiller, malgré toute leur beauté plastique, nous laissent bien calmes et bien froids à côté de ces strophes de Heine, toutes vivantes de sa vie et toutes chaudes du souffle de son âme ! C'est à ces poésies, plus qu'à aucune autre œuvre de n'importe quel poète allemand, fût-il Gœthe lui-même, qu'on peut appliquer ces belles paroles de Joubert sur les qualités qui font le poète de génie : « Pour plaire et pour charmer, ce n'est pas assez qu'il y ait de la vérité ; il faut encore qu'il y ait de l'homme ; il faut que la pensée et l'émotion propres de celui qui parle se fassent sentir. C'est l'humaine chaleur et presque l'humaine substance qui prête à tout cet agrément qui nous enchante (1). »

Nous avons dû beaucoup parler du *moi* à propos des romantiques qui, renouvelant dans le domaine de l'art cet apothéose du *moi,* qu'on appelle l'idéalisme de Fichte, prétendaient créer une poésie vraiment personnelle et libre : mais le moi qui s'offre à nous dans les vers de Heine, n'est pas le moi abstrait de Fichte, ni le moi rêveur et enfantin

(1) *Œuvres* de Joubert, t. II, *Pensées*, p. 303 (Paris, Didier, 1883). La critique allemande salua tout de suite dans l'auteur de l'*Intermezzo* un poète original et personnel. Varnhagen fut le premier à proclamer le mérite de son jeune ami dans une revue (*der Gesellschafter*), où il avait donné déjà des extraits de l'*Intermezzo*. Voici les expressions les plus saillantes de son article : « Seine Lieder kommen aus *einer echten Quelle...* Die Sprache ist *kraftvoll* und *gedrungen,* und *zart* und *lieblich,* wo es sein soll. » (*Gesellschafter* vom 19 januar 1822). — Immermann, quelques mois plus tard, dans une autre revue, disait : « Heine possède ce qui est le tout d'un poète : *de l'âme* et du cœur et, ce qui en est la conséquence, *une histoire intime...* (Kunst-und-Wissenschaftsblatt, nº 23, vom 31 mai 1822). On trouvera ces articles et quelques autres, moins importants, dans le livre de Strodtmann, t. I, p. 171.

des romantiques, ni même ce moi artiste de Gœthe qui, jusque dans ses « poésies de circonstance, » se sépare trop de son œuvre pour la rendre plus parfaite : c'est un moi vivant, à la fois âme et corps, un moi qui souffre et palpite, aussi simplement humain, aussi plein de contradictions et de faiblesses que le lecteur lui-même, un *moi* qui est *nous* en un mot, et c'est pourquoi ses joies et ses lamentations éveillent dans nos cœurs de si longs et de si merveilleux échos (1) !

Ouvrons l'Intermède et, dès les premières strophes, nous sommes sous le charme, tous les sentiments du poète deviennent les nôtres : notre âme s'ouvre avec la sienne et « avec les premiers boutons des fleurs dans le splendide mois de mai ; » quand viennent « la chute des feuilles » et la fin de son amour, nous nous sentons trahi et abandonné avec lui et, pour ne pas mêler nos larmes à ces larmes amères qu'il s'efforce lui-même de dévorer, nous nous surprenons à railler, comme lui, l'infidèle, « la jolie folle, » tout en continuant à l'aimer au fond de l'âme pour les poétiques illusions, j'allais presque dire pour les délicieux semblants d'amour qui nous avaient enchantés et trompés comme lui : la simplicité et la sincérité de ses vers ont fait en nous ce miracle.

C'est cette même simplicité qui a rendu Heine si justement populaire en Allemagne. Les romantiques se vantaient d'être une école de poètes aristocratiques et ils répétaient volontiers, avec Horace : je hais et repousse le profane vulgaire. Et il est certain que les hymnes mystiques de Novalis ou les sonnets descriptifs de Guillaume Schlegel n'étaient guère faits pour passionner la foule ; ils

____

(1) Dans son étude magistrale sur Gœthe, M. Schérer a dit : « Les *lieder* de Heine ont une saveur d'amour et d'amertume, un arrière-goût de larmes et de passion qui manque à ceux de Gœthe. » (E. Scherer, *Études critiques de littérature*, p. 346.)

ne pouvaient plaire qu'aux âmes d'élite, comme Novalis, ou aux lettrés, tels que Schlegel. Heine, au contraire, parle à tous et dans la langue de tous ; ses vers sont beaucoup plus faciles à comprendre, même pour un Français, que les vers de Novalis par exemple que nous avons essayé de traduire, et, en Allemagne, qui ne sait par cœur des Lieder tels que les *Grenadiers,* ou « Dans le splendide mois de mai ?..... »

Par la sincérité de son inspiration, par cette présence perpétuelle du *moi* qui fait qu'aucun poète peut-être ne se donne et ne s'abandonne aussi complètement que lui dans ses vers, Heine se sépare encore des romantiques et de leur célèbre théorie du « jeu, » dont nous avons parlé précédemment. Cette théorie, inventée, on le sait, par Kant, et développée magnifiquement par Schiller dans ses « Leçons sur l'éducation esthétique » avait été appliquée, avec leur habituelle exagération, par les romantiques, contemporains de Heine. Sans nous égarer dans une discussion philosophique, qui ne serait point ici à sa place, contentons-nous de rappeler que l'art, pour ces esthéticiens et ces poètes, est essentiellement un *jeu.* L'artiste véritable s'attache, non aux réalités mêmes, mais aux apparences, avec lesquelles il *joue;* plus le jeu est complet, plus élevé est l'art auquel il donne naissance et tel est le cas de la poésie. Par exemple « dans la poésie dramatique, dit Schiller, nous jouons des exploits, des attentats, des vertus, des vices, qui ne sont pas les nôtres. » En outre, on ne joue que quand on est affranchi de tout besoin : le beau poétique est donc étranger à toute espèce *d'intérêt, d'utilité et de désir,* il est absolument désintéressé (1).

(1) On sait combien l'esthétique de Kant est subtile et parfois obscure et ce n'est pas en quelques mots que nous prétendons expliquer cette théorie célèbre du jeu. On peut voir, pour plus de détails, outre la *Critique du Jugement,* de Kant, et les *Leçons sur l'Éducation esthétique,*

Jouer avec toutes les idées, folles ou sensées, qui hantent et lutinent votre imagination, quitter le jeu, c'est-à-dire, laisser inachevée l'œuvre commencée, *Ofterdingen* ou toute autre, dès que le jeu vous déplaît ou vous fatigue, afin de montrer par là combien vous savez vous détacher de votre propre travail, combien, à force « d'ironie », vous êtes supérieur à votre œuvre, c'est là, on s'en souvient, le fond de la poétique du romantisme, lequel semble avoir découvert : une dixième Muse, la Paresse. Le génie s'appelait, chez les romantiques, « un divin paresseux », et le héros d'un des derniers romans qu'aient enfantés ces belles théories, le type parfait qui a réalisé dans sa vie les rêves et les ambitions des romantiques, c'est un bon jeune homme qui passe son temps à se promener de ville en ville, un violon à la main, qui va où le poussent sa fantaisie et son *Gemüth,* s'étend paresseusement sous les arbres, admire en souriant les fleurs et les plantes du bon Dieu, mais pas les plantes potagères, parce qu'elles sont « utiles » (l'art doit être désintéressé) ; devenu propriétaire d'un jardin, il s'empresse d'arracher toutes les pommes de terre et les remplace par des fleurs rares, car il a une horreur romantique pour tout ce qui sert à quelque chose. Lui-même, il ne sert à rien, car son histoire est très justement intitulée : « La vie d'un propre à rien (1). »

Ce n'est pas ainsi qu'entendit et pratiqua la poésie celui qui s'est intitulé, lui-même « le dernier des romantiques : » les poésies de l'*Intermezzo* ne sont pas un vain jeu de

de Schiller, la *Psychologie* de M. Spencer (le dernier chapitre). M. Guyau a combattu, en esprit ingénieux et solide qu'il est, cette théorie célèbre dans son livre : *les Problèmes de l'Esthétique contemporaine* (G. Baillière, 1884).

(1) *Aus dem Leben eines Taugenichts,* roman tout à fait charmant, du reste, d'Eichendorff et qui parut presque en même temps que l'*Intermezzo,* en 1824.

son imagination ; il ne joue pas à l'amour dans ses vers, ce
ne sont pas « des apparences » pour emprunter les termes
mêmes de l'école, ce n'est pas « le simulacre de la vie »,
c'est sa vie même qu'il a mise dans son poème. Qu'il ait
été plus ou moins maître de son émotion quand il compo-
sait ses chants, ou plutôt quand il les revoyait, car il s'appelle lui-même « un grand temporiseur, très anxieux dès
qu'il s'agit de publier », c'est ce que nous ne songeons
pas à nier ; mais ce qu'on peut nier encore moins, c'est
que tous ces Lieder, considérés en eux-mêmes, nous apparaissent, et c'est là l'essentiel, comme l'expression la plus
vraie, comme le son même de l'âme du poète, c'est qu'ils
ont été vécus et c'est pourquoi nous croyons les vivre nous-
mêmes quand nous les entendons chanter. Aussi Heine
pouvait-il dire de l'*Intermède* ce qu'il disait de son *Ratcliff*
et ce qu'aucun romantique, sauf le candide et sérieux Novalis, n'aurait pu dire de ses œuvres : « Ce poème est vrai
ou je ne suis moi-même qu'un mensonge ». Le grand art,
et qui refuserait ce nom à la poésie de Heine ? n'est donc
pas si rigoureusement astreint, comme l'ont prétendu, à la
suite de Schiller, d'illustres esthéticiens contemporains (1),
à se désintéresser du réel, ni peut-être, oserons-nous ajouter, de l'utile lui-même. Ne pourrait-on soutenir en effet,
malgré l'apparence du paradoxe, que la poésie était en
somme vraiment utile à Gœthe et à Heine puisque, grâce
à elle, ils se délivraient de leurs peines, le premier en les
chantant, le second en les chantant et les raillant tour à
tour ?

Mais on peut et on doit aller plus loin si on goûte et si on
veut défendre toutes les grandes beautés dont étincellent les
Lieder de Heine. On peut soutenir et démontrer, non certes
par des raisonnements philosophiques, qui n'auraient que

(1) H. Spencer (*Principes de Psychologie*), Grant Allen (*Esthétique
physiologique*).

faire ici, mais par l'exemple même de notre poète, qu'il n'y a pas entre le beau et l'agréable un divorce aussi absolu que le proclament les grands esthéticiens dont nous parlions tout à l'heure et, pour appeler les choses par leur nom, que le désir ne doit pas être banni même de la grande poésie. Est-ce que, dans l'*Intermède*, le beau, en maint endroit, ne se confond pas avec l'agréable et le désirable, est-ce que, pour tout dire enfin, la volupté n'inspire pas à Heine quelques-unes de ses strophes non seulement les plus ardentes, mais aussi les plus parfaites, les plus vraiment poétiques ? Dès le premier Lied Heine dit à sa bien-aimée combien il « brûle et languit » pour elle :

> Da hab' ich ihr gestanden
> Mein Sehnen und Verlangen.

Et qu'on lise au hasard les strophes qui suivent : est-ce que, selon les mots mêmes de Heine, il ne semble pas que « sa chanson tremble et frissonne comme le baiser que lui ont donné jadis les lèvres de sa bien-aimée dans une heure merveilleusement douce ? (1) »

« Appuie ta joue sur ma joue, afin que nos pleurs se confondent ; presse ton cœur contre mon cœur, pour qu'ils ne brûlent que d'une seule flamme.

« Et quand dans cette grande flamme coule le torrent de nos larmes et que mon bras t'étreint avec force, alors je meurs de bonheur dans un transport d'amour ! (2) »

---

(1) Das Lied soll schauern und beben
  Wie der Kuss von ihrem Mund,
  Den sie mir einst gegeben
  In wunderbar süsser Stund'.

(Intermezzo, VII.)

(2) Lehn deine Wang' an meine Wang',
  Dann fliessen die Thränen zusammen !

Ce n'est pas là, à coup sûr, un de ces « attachements
de pensée » dont parle notre austère et ascétique Pascal :
c'est l'amour qui prend l'être tout entier, âme et corps,
c'est, d'un seul mot, l'amour. Et ne sait-on pas, du reste,
qu'un poète est, moins que personne, un pur esprit, qu'il
est, au contraire, un être éminemment sensible, puisque ce
ne sont pas des idées, mais des sentiments, voire même des
sensations qu'il exprime et transforme en beaux vers? Il
faut, pour nous séduire, qu'il mette dans nos yeux de belles
couleurs et de belles formes, qu'il enchante nos oreilles de
sons harmonieux et comment le pourrait-il, s'il ne vivait
pas lui-même de la vie des sens presqu'autant que de la
vie de l'esprit? Dans tous les cas les sens sont loin d'a-
voir abdiqué dans les Lieder de Heine et c'est ce qu'il
exprimait assez crûment lui-même en comparant ses poèmes
à de la « choucroute arrosée d'ambroisie. »

Hâtons-nous d'affirmer très haut qu'il n'y a pas, dans
tout l'*Intermède,* une seule image bassement sensuelle ni
une seule expression choquante (1). Ce serait calomnier la
Muse de Heine que de s'imaginer, par exemple, qu'il a compris et dépeint l'amour dans l'*Intermezzo,* car nous ne par-
lons que de ce poème, comme l'a fait Frédéric Schlegel
dans son singulier et ignoble roman de *Lucinde.* La bien-
aimée de Heine, celle du moins de l'*Intermède,* n'est pas

Und an mein Herz drück fest dein Herz,
Dann schlagen zusammen die Flammen !
Und wenn in die grosse Flamme fliesst
Der Strom von unsern Thränen,
Und wenn dich mein Arm gewaltig umschliesst
Sterb' ich vor Liebessehnen !

(*Intermezzo,* VI.)

(1) Deux poésies seulement ont paru au poète un peu trop voluptueuses et ont été reléguées dans l'appendice (*Anhang*) de l'*Intermède,*
au tome XV des œuvres complètes.

une Lucinde ; mais elle ressemble encore moins à la fiancée
de Novalis, à cette jeune fille que Heine nous dépeint lui-
même « d'une beauté toute céleste, les mains pâles et mai-
gres, délicate comme une sensitive, un ange en robe bleue
qui lisait sans cesse un livre de maroquin rouge, le roman
de Novalis (1). » Sa fiancée, à lui, a des joues qu'il compare
à des roses, des lèvres de pourpre, et des yeux qui savent
jeter des flammes et allumer dans son cœur un incendie
qu'il ne peut ni ne veut éteindre, car il n'est pas homme,
comme Novalis, à composer des hymnes à la Nuit et à la
Mort : ce qu'il chante, ce n'est pas, comme l'auteur d'*Ofterdingen,* l'au delà, le repos de la tombe, mais l'amour et
la vie, les tourments et les joies de l'heure présente ou bien
les voluptés passées qu'il ne peut se rappeler sans des frémissements et des sanglots.

Heine répond quelque part (2) à ceux qui l'accusaient
de « trop élever la voix et de chanter un chant trop gros-
sier » et il se venge un peu brutalement en faisant entendre la petite voix flûtée et « féminine » des défenseurs
naturels de l'amour éthéré. Peut-être eût-il pu dire simplement, pour sa défense, que, si les jeunes filles allemandes
ont aimé de tout temps, la chose est sûre, à donner et à recevoir des baisers, il n'est pas étonnant que les poètes fassent de « jolis tercets sur la petite bouche de leur bien-
aimée (3) » et nous disent en beaux vers combien « leurs
baisers sont doux, combien ils font frémir de plaisir » l'heureux amant qui a bien le droit de chanter ensuite, et de
chanter dignement son bonheur, ne fût-ce que par reconnaissance.

L'auteur du livre des Chants n'est donc ni bassement sen-

---

(1) *De l'Allemagne,* t. I, p. 309.
(2) Dans le *Retour,* Lied LXXIX.
(3) *Intermezzo,* XIV.

suel ni ridiculement séraphique : il est simplement et franchement humain. De même, quand il parle de la nature dans
l'*Intermède,* comme lorsqu'il peindra plus tard les montagnes
du Harz ou la mer du Nord, il est simplement pittoresque,
il n'est pas panthéiste, au sens du moins où l'entendaient
Schelling et l'école romantique. Sans doute il aime et
chante la nature, et qui donc l'a chantée mieux que lui,
qui donc nous l'a montrée plus fraîche et plus jeune, plus
souriante à ses premières amours et surtout plus vivante ?
Ses rossignols ne sont point empaillés comme les rossignols
romantiques : ils chantent vraiment dans ses vers comme
s'ils voulaient le consoler de sa peine et n'est-il pas en effet
un des leurs ? Les forêts et la plaine et le ciel étoilé ne
sont pas de froids décors et comme le cadre obligé de ses
chants d'amour : c'est aux oiseaux de la forêt et aux ruisseaux de la plaine et aux étoiles « qui se tiennent là-haut
immobiles depuis des milliers d'années », qu'il confie ses
joies éphémères et ses douleurs sans fin, parce qu'il sait
que les hommes n'ont pas le temps de l'écouter et de le
plaindre et qu'il ne voudrait pas d'ailleurs être plaint et
consolé par eux. Mais les discours que tiennent, à qui sait
les entendre, les oiseaux et les fleurs sont doux à son âme
meurtrie et il est semblable à ces jeunes héros de l'antique
Germanie qui, sitôt qu'ils avaient trempé leurs lèvres dans
le sang du dragon fabuleux, acquéraient le don merveilleux
de comprendre le langage des oiseaux : « Je vais dans la
forêt et je pleure. La grive est perchée sur les hautes branches ; elle sautille et chante doucement : Pourquoi es-tu
triste ?

« Les hirondelles, tes sœurs, te le diront, ma mie ; elles ont
habité de petits nids bien adroitement placés sous les fenêtres de ma bien-aimée (1). »

(1) *Buch der Lieder,* p. 173.

Heine vit si près de la nature, il l'initie et l'associe à son amour d'une façon si intime et si naïve, qu'elle est presque toujours de moitié dans ses joies et ses peines ; et la nature est si bien entrée dans ses vers, elle les a si bien pénétrés et imprégnés de tous ses parfums et de toutes ses harmonies qu'on pourrait presque dire que quelques-unes de ses strophes ont le parfum des violettes et des roses, qu'ailleurs on croit sentir ses lèvres effeuillées par un lis, aussi doux et aussi pur qu'un baiser de jeune fille, car il a de ces vers qui font naître des baisers sur les lèvres ; tel lied amoureux soupire aussi langoureusement qu'un chant de colombe, tel autre ouvre ses ailes et monte gaiement au ciel comme l'alouette qui s'élève, en babillant, d'un sillon d'avril ; en un mot, et si on nous permet cette image un peu osée, mais ne faut-il pas oser quand on parle d'un poète ? il semble que Heine ait mêlé à la trame de ce style si divinement naturel le brin d'herbe que portait dans son bec cette hirondelle qui avait bâti son nid sous les fenêtres de sa bien-aimée.

Ainsi tous les êtres de la création sont les confidents et les consolateurs du poète ; il vit en communion intime avec la nature : mais il ne se perd pas en elle ; il n'y a rien, dans tout l'*Intermède* qui ressemble à cette « identité de la nature et de l'esprit » enseignée par Schelling et réalisée, on l'a vu, par certains romantiques et, en particulier, par Novalis. Heine n'aspire pas, comme Novalis, ou du moins avec le sérieux de Novalis, à devenir oiseau ou plante, « à plonger ses mains et ses pieds dans le sol, » pour me servir des expressions de ce dernier, à « pousser des racines pour ne jamais quitter cet heureux voisinage » des belles fleurs. Sans doute Heine avait trop d'esprit et de goût pour désirer jamais s'enraciner de la sorte ; mais, abstraction faite de cette image baroque qui n'a pas effrayé l'intrépide et naïf Novalis, Heine était trop personnel pour désirer, même en vers, ne vivre que de la vie de la nature. Bien au contraire,

et en cela encore il est original, c'est lui qui donne la
vie, c'est lui qui communique son âme à la nature entière. Tandis que la poésie romantique est comme cette
feuille de rose, dont parle le poète, qui va « où le vent la
mène », alors, en un mot, que les romantiques sont aux ordres de la nature, c'est la nature au contraire qui semble
être aux ordres de Heine. Qu'on relise attentivement les
Lieder de l'*Intermède* : les oiseaux sont avant tout les mes-
sagers d'amour du poète et il commande aux fleurs mêmes
de chanter pour sa bien-aimée : « Et devant sa fenêtre doit
(soll) retentir le chant du rossignol... Je veux plonger mon
âme dans le calice d'un lis et le lis *doit* résonner alors et soupirer une chanson pour ma bien-aimée. »

Parfois même il semble qu'il ne comprenne et ne sente
la nature que parce qu'il aime, tant il la subordonne in-
consciemment à son propre amour et tant l'amour est à ses
yeux le mot de l'énigme universelle : la nature entière, avec
ses mille voix, n'est rien par elle-même, elle n'est que le
langage de sa bien-aimée. Un seul regard des « doux yeux »
de celle qu'il aime lui explique tout le mystère des cieux
étoilés ; il sait désormais à quoi servent les étoiles : à éclairer une belle nuit d'amour. « Les étoiles parlent une langue
fort riche et fort belle ; pourtant aucun philologue ne saurait comprendre cette langue. Moi, je l'ai apprise et je ne
l'oublierai jamais : le visage de ma bien-aimée m'a servi de
grammaire (1). »

(1)
Sie sprechen eine Sprache,
Die ist so reich, so schön ;
Doch keiner der Philologen
Kann diese Sprache verstehen.

Ich aber hab' sie gelernt,
Und ich vergesse sie nicht ;
Mir diente als Grammatik
Der Herzallerliebsten Gesicht.

(*Intermezzo,* VIII)

15.

La bien-aimée n'est-elle pas en effet la fleur et l'oiseau, le soleil et les étoiles ; n'est-elle pas, à elle seule, tout l'univers du poète ? « Roses, lis, colombes, soleil, autrefois j'aimais tout cela avec délices ; maintenant je n'aime que toi, petite fée si mignonne et si pure, source de tout amour ; n'es-tu pas, à toi seule, la rose et le lis et la colombe et le soleil (1) ? »

Qu'il cesse d'être aimé et les roses vont pâlir et les violettes se taire et toute la nature ne dira plus rien à son cœur, car pour lui, comme pour Saint-Preux, « la nature est morte sans les feux de l'amour (2) ». « Pourquoi les roses sont-elles si pâles, dis-moi, ma bien-aimée, pourquoi ? pourquoi, dans le vert gazon, les violettes sont-elles silencieuses ?...

« Pourquoi le soleil éclaire-t-il les prairies d'une lueur si chagrine et si froide ? « Pourquoi toute la terre est-elle grise et déserte comme une tombe ?

« Pourquoi suis-je moi-même si malade et si triste, ma chère bien-aimée, dis-le moi. Oh ! dis-moi, chère bien-aimée de mon cœur, *pourquoi m'as-tu abandonné* (3). »

Par un autre côté, par un don de l'esprit rarement accordé

---

(1)   Die Rose, die Lilie, die Taube, die Sonne,
         Die liebt' ich einst alle in Liebeswonne.
         Ich lieb' sie nicht mehr, ich liebe alleine,
         Die Kleine, die Feine, die Reine, die Eine,
         Sie selber, aller Liebe Bronne,
         Ist Rose und Lilie, und Taube, und Sonne.

(Intermezzo, III.)

(2) *Nouvelle Héloïse*, partie I, lettre 38.

(3)   Warum scheint denn die Sonne auf die Au
         So kalt und verdriesslich herab ?
         Warum ist denn die Erde so grau
         Und öde wie ein Grab ?

         Warum bin ich selbst so krank und so trüb,
         Mein liebes Liebchen ? sprich,

aux vrais poètes, ce charmant et diabolique génie se distingue encore de tous ses contemporains, on pourrait même dire, de tous ses compatriotes : nous voulons parler de son ironie. L'ironie de Heine, qui s'était déjà essayée dans les « Sonnets à la Fresque », apparaît encore et, de temps en temps, montre la griffe dans l'*Intermède*, mais non pas la griffe de l'ours, la lourde griffe d'Atta-Troll : par là encore, par les plaisanteries ou les sarcasmes d'une ironie, tantôt légère, tantôt mordante, et qui n'a rien de commun, ici du moins, avec l'ironie philosophique et ennuyeuse des romantiques, Heine se sépare de ses anciens maîtres. Nous voyons, dans l'*Intermède,* qu'il a déjà trop d'esprit pour être des leurs et qu'il ne mérite plus de cueillir la fleur bleue. On a entendu tout à l'heure Novalis s'écrier, comme font tous les poètes : que ne suis-je une fleur, un oiseau! et on se rappelle avec quelle candeur d'expression il regrettait de ne pouvoir voler ou végéter. Heine aussi, dans un Lied, voudrait bien être un oiseau, mais si un tel rêve est romantique, l'expression ici ne l'est plus du tout : « Me voici sur le sommet de la montagne et je deviens *sentimental*. Ah ! si j'étais un oiseau! soupirai-je, je ne sais combien de fois... si j'étais un serin, aussitôt, ma mignonne, je volerais vers ton cœur ; car, on me l'a dit, tu aimes les serins et tu consoles leurs souffrances (1). »

O sprich, mein herzallerliebstes Lieb,
Warum verliessest du mich?

(*Intermezzo,* XXIII.)

(1)   Ich steh'auf des Berges Spitze,
Und ich werde sentimental.
« Wenn ich ein Vöglein wäre! »
Seufz' ich viel tausendmal.

. . . .

Wenn ich ein Gimpel wäre,
So flög' ich gleich an dein Herz ;

Le choix de l'oiseau et le compliment final à sa belle nous édifient de reste sur les lubies sentimentales du poète.

L'ironie prendra, chez Heine, les formes les plus variées, sinon toujours les plus heureuses, et fera de lui un polémiste d'autant plus redoutable qu'il ne sera pas toujours généreux ; dans l'*Intermezzo* les plaisanteries ne sont ni forcées, ni choquantes, comme elles le seront trop souvent plus tard et l'ironie y est simplement gaie : « Sur les yeux de ma bien-aimée j'ai fait les plus belles canzones ; sur la petite bouche de ma bien-aimée j'ai fait les meilleures terzines ; sur les joues de rose de ma bien-aimée j'ai fait les plus magnifiques stances. Et si ma bien-aimée avait un cœur, je ferais sur son cœur un joli sonnet (1). »

Et ailleurs : « Le monde est sot, le monde est aveugle, il devient tous les jours plus absurde : quand il parle de toi, il ne trouve rien de plus à dire que ceci : elle a un mauvais caractère.

« Le monde est sot, le monde est aveugle et toujours il te méconnaîtra : il ne sait pas combien tes baisers sont doux, combien ils brûlent et font frémir de bonheur (2). »

> Du bist ja hold den Gimpeln,
> Und heilest Gimpelschmerz.
>
> (Intermezzo, LIII.)

(1)
> Auf meiner Herzliebsten Aeugelein
> Mach' ich die schönsten Canzonen.
> Auf meiner Herzliebsten Mündlein klein
> Mach' ich die besten Terzinen.
>
> Auf meiner Herzliebsten Wängelein
> Mach'ich die herrlichsten Stanzen.
> Und wenn meine Liebste ein Herzchen hätt',
> Ich machte darauf ein hübches Sonett.
>
> (Intermezzo, XIV.)

(2)
> Die Welt ist dumm, die Welt ist blind,
> Wird täglich abgeschmackter !

Que ce « bonheur-là » ne fût pas pour Heine tout le bonheur et que, à l'âge du moins où il écrivit l'*Intermezzo*, il n'ait pas aimé seulement par les yeux, mais aussi avec toutes les tendresses d'une âme jeune et plus naïve qu'elle ne veut le paraître, c'est ce que prouvent, si nous les avons bien comprises, la plupart des poésies des *Nocturnes* et de l'*Intermède* lui-même, poésies dictées au poète au moins autant par son cœur, ce n'est vraiment pas trop dire, que par son imagination et ses sens. Quand donc il écrivait ces deux dernier Lieder, Heine avait certainement aux lèvres ce sourire indéfinissable et inquiétant qui avait frappé tous ses contemporains, cette ironie amère de l'homme qui veut rire quand même, et avant d'avoir été heureux aussi pleinement qu'il eût voulu l'être, de peur de mourir sans avoir ri. Il y a en effet dans l'*Intermezzo*, il y aura surtout dans les poésies qui suivront, ce genre d'ironie dont Voltaire disait « qu'il exprime parfaitement l'excès du malheur (1) ».

Heine savait déjà, et il apprendra de plus en plus, qu'à *railler* ses maux, souvent on les soulage ; ajoutons qu'il connaissait aussi cette pudeur ou, si l'on veut, cet art délicat de l'écrivain qui consiste à exprimer ce qu'on souffre moins par ce qu'on dit que par ce qu'on laisse entendre.

Dans tous les cas, soit qu'il raille sa douleur, soit plutôt, ce qui nous plaît mieux chez lui, qu'il nous la raconte franchement en termes très naïfs et très simples, Heine est

> Sie spricht von dir, mein schönes Kind :
> Du hast keinen guten Charakter.
> Die Welt ist dumm, die Welt ist blind,
> Und dich wird sie immer verkennen ;
> Sie weiss nicht, wie süss deine Küsse sind
> Und wie sie beseligend brennen.
>
> (*Intermezzo*, XV.)

(1) *Commentaire sur Corneille.* Remarq. *Médée*, t. II, p. 2.

mille fois plus éloquent et pathétique que ne l'ont jamais été tous les Jérémies enfantés par la sentimentalité allemande, gens qui ne peuvent faire un pas au clair de lune sans s'inonder de pleurs ou tirer de leur sensible *Gemüth* de profonds soupirs qu'ils prennent pour de la profonde poésie.

Y a-t-il rien, par exemple, de plus émouvant et de plus vraiment poétique que les derniers vers, si naturels, si peu composés, des deux Lieder suivants, où Heine laisse simplement parler son cœur : « Ils m'ont tourmenté, ils m'ont fait pâlir et blêmir de chagrin, les uns avec leur amour, les autres avec leur haine... Pourtant celle qui m'a le plus tourmenté, chagriné et navré, est celle qui ne m'a jamais haï et ne m'a jamais aimé (1). »

Et ailleurs : « Ainsi tu as tout à fait oublié que bien longtemps j'ai possédé ton cœur... Ainsi tu as oublié l'amour et le chagrin qui me serraient à la fois le cœur. L'amour était-il plus grand que le chagrin ? je ne sais ; je sais seulement qu'ils étaient bien grands tous les deux (2). »

Est-ce de la poésie, est-ce de la prose ? Ce qui est certain,

---

(1)   Doch sie, die mich am meisten
        Gequält, geärgert, betrübt,
        Die hat mich nie gehasset
        Und hat mich nie geliebt.
                    (*Intermezzo,* XLVII.)

(2)   So hast du ganz und gar vergessen,
        Dass ich so lang dein Herz besessen,
        Dein Herzchen so süss und so falsch und so klein,
        Es kann nirgend was Süssres und Falscheres sein.

        So hast du die Lieb' und das Leid vergessen,
        Die das Herz mir thäten zusammenpressen.
        Ich weiss nicht, war Liebe grösser als Leid?
        Ich weiss nur, sie waren gross alle Beid !
                    (*Intermezzo,* XXI.)

c'est que ces quelques vers si naturels nous laissent atten-
dris et rêveurs et qu'ils atteignent donc le vrai but de toute
grande poésie.

Mais comment se fait-il enfin que ce style si uni, si nu
pourrait-on dire, car ici il est dépourvu d'ornements, d'i-
mages et même de couleurs, soit cependant si poétique ?
C'est qu'il est harmonieux. Le poète a su, avec quelques
phrases, très simples, il est vrai, mais toutes pleines de
passion et d'harmonie, composer une musique qui n'est pas
seulement une caresse pour l'oreille, mais aussi et surtout
un enchantement pour l'âme qu'elle remplit d'une douce et
ineffable tristesse. L'*Intermède*, en effet, qu'est-il autre
chose qu'une adorable symphonie qui tantôt rit et badine,
tantôt gémit et pleure et, sans cesse, fait passer dans notre
âme tous les sentiments, gais ou tristes, du plus insinuant
des poètes et du plus entraînant des musiciens ?

Comment exprimer et faire sentir en français l'harmonie
de ces *Lieder* si variés qui parfois sonnent, joyeux et nar-
quois, comme les grelots légers d'une marotte de fou, et le
plus souvent s'exhalent, mélancoliques et purs, comme les
derniers chants d'un oiseau blessé ? Et, pour produire ces ma-
giques effets d'harmonie, que faut-il à Heine ? le rythme le
plus simple encore, le plus primitif, de la poésie allemande,
celui qu'avaient employé les premiers Minnesänger et les
vieux auteurs des chansons populaires. Quelques vers iam-
biques très courts, ordinairement de huit syllabes, cela lui suffit
pour nous enchanter, pour faire vibrer et soupirer notre âme
comme ce lis même dans le calice duquel le poète voudrait,
dit-il, « plonger son âme, pour qu'il redît en frémissant sa
brûlante chanson ». Ici encore le poète produit beaucoup
avec peu : la voix s'élève et s'abaisse simplement avec chaque iambe, mais, à mesure que ces iambes se déroulent, il
semble que le vers, avec ses deux mouvements successifs,
mesure les battements du cœur même du poète et que notre

cœur, à nous, suive le rythme en même temps que l'idée, comme pour mieux battre à l'unisson de son cœur.

Nous sommes ramenés, on le voit, à ce que nous avons admiré tout d'abord dans les *Lieder* de Heine, à ce qui fait la grande beauté de l'*Intermède,* la simplicité ; seulement c'est la simplicité d'un génie qui illumine et transforme tout ce qu'il touche. Prenez presque tous les termes dans l'*Intermède,* ce sont les termes les plus usés et parfois les moins mélodieux, par eux-mêmes, de la langue allemande : Heine s'en empare, et aussitôt, sous la main de l'enchanteur, les mots les plus prosaïques reluisent d'un éclat et d'une beauté nouvelles, les plus usés recouvrent leur fraîcheur première et les moins sonores eux-mêmes, grâce à ces combinaisons mystérieuses dont le génie a le secret, tout à coup vibrent et résonnent comme les cordes d'une lyre bien montée dont les sons se prolongent au loin et nous bercent dans une molle rêverie.

> Ein Fichtenbaum steht einsam
> Im Norden auf kahler Höh'.
> Ihn schläfert ; mit weisser Decke
> Umhüllen ihn Eis und Schnee.
>
> Er träumt von einer Palme,
> Die fern im Morgenland
> Einsam und schweigend trauert,
> Auf brennender Felsenwand (1).

On connaît la dernière poésie de l'*Intermezzo,* qui est comme le dernier mot de Heine au lecteur. A ceux qui

(1) Un sapin se dresse solitaire sur une montagne aride du Nord. Il sommeille ; la glace et la neige l'enveloppent d'un manteau blanc.

Il rêve d'un d'un palmier (palmier est du féminin en allemand), qui, là-bas, dans l'orient lointain, se désole, solitaire et taciturne, sur la pente d'un rocher brûlant.

(Intermezzo, XXXIII.)

pourraient trouver que le sujet de son poème est trop peu varié ou trop peu gai pour un intermède, Heine semble adresser ces derniers vers qui sont en même temps un suprême adieu à ses amours et à ses anciennes et mélancoliques chansons :

« Il s'agit d'enterrer les vieilles et méchantes chansons, les lourds et tristes rêves ; allez me chercher un grand cercueil.

« ...Il faut que le cercueil soit encore plus grand que la grosse tonne de Heidelberg.

« Allez me chercher aussi une bière de planches solides et épaisses ; il faut qu'elle soit plus longue que le pont de Mayence.

« Et amenez-moi aussi douze géants encore plus forts que le vigoureux saint Christophe du dôme de Cologne sur le Rhin. Il faut qu'ils transportent le cercueil et le jettent à la mer : à un aussi grand cercueil il faut une grande fosse.

« Savez-vous pourquoi il faut que ce cercueil soit si grand et si lourd ? J'y déposerai, en même temps, mon amour et mes souffrances (1). »

(1) Die alten, bösen Lieder
    Die Träume schlimm und arg,
    Die lasst uns jetz begraben ;
    Holt einen grossen Sarg.

    Hinein leg'ich gar Manches,
    Doch sag'ich noch nicht, was ;
    Der Sarg muss sein noch grösser,
    Wie's Heidelberger Fass.

    Und holt eine Todtenbahre
    Von Brettern fest und dick ;
    Auch muss sie sein noch länger,
    Als wie zu Mainz die Brück !

    Und holt mir auch zwölf Riesen,

Que faut-il penser de cette héroïque résolution du poète ?
Heine a-t-il enterré vraiment ses vieux chagrins d'amour ?
et, par exemple, sa passion pour sa cousine Molly, cette
passion qui lui a dicté, sans doute, ses plus beaux vers, est-
elle morte à jamais dans son cœur ?

Un écrivain français du dix-septième siècle, qui n'était
pas un grand poète comme Heine, mais qui avait peut-être
autant de malice et d'esprit que l'auteur « de l'Allemagne »,
Bussy-Rabutin, écrivait un jour à la plus cruelle des cousines et à la plus ravissante des marquises : « L'amour
étant un vrai *recommenceur*, on... redit les mêmes choses
qu'auparavant en d'autres termes (1). » S'il en est ainsi,
et Mme de Sévigné trouvait ces mots aussi *vrais* que *jolis*,
il se pourrait bien que le nouveau poème de Heine, *le Retour*,
nous « redît les mêmes choses qu'auparavant en d'autres
termes » : car, de tous les poètes de l'amour, il n'en est pas
qui ait été plus recommenceur ni plus heureusement inspiré que Henri Heine.

> Die müssen noch stärker sein
> Als wie der heil'ge Christoph
> Im Dom zu Köln am Rhein.
>
> Die sollen den Sarg forttragen
> Und senken in's Meer hinab;
> Denn solchem grossen Sarge
> Gebührt ein grosses Grab.
>
> Wisst ihr, warum der Sarg wohl
> So gross und schwer mag sein ?
> Ich legt'auch meine Liebe
> Und meinen Schmerz hinein.
>
> (*Intermezzo*, LXV.)

(1) Lettre du comte de Bussy Rabutin à Mme de Sévigné, 3 juillet
1655, et lettre de Mme de Sévigné, du 19 juillet 1655.

CHAPITRE XII.

Le Retour.

Dans les premiers jours de mai 1823, Heine quitta Berlin pour aller faire un assez long séjour dans une petite ville du Hanovre, où s'était établie sa famille : son père, fatigué et malade, avait liquidé son commerce, vendu sa maison de Dusseldorf et s'était fait ainsi quelques rentes avec lesquelles il alla vivre modestement à Lunebourg. C'est là que Heine vint se reposer de la vie agitée et passablement dissipée qu'il menait depuis deux ou trois ans à Berlin : il trouva à Lunebourg plus de repos qu'il n'en désirait, même pour sa tête malade et ses nerfs surexcités. Au sortir de la capitale de l'esprit allemand, il lui sembla dur d'être relégué dans « la capitale de l'ennui », comme il appelle Lunebourg : « Voilà deux mois que je végète dans une sombre mélancolie ; je ne vois rien qu'imbéciles et grands livres de commerce cheminant dans les rues (1). » Ajoutons, ce qui n'était pas fait pour égayer ce séjour au sein de sa famille, qu'aucun des siens ne faisait un cas particulier de ses œuvres, lyriques ou dramatiques : « Ma mère a bien lu les *Tragédies* et les *Lieder,* mais ne les a pas autrement goûtés ; ma sœur les tolère et rien de plus ; mes frères ne les comprennent pas et mon père n'a pas même ouvert le livre (2). »

Il essaie de se distraire en lisant des livres italiens et français et en écrivant de fréquentes lettres au modèle des amis, Moser, le bon et savant Moser, « l'édition de luxe,

---

(1) *Correspondance,* t. I, p. 120.
(2) *Correspondance,* t. I, p. 61.

revue et corrigée, d'un homme véritable, l'épilogue de Nathan le Sage », comme l'appelle Heine, qui l'admire autant qu'il l'aime. Comment ne pas admirer, en effet, un homme qui comprend, dans l'original, le poète indien Volniki, et, ce qui est bien aussi méritoire, Hegel lui-même? et comment ne pas aimer un ami qui vous envoie ponctuellement tous les journaux qui parlent de vos œuvres, vous prête son manteau et oublie de le réclamer, et ne répond pas quand vous le priez de vous dire combien de thalers vous lui devez. « Tu ne perdras rien pour attendre, lui écrit Heine, bien qu'autrefois tu eusses coutume de dire que les étudiants ne rendent rien. Pour moi, quand un étudiant veut me soutirer un thaler (c'est-à-dire vingt-quatre gros), je lui donne plutôt vingt-trois gros et j'ai un gros de profit net. » Heine se montre, dans cette correspondance, très exigeant en amitié, fort affectueux du reste et dévoué, mais non moins susceptible et capricieux. En dehors de sa correspondance avec Moser, ce qui l'empêche de mourir d'ennui dans la petite ville hanovrienne, c'est un grand projet, qu'il ne réalisera que plus tard, mais dont il parle déjà sérieusement à ses amis : il songe à dire un adieu définitif à l'Allemagne. Certaines querelles, peu intéressantes à approfondir, et toujours les mêmes d'ailleurs, avec l'oncle Salomon, au sujet des subsides que celui-ci octroie d'une main toujours trop parcimonieuse au gré du prodigue neveu, le dégoût du métier d'avocat, métier peu fait pour notre taciturne poète, peut-être l'insuccès de ses tragédies, mais, à coup sûr, et par-dessus tout, les persécutions odieuses et l'insupportable dédain dont les Juifs sont l'objet de la part des Allemands, voilà ce qui inspira à Heine, dès 1823, le projet de quitter l'Allemagne, « de se libérer de la Prusse ». Du moment qu'il voulait s'expatrier, il était naturel que l'élève du tambour Legrand tournât ses regards vers la France qui avait été sa première patrie et qui, jadis, à Dusseldorf, avait fait de ses parents israélites les égaux des chrétiens. C'est à Paris en effet qu'ira Heine, il y a même « longtemps que cette idée lui est venue », comme il l'écrit dès avril 1823 à Immermann. Son intention est d'abord d'entrer dans la diplomatie : puis, comme s'il sentait vaguement qu'un poète, tel que l'auteur des *Lieder,* est trop irascible et trop sarcastique pour faire jamais un bon diplomate, il semble renoncer à la carrière diplomatique et revenir aux lettres : « Je serai cet automne à Paris ; je compte y rester plusieurs années, travailler, comme un ermite, à la bibliothèque royale et contribuer activement à faire connaître la littérature allemande, qui commence à prendre pied en France (1). »

Il est curieux que Heine ait eu, dès cette époque, et à peine âgé de vingt-trois ans, une idée si nette et si arrêtée de ce rôle d'intermédiaire entre les deux nations, rôle utile et glorieux qu'il enviera à Mme de Staël et dont il s'acquittera avec plus de compétence peut-être, mais aussi avec moins d'impartialité que le pénétrant et généreux auteur de *l'Allemagne.* D'autres préoccupations et certains événements de famille écartèrent pour quelque temps de l'esprit de Heine ce projet d'aller vivre à Paris (2) : sa sœur Charlotte se maria, pendant qu'il était à Lunebourg, avec un marchand de Hambourg, Moritz Embden (3) ; la noce devait avoir lieu non loin de Hambourg et Heine ne

_____

(1) Heine songe, sans doute, dans cette lettre, écrite en 1823, à la traduction française de Faust, par Albert Stapfer, laquelle parut justement en 1823. Cette traduction fut publiée de nouveau en 1828 avec des dessins de Delacroix et elle vient de reparaître (1886), revue par l'auteur lui-même, illustrée par Jean-Paul Laurens et rajeunie par le neveu de l'auteur, M. Paul Stapfer, qui a écrit, en guise de préface, une très belle étude littéraire sur Faust.

(2) Il le réalisa en 1831, quatre ans après la publication du *Livre des Chants.*

(3) C'est de ce mariage qu'est née Maria Embden-Heine, princesse

put résister au désir de voir cette dernière ville. « Hambourg ? y trouverai-je autant de jouissances que j'y ai déjà ressenti de chagrins ? C'est bien impossible (1). » A peine arrivé dans la ville où il avait connu, pour son malheur, Amalie Heine, il regrette d'avoir fait ce malencontreux voyage que ses amis, et surtout Varnhagen, lui avaient si fort déconseillé. « La vieille passion éclate encore une fois dans sa violence. Je n'aurais jamais dû venir à Hambourg !... la magie du lieu agit formidablement sur moi... une sombre colère, comme une couche de métal brûlant s'étend sur mon âme. J'ai soif de la nuit éternelle (2). » Dans une lettre à Moser il se dépeint parcourant « après minuit, avec ses infernales songeries, les rues fangeuses trop bien connues de Hambourg. »

« Je vais de nouveau, dit-il d'autre part dans le *Retour,* par mon chemin d'autrefois, par les rues que je connais si bien : je viens de la maison de ma bien-aimée, si triste et si abandonnée aujourd'hui.

« Ah ! que les rues sont étroites ! que le pavé est dur ! il semble que ces maisons vont m'écraser. Je me hâte et m'enfuis au plus vite (3). »

On voit, par ce rapprochement entre sa correspondance et ses poésies, que ce sont les Lieder les plus désespérés du Retour qu'il faut dater de ce malheureux voyage de 1823. La plupart des autres poésies qui composent le recueil, moins amères et surtout moins indignées, quelques-unes mêmes, telles que la fameuse *Lorelei,* complètement étrangères à sa folle passion, ont été écrites, soit assez longtemps après ce voyage,

della Rocca, l'auteur des *Souvenirs sur Henri Heine,* publiés en 1881, (Hambourg, Hoffmann et Campe).

(1) *Correspondance,* t. I, p. 85.

(2) *Correspondance,* t. I, p. 89, 91.

(3) *Buch der Lieder,* Heimkehr, XVIII, trad. franç., *Drames et Fantaisies,* p. 238.

soit dans les premiers temps mêmes de son séjour à Lunebourg, au foyer paternel. De là le titre donné au poème tout
entier : *le Retour*, ou, plus exactement, *le Retour au foyer*
(Heimkehr), ce qui signifiait sans doute aussi, dans la pensée de l'auteur, le retour à la paix du foyer, à la raison et à
la possession de soi-même. Mais qu'est-ce que la raison
pour un Heine, pour le plus nerveux, le plus féminin, le
plus amoureux des poètes ? ce qu'elle peut être pour une
femme passionnée, pour une de ces victimes prédestinées
de l'amour, M^llo de Lespinasse, par exemple, qui s'écriera
un jour, sentant toute la vanité de ses efforts pour devenir
raisonnable et calme : « Ah! mon Dieu! que la passion
m'est naturelle et que la raison m'est étrangère! » Heine,
de même, a une de ces âmes de feu, ou, comme le disait
M. de Mora à son amie, « une de ces âmes chauffées par
les rayons de Lima » qui ne sont pas faites pour vivre dans
un climat tempéré. « Le ciel ou l'enfer, voilà le climat que
je voudrais habiter, » écrit à son tranquille amant Mlle de
Lespinasse. « O cœur orgueilleux! s'écrie Heine dans le
Retour, tu voulais être infiniment heureux ou infiniment
malheureux et maintenant tu es la misère même. »

Mais un amant malheureux qui nous raconte sans cesse
des tourments sans fin, risque fort de nous ennuyer, même
s'il se plaint en beaux vers : Heine n'a pas échappé complètement à ce danger et quelques-uns de ses Lieder amoureux,
dans le *Retour,* nous paraissent d'autant plus monotones
qu'ils ne sont que l'écho affaibli des belles et poétiques lamentations de l'*Intermezzo.* Dans l'intervalle du premier au
second recueil, la douleur du poète semble avoir perdu de
son amertume et même, disons-le, de sa sincérité, et elle en
est devenue moins éloquente. Heine était trop artiste pour
ne pas sentir ce qu'il appelait un peu sévèrement lui-même
« son défaut capital, comme poète : c'est, disait-il, ce qu'il
y a *d'exclusif et de particulier* dans tous mes poèmes, qui

ne sont autre chose que des variations du même petit thème (1). » Justement, dans le *Retour*, il se fait adresser par un ami le reproche de n'avoir pas su éviter la monotonie : « Mon ami, pourquoi ta lyre redit-elle toujours l'ancien lied (2) ? »

C'est peut-être toujours l'ancien *lied*, mais on a peine à croire qu'il chante encore l'ancien amour, ce premier amour de jeunesse qui avait dicté à l'auteur de l'*Intermède* ses poésies les plus vraies et les plus sûrement vécues. Comme toujours, Heine revoit en rêve sa bien-aimée, mais elle est « triste et fanée et pauvre. » Il consent à pardonner, mais à la condition, semble-t-il, que la pauvre enfant soit malheureuse ; ne lui avait-il pas prédit déjà dans l'*Intermède* « qu'ils devaient être tous les deux éternellement malheureux (3) ? »

Serment et menace de poète ! l'auteur du *Retour* semble porter assez allègrement « ce malheur éternel. »

(1) *Lettre à Zimmermann*, 10 juin 1823. Corresp., édit. franç., t. I, p. 70.
(2) *Die Heimkehr*, XLII.
(3) « Elle portait un enfant sur son bras, elle en conduisait un autre par la main ; sa démarche, son regard, ses vêtements, tout trahissait la misère et l'angoisse. Elle allait d'un pas chancelant par la place du marché. »

(*Le Retour*, XLI.)

Ce n'est pas ainsi qu'un de nos plus charmants poètes devait pardonner à celle qu'il avait, sinon toujours aimée (qui peut se vanter de connaître l'âme d'un poète ?), du moins sans cesse invoquée et chantée dans son gracieux poème dédié à *Marie*.

Va, dit-il à Daniel,

va voir

Celle qui demeurait chez sa mère, au Moustoir.
... Assis dans sa maison, alors regarde bien
Si quelque joie y règne et s'il n'y manque rien,
Si son époux est bon, sa famille nombreuse,
Et si dans son ménage enfin elle est heureuse.

En revenant de voyage il passe, et par hasard encore ! devant la maison de sa bien-aimée : il entre et demande aussitôt des nouvelles de la tante, des cousines et du petit chien qui aboyait si gentiment ; « je m'informai *en outre de ma bien-aimée* » ; et tout le reste du morceau est écrit de ce ton détaché que n'aurait jamais su si bien prendre, même par ironie, un cœur vraiment malheureux. Il nous semble donc que Heine était, sinon guéri, du moins passablement remis de sa première passion lorsqu'il écrivit le *Retour* : il avait pratiqué, mais sans trop de succès, son fameux « système homéopathique » contre le mal d'amour, car il nous dit lui-même à cette époque : « Celui qui aime pour la première fois, même s'il n'est pas aimé, est un dieu ; mais celui qui aime pour la seconde fois, sans être payé de retour, est un fou, et je suis un pareil fou (1). » Il ne lui reste plus qu'à rire de sa folie et c'est ce qu'il fait dans mainte pièce du *Retour* : malheureusement il n'a pas toujours l'esprit de nous faire rire nous-mêmes. Sauf peut-être dans deux ou trois passages, les plaisanteries de l'auteur nous laissent froids parce qu'elles sont fondées, tantôt sur de mauvais calembours, tantôt sur des expressions françaises germanisées ou sur de puérils jeux de mots (2). Heine nous donnera trop souvent pour un trait d'esprit un pur jeu de mots, ce que les Allemands appellent un *Witz* et ce que quelques-uns d'entre eux ont la naïveté de confondre avec le véritable esprit français.

Par un autre côté, le *Retour* est inférieur à l'*Intermède lyrique* : si nous avons admiré franchement et sans réserve, dans l'*Intermède*, même les poésies qu'on pourrait appeler voluptueuses, ce n'est pas seulement parce que la volupté

(1) *Die Heimkehr*, LXIII.
(2) Voir, par exemple, le lied XVII, où Heine joue sur le mot *Thor* qui signifie à la fois *porte* et *fou*. Voir aussi le lied LXXV.

s'y exprimait en beaux vers : c'est surtout parce que cette volupté avait son excuse dans un ardent amour, c'est parce que les cris de douleur et de joie, bien loin d'être médités, semblaient échapper à un cœur naïvement et sincèrement épris. Mais dans le *Retour* l'auteur est plus maître de lui et nous le jugeons plus sévèrement ; son ironie, n'étant plus la revanche de son amour trahi, nous déplaît et nous choque. Heine, par exemple, félicite sa bien-aimée d'avoir, à défaut d'un cœur inutile, tout ce qui peut rendre heureux un amant qui sait estimer à leur prix « de très beaux yeux, des dents comme des perles et des épaules blanches comme la neige » : ces beaux yeux nous paraissent moins beaux qu'au poète, quand nous savons le bel accueil qu'ils préparent aux hussards bleus dont on entend déjà la trompette aux portes de la ville.

En voilà assez pour montrer que la fantaisie du poète s'égare en des plaisanteries qu'il est le seul à trouver spirituelles et qui même ne sont pas toujours des plus innocentes : l'ironie de Heine s'égaie quelquefois à bien peu de frais, voire même, ce qui est plus grave, aux frais de la morale et du bon goût. Osons le dire, cette ironie, qui savait être si mordante, fut souvent triviale et polissonne et l'on doit regretter, pour ne parler ici que du poème qui nous occupe, que Heine n'ait pas rejeté du *Retour* certaines pièces de vers qui n'ajoutaient rien à sa gloire de poète, car ce sont de pures gamineries : or, si le vrai poète doit être un enfant, personne n'a jamais dit qu'il dût être un gamin. Dans la première pièce du *Retour* Heine se compare à un enfant qui chante dans l'obscurité pour se délivrer de sa peine et de son effroi : il est fâcheux seulement que cet enfant n'ait pas toujours chanté comme doit chanter un enfant, même s'il est un enfant sublime.

Le grand charme du *Retour* n'est donc pas dans les poésies où Heine parle encore une fois, et moins bien que dans l'*Intermède,* de ses plaisirs et de ses chagrins d'amour ; il est dans certaines pièces de vers beaucoup moins personnelles, dans de petits tableaux que Heine a peints avec un soin, disons mieux, avec un art infini. Ce n'est plus le poète amoureux, c'est le grand peintre que nous admirons dans le *Retour.*

Dans quelques vers d'une ravissante simplicité, Heine s'encourage lui-même à secouer son noir chagrin et à aimer dans le monde, qui est encore si beau, tant de choses qui méritent d'être chantées. Ne voilà-t-il pas « un nouveau printemps qui va lui rendre tout ce que l'hiver lui a ravi ? » Et, en effet, il semble que le poète n'ait qu'à ouvrir les yeux pour voir tout refleurir et s'animer autour de lui. Voici, par exemple, surplombant le Rhin, un rocher d'ardoises déchiquetées, comme il y en a tant d'autres, et de bien plus pittoresques, entre Bonn et Mayence : le poète a prêté l'oreille à la plainte du fleuve dont le rapide courant vient battre le rocher ; il s'est souvenu d'une prétendue légende du moyen âge et, dans quelques strophes enchanteresses, il a rendu immortelle la *Lorelei :*

« Je ne sais ce que veut dire cette tristesse qui m'accable ; il y a un conte des anciens temps dont le souvenir m'obsède sans cesse.

« L'air est frais, la nuit tombe et le Rhin coule en silence ; le sommet de la montagne brille des dernières clartés du couchant.

« La plus belle vierge est assise là-haut comme une apparition merveilleuse ; sa parure d'or étincelle ; elle peigne ses cheveux d'or.

« Elle peigne ses cheveux d'or avec un peigne d'or et elle chante une chanson dont la mélodie est prestigieuse et terrible.

« Le marinier, dans sa petite barque, se sent pénétré d'une folle douleur ; il ne voit pas les gouffres et les rochers ; il ne voit que la belle vierge assise sur la montagne.

« Je crois que les vagues à la fin engloutissent et le marinier et la barque : c'est la Lorelei qui a fait cela avec son chant (1). »

Bien d'autres, avant Heine, avaient dépeint en vers ces rochers légendaires de Bacharach, où 'écho redit je ne sais combien de fois les gémissements du pêcheur que le chant magique de la fée aux cheveux d'or entraîne au fond des eaux (2) : mais ce qui fait qu'on ne connaît plus que la

(1)
    Ich weiss nicht was soll es bedeuten,
    Dass ich so traurig bin ;
    Ein Märchen aus alten Zeiten,
    Das kommt mir nicht aus dem Sinn.

    Die Luft ist kühl und es dunkelt,
    Und ruhig fliesst der Rhein,
    Der Gipfel des Berges funkelt
    Im Abendsonnenschein.

    Die schönste Iungfrau sitzet
    Dort oben wunderbar,
    Ihr goldnes Geschmeide blitzet,
    Sie kämmt ihr goldenes Haar.

    Sie kämmt es mit goldenem Kamme,
    Und singt ein Lied dabei ;
    Das hat eine wundersame,
    Gewaltige Melodei.

    Den Schiffer im kleinen Schiffe
    Ergreift es mit wildem Weh ;
    Er schaut nicht die Felsenrisse,
    Er schaut nur hinauf in die Höh'.

    Ich glaube, die Wellen verschlingen,
    Am Ende Schiffer und Kahn ;
    Und Das hat mit ihrem Singen
    Die Lorelei gethan.
          (*Die Heimkehr*, II. *Drames et fantaisies*, p. 227.)

(2) On peut lire, dans une brochure de M. le docteur Leimbach

Lorelei de Heine, c'est qu'il a su peindre ce site, désormais célèbre, avec un sentiment si vif et si simple de la nature, avec des expressions si voisines des choses que le poète disparaît tout entier et que ce sont les objets qui s'offrent et s'expriment eux-mêmes. Dès la seconde strophe, on croit sentir au visage l'air frais du soir et on voit le Rhin qui coule, tranquille, au bas de la montagne, tandis que là-haut, dans les derniers rayons du soleil couchant, la fée chante une chanson que le poète n'a garde de transcrire : il aime bien mieux nous laisser rêver à « son étrange et puissante mélodie » ; et d'ailleurs, en écoutant lire et surtout chanter la poésie tout entière, avec ses strophes si harmonieuses et sa conclusion d'une si froide indifférence pour le sort de l'infortuné pêcheur, ne croit-on pas entendre la chanson même de la belle et cruelle Lorelei ?

Ailleurs Heine est assis, le soir, au bord de la mer et nous admirons encore comme il choisit d'instinct, parmi une foule de traits, ceux qui sont les plus frappants et les plus expressifs, et comme aussi, sans rien sacrifier de sa précision habituelle, il sait mettre de l'air et ménager des lointains dans ses tableaux :

« Nous étions assis dans la maison du pêcheur et nous regardions la mer. Les brouillards du soir s'élevaient et montaient vers les cieux.

« Peu à peu on alluma les lumières du phare ; dans le lointain on découvrit encore un navire.

« Nous parlions de tempêtes, de naufrages ; nous parlions des marins et de leur vie ballottée entre le ciel et l'eau, de leur vie que se partagent l'inquiétude et la joie...

(*Die Lorelei*, Wolfenbüttel, 1879), les différentes poésies qu'a inspirées aux poètes allemands la célèbre nixe du Rhin. On y verra, en outre, que la légende de la Lorelei ne remonte pas au delà de 1801, époque à laquelle elle fait sa première apparition dans un roman de Brentano (*Godwi*).

16.

« En Laponie (disions-nous), ce sont des gens sales, petits, avec des têtes écrasées et des bouches énormes. Ils se chauffent autour du feu, ils font cuire du poisson, ils se battent et crient.

« Les jeunes filles nous écoutaient gravement ; *enfin personne ne parla plus, on ne voyait plus le navire, la nuit était trop noire* (1).

Imagine-t-on enfin un sujet moins inspirateur que ce qu'on voit ou croit voir dans une rue, la nuit, par une pluie battante ? Pourtant avec de bons yeux et, mieux encore, avec des yeux de poète, on y peut trouver matière à d'assez jolis tableaux : « Il fait un temps affreux ; il pleut, il vente, il neige ; je suis assis à la fenêtre et je regarde dans l'obscurité.

« Je vois briller une petite lumière solitaire qui marche lentement : c'est une vieille femme (une petite mère), avec sa petite lanterne, qui traverse la rue.

« Elle vient, je le soupçonne, d'acheter de la farine, des œufs et du beurre ; elle veut pétrir un gâteau pour sa jeune fille chérie.

« La jeune fille chérie est assise dans la maison, bien à son aise, dans un grand fauteuil ; à moitié endormie, elle regarde d'un œil clignotant la lueur de la lampe et les boucles d'or de sa chevelure flottent sur son doux et beau visage (2). »

(1)   Die Mädchen horchten ernstaft,
               Und endlich sprach Niemand mehr ;
               Das Schiff war nicht mehr sichtbar,
               Es dunkelte gar zu sehr.

               (*Die Heimkehr*, VII. *Drames et Fantaisies*, p. 231.)

(2)   Das ist ein schlechtes Wetter,
               Es regnet und stürmt und schneit ;
               Ich sitze am Fenster und schaue
               Hinaus in die Dunkelheit.

Là, comme ailleurs, ce qui nous enchante dans ces admirables petites toiles, c'est l'habileté du peintre à mêler les traits précis (la lanterne qu'on voit s'avancer dans la rue), à ce que nous appellerons, faute d'un meilleur terme, le vague poétique :

> und schaue
> Hinaus in die Dunkelheit.

Et, qu'on veuille bien le remarquer, Heine ne confond jamais la précision avec la sécheresse, ce que fait le poète descriptif, ni le vague poétique avec l'obscurité, ce que fait le poète sentimental.

Dans une des pages les plus ingénieuses et les plus vraies de son *Laocoon*, Lessing, voulant montrer combien font fausse route ces poètes trop consciencieux qui ne nous font grâce d'aucun détail dans leurs descriptions, prend à partie l'auteur du poème des « Alpes », Haller. Celui-ci avait dépeint minutieusement la gentiane en une poésie brillante qui était devenue célèbre. Qu'avait voulu le poète en décrivant ainsi cette fleur ? évidemment que le lecteur arrivât à

> Da schimmert ein einsames Lichtchen,
> Das wandelt langsam fort ;
> Ein Mütterchen mit dem Laternchen
> Wankt über die Strasse dort.
>
> Ich glaube, Mehl und Eier,
> Und Butter kaufte sie ein ;
> Sie will einen Kuchen backen,
> Für's grosse Töchterlein.
>
> Die liegt zu Haus im Lehnstuhl,
> Und blinzelt schläfrig in's Licht ;
> Die goldnen Locken wallen
> Ueber das süsse Gesicht.
>
> (*Die Heimkehr*, XXIX.)

la *voir* en imagination. Lessing faisait donc de ce morceau si admiré la meilleure des critiques, lorsqu'il disait en substance au poète : Grâce à votre description infinie, je ne *vois pas* votre gentiane ; ce n'est pas ainsi que procèdent les vrais poètes : ouvrez l'*Iliade* et voyez Hélène s'avancer au milieu des Troyens. Homère se garde bien de nous peindre en détail la beauté d'Hélène ; il nous montre simplement des vieillards obligés eux-mêmes de reconnaître qu'Hélène est vraiment digne de tout le sang et de toutes les larmes qu'elle a fait verser. « Ce qu'Homère ne pouvait nous décrire, il nous le fait connaître *par ses effets* (1). » C'est justement par ses effets, par l'impression produite sur le spectateur, que Heine va nous faire connaître, non la beauté physique d'une Hélène, mais, ce qui est autrement difficile à exprimer, le charme du visage uni à la pureté du cœur, toutes ces grâces exquises et presque intimidantes qu'on lit sur le front d'une jeune fille :

> Du bist wie eine Blume,
> So hold und schön und rein;
> Ich schau' dich an, und Wehmuth
> Schleicht mich in's Herz hinein.
>
> Mir ist, als ob ich die Hände,
> Auf's Haupt dir legen sollt',
> Betend, dass Gott dich erhalte
> So rein und schön und hold (2).
>
> (*Die Heimkehr*, XLVII. *Drames et Fantaisies*, p. 253.)

Dans ce lied si court et d'une si exquise simplicité il n'y a

(1) *Laokoon*, édit. allem. de Hugo Blümner. Weidmannsche Buchhandlung, Berlin, 1880, p. 293.

(2) Tu es comme une fleur, si gracieuse, si belle, si pure ! Je te contemple, et une douce tristesse se glisse dans mon cœur.

Il me semble que je devrais poser mes mains sur ta tête et prier Dieu de te conserver toujours si gracieuse, si belle, si pure.

Charles d'Orléans avait dit, avec la même chasteté et la même simplicité d'expression :

a qu'une image, et à peine indiquée (tu es comme une fleur):
parfois même, nous l'avons vu, le poète se passe complètement d'images et de métaphores, et pourtant il a pu vanter
avec raison « la forme plastique » de ses poèmes. Comment
donc est-il parvenu à peindre avec si peu de couleurs, à
parler aux yeux avec si peu d'images ? Ne dit-il pas lui-
même que « la langue allemande s'adresse surtout aux yeux,
que l'intelligence, en allemand, c'est la vue même (*Ein-
sicht*)? et que l'Allemand doit voir, embrasser sous une
forme plastique, tout ce qu'il exprime (1) ? » D'où vient
donc que Heine nous fait *voir* les choses, non seulement
sans les décrire, mais parfois même sans employer ni couleurs, ni figures de mots ? C'est qu'il a l'art, invraisemblable
semble-t-il, mais que pratique d'instinct tout grand poète,
de parler à nos yeux par la seule harmonie de ses phrases
et de produire des images rien qu'avec de beaux sons et
des rythmes enchanteurs. Grâce à ce perpétuel secours que
nos sens se prêtent entre eux, en lisant Heine nous croyons
voir ce que nous ne faisons qu'entendre, et nous voyons,
sous des formes à la fois nettes et charmantes, ce que nous

> Dieu, qu'il la fait bon regarder,
> La gracieuse, bonne et belle !
> Pour les grans biens qui sont en elle,
> Chascun est prest de la louer.
>
> Qui se pourroit d'elle lasser !
> Tousjours sa beaulté renouvelle.
> Dieu, qu'il la fait bon regarder,
> La gracieuse, bonne et belle !
>
> Par deçà, ne delà la mer,
> Ne scay Dame, ne Damoiselle,
> Qui soit, en tous biens parfais, telle ;
> C'est un songe que d'y penser.
> Dieu, qu'il la fait bon regarder !

(1) Entretien de Heine avec Adolph Stahr : *Zwei Monate in Paris*,
von Ad Stahr. 1851. Theil II. S. 325.

entendons en des phrases à la fois claires et harmonieuses.

Heine n'est pas de ces poètes qui s'imaginent qu'on ne peut peindre qu'avec des couleurs ; il s'adresse à la fois, et dans une même strophe, aux oreilles et aux yeux des lecteurs ; il s'efforce surtout, pour que l'illusion soit complète, de faire naître dans leur âme les sentiments qu'ils auraient éprouvés en présence des objets qu'ils croient voir et des personnages qu'ils croient entendre. Toutes ces qualités, et, pour ainsi dire, toutes ces habiletés à demi inconscientes qui font le grand artiste, nous les trouvons réunies dans la dernière pièce que nous ayons à citer ; c'est celle qui clôt le poème du *Retour* et qui a pour titre :

LE PÈLERINAGE A KEVLAAR (1).

I.

A la fenêtre se tient la mère ; le fils est couché dans le lit. « Ne veux-tu pas te lever, Wilhelm, pour voir la procession ?

— Je suis si malade, ô ma mère ! que je n'entends ni ne vois ; je pense à ma chère morte et cela me déchire le cœur.

(1)   DIE WALLFAHRT NACH KEVLAAR.

I.

Am Fenster stand die Mutter,
Im Bette lag der Sohn.
« Willst du nicht aufstehn, Wilhelm,
Zu schaun die Procession ? »

« Ich bin so krank, o Mutter,
Dass ich nicht hör und seh' ;
Ich denk'an das todte Gretchen,
Da thut das Herz mir weh. »

— Lève-toi, nous irons à Kevlaar ; prends tes Heures et ton rosaire ; la mère de Dieu guérira ton cœur endolori. »

Les bannières de la croix flottent au vent, les saints cantiques retentissent, c'est à Cologne sur le Rhin que passe la procession.

La mère et le fils suivent la foule, tous deux chantent en chœur : « Gloire à toi, Marie ! »

II.

Notre-Dame de Kevlaar porte aujourd'hui ses plus beaux habits ; aujourd'hui elle a beaucoup à faire, il lui vient des malades en foule.

> « Steh auf, wir wollen nach Kevlaar,
> Nimm Buch und Rosenkranz ;
> Die Mutter Gottes heilt dir
> Dein krankes Herze ganz. »
>
> Es flattern die Kirchenfahnen,
> Es singt im Kirchenton ;
> Das ist zu Köln am Rheine,
> Da geht die Procession.
>
> Die Mutter folgt der Menge,
> Den Sohn, den führet sie,
> Sie singen beide im Chore :
> « Gelobt seist du, Marie ! »

II.

> Die Mutter Gottes zu Kevlaar
> Trägt heut ihr bestes Kleid ;
> Heut hat si Viel zu schaffen
> Es kommen viel' kranke Leut'.

Les malades lui présentent, comme offrandes, des membres de cire, beaucoup de pieds et de mains en cire.

Et celui qui offre une main de cire, sa main malade devient saine, et celui qui offre un pied de cire, son pied se guérit.

Bien des gens allèrent à Kevlaar avec des béquilles qui maintenant sautent à la corde, beaucoup jouent maintenant du violon qui y vinrent ne pouvant remuer un seul doigt.

La mère prit un cierge et en forma un cœur. « Porte cela à la mère de Dieu, elle guérira ton mal. » Le fils prit en soupirant le cœur de cire, le porta en soupirant devant la sainte image ; les larmes lui jaillirent des yeux, ces mots lui jaillirent du cœur :

> Die kranken Leute bringen
> Ihr dar, als Opferspend',
> Aus Wachs gebildete Glieder,
> Viel' wächserne Füss' und Händ'.
>
> Und wer eine Wachshand opfert,
> Dem heilt an der Hand die Wund' ;
> Und wer einen Wachsfuss opfert,
> Dem wird der Fuss gesund.
>
> Nach Kevlaar ging Mancher auf Krücken,
> Der jetzo tanzt auf dem Seil,
> Gar Mancher spielt jetzt die Bratsche,
> Dem dort kein Finger war heil.
>
> Die Mutter nahm ein Wachslicht,
> Und bildete draus ein Herz.
> « Bring' das der Mutter-Gottes,
> Dann heilt si deinen Schmerz. »
>
> Der Sohn nahm seufzend das Wachsherz,
> Ging seufzend zum Heiligenbild ;
> Die Thräne quillt aus dem Auge,
> Das Wort aus dem Herzen quillt :

« Très glorieuse Marie, servante immaculée et mère de Dieu, reine du ciel, entends ma plainte. Je demeurais avec ma mère dans la ville de Cologne, la ville qui compte par centaines les chapelles et les églises.

Et près de nous demeurait la petite Margaretha qui dernièrement est morte; Marie, je t'apporte un cœur de cire, guéris-moi la blessure de mon cœur.

« Guéris-moi mon cœur endolori, et je dirai et chanerai matin et soir avec ferveur : Gloire à toi, Marie! »

III.

Le fils malade et la mère dormaient dans leur chambrette :

« Du Hochgebenedeite,
Du reine Gottesmagd,
Du, Königin des Himmels,
Dir sei mein Leid geklagt!

« Ich wohnte mit meiner Mutter
Zu Köllen in der Stadt,
Der Stadt, die viele hundert
Kapellen und Kirchen hat.

« Und neben uns wohnte Gretchen,
Doch die is todt jetzund —
Marie, dir bring'ich ein Wachsherz,
Heil du meine Herzenswund.

« Heil du mein krankes Herze —
Ich will auch spät und früh
Inbrünstiglich beten und singen ;
Gelobt seist du, Marie! »

III.

Der kranke Sohn und die Mutter,
Die schliefen im Kämmerlein ;

survint la mère de Dieu qui entra sur la pointe du pied. Elle se pencha sur le malade, appuya légèrement sa main sur son cœur, sourit doucement et disparut.

La mère vit tout comme dans un rêve ; elle a même entrevu quelque chose de plus ; elle sort de son assoupissement ; les chiens dans la cour aboyaient si fort !

Son fils était là, étendu sur son grabat, il était mort ; les lueurs rouges du matin se jouaient sur ses joues blanches.

La mère joignit pieusement les mains, et pieusement à voix basse elle chanta :

« Gloire à toi, Marie ! »

Chanson populaire et romantisme, nous retrouvons ici ces deux sources d'inspiration que nous avons signalées dès les premières poésies de Heine : ce lied de Kevlaar est aussi simple, aussi primitif, mais combien plus délicat et mieux

Da kam die Mutter-Gottes
Ganz leise geschritten herein.

Sie beugte sich über den Kranken,
Und legte ihre Hand
Ganz leise auf sein Herze,
Und lächelte mild un schwand.

Die Mutter schaut Alles im Traume,
Und hat noch mehr geschaut ;
Sie erwachte aus dem Schlummer,
Die Hunde bellten so laut.

Da lag dahingestrecket
Ihr Sohn, und Der war todt ;
Es spielt' auf den bleichen Wangen
Das lichte Morgenroth.

Die Mutter faltet die Hände,
Ihr war, sie wuste nicht wie ;
Andächtig sang sie leise :
« Gelobt seist du, Marie ! »

(*Buch der Lieder*, p. 271. — *Poëmes et légendes*, p. 165.)

composé qu'un lied populaire ! il ressuscite, d'autre part, ce temps, cher aux romantiques, où naquit le lied populaire ; mais, tandis que les romantiques faisaient reparaître les costumes, Heine fait revivre l'âme même des temps passés ; il ne s'est pas arrêté, comme aurait fait un vulgaire romantique, à nous dépeindre la procession qui se rend à Kevlaar avec ses enfants de chœur et ses bannières déployées, mais il nous a fait entrevoir, par l'harmonie des cantiques, par la touchante soumission du fils, et par la prière finale, si attendrissante et si résignée, de la mère, ce monde idéal et divin qui fut la consolation, le doux et poétique rêve des cœurs simples au moyen âge.

Les chansons amoureuses du *Retour* sont inférieures à celles de l'*Intermède* ; mais c'est dans *le Retour* surtout que Heine s'est montré grand peintre, car il y a dessiné, parmi tant de tableaux qui nous ont charmés, la *Lorelei* et surtout le *Pèlerinage à Kevlaar* qui est le Lied le plus émouvant et le plus pur, et peut-être le chef-d'œuvre du *Livre des Chants*.

CHAPITRE XIII.

La Mer du Nord.

Heine avait déjà dans « le Retour » esquissé çà et là quelques jolies marines : il ne chante plus que la mer dans le petit poème intitulé « Mer du Nord ». Ce poème (1825-26) fut composé peu à peu pendant les deux séjours que Heine fit à Norderney pour combattre ses éternelles migraines et reposer ses nerfs fatigués ; il y raffermit sa santé et désormais il voua à la mer un vrai culte : il y avait dans ce culte, d'abord la gratitude d'un convalescent pour ce qui lui avait rendu la santé et la gaîté ; il y avait surtout l'enthousiasme sincère, la joie d'un artiste qui a découvert et qui va révéler à ses compatriotes des beautés nouvelles que personne avant lui, en Allemagne, n'avait su si bien voir ou, tout au moins, si bien peindre ; et il y avait enfin dans cet amour de Heine pour Amphitrite, pour la capricieuse et folle déesse, la sympathie naturelle d'un poète éminemment nerveux et fantasque dont l'imagination était aussi mobile et l'humeur aussi changeante que les flots. Il aime la mer, dit-il, « comme une maîtresse » ; c'est elle qui désormais régnera sur son cœur, et, comme un pieux vassal, avant de publier de par le monde la beauté de sa nouvelle souveraine, il lui rend hommage à genoux dans une poésie éclatante et dont la première strophe est d'une superbe allure (1).

(1) KRÖNUNG.

Ihr Lieder ! Ihr meine guten Lieder
Auf, auf ! und wappnet euch !
Lasst die Trompeten klingen,
Und hebt mir auf den Schild
Dies junge Mädchen,

« Lieder, mes bons Lieder ! debout, debout et prenez vos armes ! Faites sonner les trompettes et élevez-moi sur le pavois cette jeune belle qui désormais doit gouverner mon cœur comme une reine.

« Salut à toi, ma jeune reine ! Du soleil qui luit là-haut j'arracherai l'or rutilant et radieux et j'en formerai un diadème pour ton front sacré. Du satin azuré qui flotte à la voûte du ciel et où scintillent les diamants de la nuit je veux arracher un magnifique lambeau, et j'en ferai un manteau de parade pour tes royales épaules. Je te donnerai une

Das jetzt mein ganzes Herz
Beherrschen soll, als Königin.
Heil dir ! du junge Königin !

Von der Sonne droben
Reiss' ich das strahlend rothe Gold,
Und webe draus ein Diadem
Für dein geweihtes Haupt.
Von der flatternd blauseidnen Himmelsdecke,
Worin die Nachtdiamanten blitzen,
Schneid' ich ein kostbar Stück,
Und häng' es dir, als Krönungsmantel
Um deine königliche Schulter.
Ich gebe dir einen Hofstaat
Von steifgeputzten Sonetten,
Stolzen Terzinen und höflichen Stanzen ;
Als Läufer diene dir mein Witz,
Als Hofnarr meine Phantasie,
Als Herold, *die lachende Thräne im Wappen*,
Diene dir mein Humor.
Aber ich selber, Königin,
Ich kniee vor dir nieder,
Und huld'gend, auf rothem Sammetkissen,
Ueberreiche ich dir
Das bischen Verstand,
Das mir aus Mitleid noch gelassen hat
Deine Vorgängerin im Reich.

(Buch der Lieder, p. 299.)

cour de pimpants sonnets, de fières terzines et de stances élégantes ; mon esprit te servira de coureur, ma fantaisie de bouffon, et mon humour sera ton héraut avec « une larme qui rit » dans son blason. Mais moi-même, je me jetterai à tes pieds, reine, et, agenouillé sur un coussin de veleurs rouge, je te ferai hommage du reste de raison qu'a daigné me laisser la souveraine qui t'a précédée dans mon cœur. »

La *Mer du Nord* contient une vingtaine de pièces dont quelques-unes sont des odes splendides, tout à fait dignes du grand peintre que nous avons admiré dans « le Retour ». Mais cette « Mer du Nord » est le poème de Heine dont il est le plus difficile de donner une juste idée à des lecteurs français, parce que le principal mérite ici est dans l'élocution ; or, comme l'a dit excellemment notre du Bellay, on a beau, quand on traduit, reproduire l'invention, « sans l'élocution, sans métaphores, allégories, comparaisons et tant d'autres figures et ornements, toute oraison et poème sont nus et débiles ». La langue française, même chez les grands poètes, et quoi qu'ils fassent, est toujours analytique et un peu sourde ; rien, au contraire, n'est plus synthétique et plus retentissant que la langue que Heine a parlée, ou plutôt chantée dans la *Mer du Nord*. Tel vers et même telle expression donnent en même temps la couleur et le bruit des flots ; tel adjectif est à la fois une image et un son, que dis-je ? Heine compose des adjectifs qui nous présentent plusieurs images à la fois, par exemple la blancheur et la rapidité des vagues écumantes ou bien les reflets de la lune sur une mer tranquille et la douce mélancolie qui se glisse, à cette vue, dans l'âme du poète. Imaginez, si vous le pouvez, le plus curieux et aussi le plus heureux mélange d'images qui chantent et de sons qui peignent, et dites-vous surtout que ces images ne reproduisent pas uniquement les objets, par exemple les aspects changeants de la mer,

que ces sons ne répètent pas purement et simplement,
comme certaines harmonies imitatives aussi banales que
célèbres, les mille bruits des flots qui viennent expirer sur
la grève : tout au contraire, images et sons servent en
même temps soit à nuancer, soit à accentuer les impressions
personnelles d'un poète qui prêtait son âme à tout ce qu'il
chantait. Ces vers se plient enfin merveilleusement, par des
coupes et des rythmes variés, à toutes les fantaisies de l'auteur : ici ce sont les vagues qui se pressent et se poussent,
ajoutant l'écume à l'écume et le rire à la plainte :

> Und die weissen, weiten Wellen,
> Von der Fluth gedränkt,
> Schäumten und rauschten näher und näher,
> Ein seltsam Geräusch, ein Flüstern und Pfeifen,
> Ein Lachen und Murmeln, Seufzen und Sausen.

Là haut voguent les nuées, « ces grises et informes filles
de l'air qui de la mer, avec des seaux de brouillard, puisent
l'eau, la traînent lentement et à grand' peine et la laissent
retomber dans la mer, besogne triste, fastidieuse et inutile,
comme ma propre vie (1). »

Ailleurs « le beau soleil est descendu paisiblement dans
la mer ; les flots sont déjà teints par la nuit obscure, seulement le crépuscule du soir les parsème de clartés d'or et la
marée bruissante pousse au rivage de blanches vagues qui

____

(1)   Und über mich hin ziehen die Wolken,
      Die formlos grauen Töchter der Luft,
      Die aus dem Meer, in Nebeleimern,
      Das Wasser schöpfen,
      Und es mühsam schleppen und schleppen,
      Und es wieder verschütten in's Meer,
      Ein trübes, langweil'ges Geschäft,
      Und nutzlos, wie mein eignes Leben.

(*Buch der Lieder*, p. 337.)

bondissent, joyeuses et pressées comme des troupeaux d'a-
gneaux bêlants, que, le soir, le pâtre ramène en chantant
vers la bergerie. »

Par quelques-unes de ses images, grandes et simples, par
ses épithètes sonores, composées de deux et parfois même de
trois mots expressifs (1), Heine nous fait penser au chantre
d'Ulysse, et nous savons par sa correspondance (2), qu'à
Norderney il lisait *l'Odyssée*, « ce livre éternellement jeune à
travers les feuillets duquel on entend bruire la mer (3). »
Il se plaît même à invoquer les dieux de la Grèce : Neptune
« sort des eaux, la tête couronnée de joncs », et les noms
harmonieux de Thalatta, de Poseidon et d'Aphrodite retentissent dans quelques-unes de ses poésies.

Heine a-t-il donc abjuré son ancienne foi romantique et
le chantre de la Lorelei est-il devenu, comme Gœthe et
Schiller dans leur période classique, un adorateur de Pallas
Athéné ?

Le moment serait peut-être mal choisi pour se faire
païen, car Heine vient de se convertir au christianisme ; à
vrai dire, ce n'est pas là ce qui l'empêcherait d'adresser
de ferventes prières à Jupiter, bien au contraire ! Outre que
sa conversion était purement intéressée, ce qu'il avoue très
franchement lui-même à ses amis, il suffisait que Heine fût
entré notoirement dans une église pour qu'il eût aussitôt la
tentation de combattre et de vexer ses nouveaux coreligionnaires. Et cependant, quoique néophyte, Heine reste chrétien dans l'âme, dans son âme d'artiste bien entendu. C'est
que, lorsqu'on a passé son enfance et sa première jeunesse sur
les bords du Rhin, parmi les vieux châteaux en ruines et les

(1)   Ein wiegenliedheimliches Singen.

(2) « Je te remercie de l'Homère que tu m'as envoyé ; je le lis en errant
sur le rivage et alors toutes sortes de pensées me viennent. » (*Correspondance*, 16 août 1826. t. I, p. 311.)

(3) *Buch der Lieder*, p. 310.

églises gothiques, qu'on a eu pour professeur un des chefs du romantisme, qu'on a fait enfin le poétique pèlerinage que nous savons à Kevlaar, il est bien difficile qu'on se joigne de cœur à la théorie, sans cesse renouvelée, des artistes et des poètes de tous les temps qui vont adorer sur l'Acropole. Si l'auteur de la *Mer du Nord* invoque les dieux de la Grèce, c'est seulement des lèvres : il a donné son cœur à d'autres dieux, et il ne le reprendra plus, quelques progrès qu'il fasse plus tard dans cet hellénisme affecté qui n'était pour lui qu'une façon de faire la guerre à l'ascétisme chrétien. La religion qu'il prêche, pour fronder le christianisme, c'est ce qu'il appelle tout crûment « la réhabilitation de la chair » et, de toute l'Olympe, Vénus est la seule déesse qui ait vraiment ses sympathies. « Pallas Athéné, » se fait-il dire lui-même, par Neptune, dans la *Mer du Nord*, « ne t'a jamais protégé (1). » Et ailleurs, s'adressant à tous les dieux de la Grèce à la fois. « Je ne vous ai jamais aimés, ô dieux ! car les Grecs me sont antipathiques (2). » Et pourquoi, en effet, regretterait-il

> le temps où le ciel sur la terre
> Marchait et respirait dans un peuple de dieux?

est-ce que les nixes et les ondines qu'il a vues se jouer dans les flots bleus du Rhin, ou dont il a épié les danses légères au clair de la lune, sur la lisière des forêts, ne sont pas aussi séduisantes que les dryades et les nymphes, et est-ce que les géants et les nains des vieilles légendes ne sont pas aussi divertissants que la troupe folâtre des satires et des sylvains de l'antiquité? On pourrait exprimer, en une courte

(1) *Buch der Lieder*, p. 312.

(2)   Ich hab' euch niemals geliebt, ihr Götter !
         Denn widerwärtig sind mir die Griechen ;

(*Buch der Lieder*, p. 349.)

17.

formule, à la fois le paganisme purement sensuel de Heine et son christianisme essentiellement artistique ; cette formule serait textuellement la définition célèbre que Sainte-Beuve a donnée du caractère et du génie de Chateaubriand : Heine est, lui aussi, un épicurien qui a et qui aura, toute sa vie, l'imagination catholique. Il a beau avoir été baptisé naguère par un pasteur : le temple protestant, avec son culte sévère et ses quatre murs nus, ne dit rien à son imagination ni à ses sens : il préfère, et malgré tous ses blasphèmes contre la vierge et les saints, il préférera toujours, parce qu'en effet il inspire mieux un poète, ce vieux dôme de Cologne avec ses peintures sur cuir doré, sauf à penser, sans respect pour la sainteté du lieu, que ces figures peintes ressemblent tout à fait à sa bien-aimée. On a donc, croyons-nous, trop pris au sérieux et trop vanté le paganisme de Heine. C'est quand il pense au moyen âge, à ses légendes et à ses saints, qu'il est le mieux et le plus sincèrement inspiré : deux poésies de la *Mer du Nord*, les deux plus belles peut-être du poème et les seules que nous citerons, vont nous en fournir la preuve magnifique : un jour que le soleil était au plus haut du ciel, par une mer calme le poète, nonchalamment couché près du gouvernail et assoupi par la chaleur du midi, « vit, moitié éveillé, moitié sommeillant, le Christ, le Sauveur du monde : vêtu d'une robe blanche flottante, et grand comme un géant, il marchait sur terre et sur mer. Sa tête touchait au ciel, et, de ses mains étendues, il bénissait la terre et la mer ; comme un cœur dans sa poitrine, il portait le soleil, le rouge et ardent soleil, et ce cœur radieux et enflammé, foyer d'amour et de clarté, répandait ses gracieux rayons et sa lumière éternelle et sur terre et sur mer (1). »

(1)   Im wallend, weissen Gewande
           Wandelt'er riesengross
           Ueber Land und Meer ;

Voici la seconde poésie : une vieille croyance populaire, répandue surtout parmi les marins, veut que des villes entières aient été englouties par la mer ; quelquefois, quand le temps est clair et la mer tranquille, on aperçoit encore au fond de l'eau les débris de ces villes submergées. — Heine s'empare de cette naïve croyance, mais que verra-t-il dans le miroir des ondes ? Sera-ce, à la suite de sa lecture assidue d'Homère, Ilion ou quelqu'une des villes grecques illustrées par le poète ? Il verra ce qu'un romantique de génie devait voir dans ses rêves ou au fond des eaux : le moyen âge et ses cathédrales et ses pittoresques hôtels de ville, ses élégants chevaliers et ses sveltes damoiselles (1) : « Je

> Es ragte sein Haupt in den Himmel,
> Die Hände streckte er segnend
> Ueber Land und Meer ;
> Und als ein Herz in der Brust
> Trug er die Sonne,
> Die rothe, flammende Sonne ;
> Und das rothe, flammende Sonnenherz
> Goss seine Gnadenstrahlen
> Und sein holdes, liebseliges Licht,
> Erleuchtend und wärmend,
> Ueber Land und Meer.
>
> *(Lieder*, p. 330.)

(1)
> Und schaute tiefer und tiefer
> Bis tief im Meeresgrunde,
> Anfangs, wie dämmernde Nebel,
> Jedoch allmählig farbenbestimmter,
> Kirchenkuppel und Thürme sich zeigten,
> Und endlich, sonnenklar, eine ganze Stadt,
> Alterthümlich niederländisch,
> Und menschenbelebt.
> Bedächtige Männer, schwarzbemäntelt,
> Mit weissen Halskrausen und Ehrenketten,
> Und langen Degen und langen Gesichtern,
> Schreiten über den wimmelnden Marktplatz
> Nach dem treppenhohen Rathaus,

plongeais mes regards de plus en plus avant, lorsqu'au fond de la mer j'aperçus, d'abord comme une brume crépusculaire, puis peu à peu, avec des couleurs plus distinctes, des coupoles et des tours, et enfin, éclairée par le soleil, toute une antique ville néerlandaise, pleine de vie et de mouvement. Des hommes âgés, enveloppés de manteaux noirs avec des fraises blanches et des chaînes d'honneur, de longues épées et de longues figures, se promènent sur la place, près de l'hôtel de ville orné de dentelures et d'empereurs de pierre naïvement sculptés, avec leurs sceptres et leurs longues épées. Non loin de là, devant une file de maisons aux vitres brillantes, sous des tilleuls taillés en pyramides, se promènent, avec des frôlements soyeux, de jeunes femmes, de sveltes beautés dont les visages de rose sortent décemment de leurs coiffes noires et dont les cheveux blonds ruissellent en boucles d'or. Une foule de beaux cavaliers, costumés à l'espagnole, se pavanent près d'elles et leur lancent des

> Wo steinerne Kaiserbilder
> Wacht halten mit Zepter und Schwert.
> Unferne, vor hangen Häuserl-Reihn.
> Wo spiegelblanke Fenster
> Und pyramidisch beschnittene Linden,
> Wandeln seidenrauschende Jungfern,
> Schlanke Leibchen, die Blumengesichter
> Sittsam umschlossen von schwarzen Mützchen
> Und hervorquellendem Goldhaar.
> Bunte Gesellen, in Spanischer Tracht,
> Stolzieren vorüber und nicken.
> Bejahrte Frauen,
> In braunen verschollnen Gewändern.
> Gesangbuch und Rosenkranz in der Hand,
> Eilen, trippelnden Schritts,
> Nach dem grossen Dome,
> Getrieben von Glockengeläute
> Und rauschenden Orgelton.

(Buch der Lieder, p. 324.)

œillades. Des matrones, vêtues de mantelets bruns, un livre d'heures et un rosaire dans les mains, se dirigent à pas menus vers le grand dôme, attirées par le son des cloches et le ronflement de l'orgue. » A ces sons lointains une vague tristesse envahit peu à peu le cœur du poète : il se prend à rêver au passé, à son premier et triste amour ; il s'émeut et il pleure, et, à travers ses larmes, il aperçoit, tout au fond de l'eau, solitaire et déserte, une vieille maison « dans laquelle est assise, à une fenêtre basse une pauvre jeune fille qui appuie sa tête sur son bras (1) ».

Tout cela est aussi profondément senti qu'habilement composé : on voit la ville sous-marine sortir peu à peu comme d'une brume indécise ; d'abord ce sont les coupoles et les tours qui émergent, puis, à la clarté d'un beau soleil, la ville entière s'offre à nous, animée et bruyante, et nous remarquons seulement alors, peu à peu et en détails, les ha-

(1)   Nur dass am untern Fenster
            Ein Mädchen sitzt
            Den Kopf auf den Arm gestützt.
                        (*Buch der Lieder*, p. 326.)

Nous supprimons la fin de cette poésie et le lecteur n'y perd rien, au contraire : nous dirons, dans le chapitre suivant, ce qu'il faut penser de ces « mots de la fin, » tout à fait imprévus, par lesquels Heine se plaît à nous ramener brusquement sur terre et à railler lui-même ses émotions poétiques. Dans la « Mer du Nord », comme dans d'autres poèmes, on entend, alors qu'on est le moins disposé à le trouver plaisant, le rire sarcastique de Méphistophélès, de celui qui se définissait ainsi lui-même dans le Faust de Gœthe : « Je suis l'esprit qui toujours nie. » Ainsi Heine nie et raille lui-même l'idéal, la naïveté et la sincérité de l'inspiration, au moment même où il semblait le plus naïvement et le plus sincèrement inspiré ; il y a en lui comme un mauvais génie qui l'empêche de se prendre au sérieux jusqu'au bout : « J'étais sur le point, écrit-il à l'époque même de la composition de la « Mer du Nord », de dire quelque chose d'intime, de plein d'âme, et, comme d'habitude le démon de l'ironie a substitué à tout cela des paroles contraires. » *Norderney*, 25 juillet 1826. *Correspondance*, t. I, p. 301.

bitants qui circulent dans les rues, les arbres qui ornent ses promenades. Cet art de montrer par degrés et de marier habilement les détails et l'ensemble, se retrouve dans toutes les marines, à la fois nettes et grandioses, qui composent la « Mer du Nord ». Ajoutez la merveilleuse facilité du poète à varier et son rythme et l'étendue de ses strophes, suivant les mille exigences de sa capricieuse imagination. Dans une même poésie, il emploie des mètres différents et leur fait dire tout ce qu'il veut : ici, son vers gazouille et soupire comme la lame qui vient lentement expirer sur la plage ; là, il bondit comme la mer en courroux, il siffle et gronde comme le vent qui fouette les flots ; puis il se balance doucement ou file, rapide et léger, comme le navire aux blanches ailes qui porte le poète et qu'il se plaît à comparer à un cygne ; ailleurs enfin, la strophe tout entière prend son vol et plane, majestueuse et tranquille, comme cet oiseau merveilleux qui, du haut des airs, jeta un jour, à travers la tempête, ces mots énigmatiques que comprit le cœur ému du poète et « qu'il répéta avec la terre et le ciel : « elle l'aime, elle l'aime (1) ! »

C'est ainsi que Heine a senti et exprimé, dans ce court et beau poème, la grande poésie de la mer.

Il pouvait dire fièrement de lui, dans un entretien avec Adolphe Stahr (2), qu'il avait été « le premier poète de l'océan en Allemagne » et se vanter dans sa correspondance, non seulement d'avoir imaginé comme « un balancement inaccoutumé du rythme (3) », mais d'avoir « ouvert à la poésie une voie nouvelle ». Nous verrons dans le chapitre qui suit s'il a été aussi bien inspiré au milieu des montagnes qu'en face de la mer.

---

(1) Le Phénix. (*Buch der Lieder*, p. 353.)

(2) Adolph Stahr, *Zwei Monate in Paris*, Band II, p. 345.

(3) Lettre à Simrock 26 mai 1826. (*Correspondance*, t. I, p. 294.)

CHAPITRE XIV.

Le Voyage du Harz. — L'Idylle de la Montagne.

Dans le récit d'un certain marin danois, du nom de Wulfs-
tan, qui aborda un des premiers, au neuvième siècle, dans
la Prusse primitive, nous lisons la description suivante qui
brille surtout par l'enchaînement des idées : « On trouve
dans ce pays beaucoup de miel, on y pêche beaucoup, le roi
et les riches y boivent du lait de jument, les pauvres, de
l'hydromel ; il y a beaucoup de guerres civiles et point de
bière (1). » C'est ainsi, on s'en souvient, c'est en dépit des
préceptes les plus sacrés de la rhétorique sur l'ordre et la
gradation des idées, que Heine a écrit son fameux début
des *Reisebilder* : « La ville de Gœttingue, célèbre par ses
saucissons et par son Université contient diverses églises,
une maison d'accouchement, un observatoire, etc. » Mais ce
qui n'était, chez le marin danois, qu'une naïveté de barbare, plus soucieux de bière que de beau langage, avait la
prétention d'être, chez Heine, un de ces beaux désordres qui
sont, a-t-on dit, un effet de l'art, surtout, de l'art qui vise
à l'effet. Nous avons vu qu'il y avait dans l'auteur des Lieder si simples, si peu composés en apparence, de l'*Intermède*
et du *Retour*, un artiste consommé. Allons-nous retrouver
dans les *Reisebilder*, cette même habileté qui se cache et
semble s'ignorer elle-même, ce qui n'est qu'une habileté de
plus ? Le prosateur, en un mot, est-il chez Heine à la hauteur du poète ? C'est ce que va nous apprendre le *Voyage
dans le Harz (die Harzreise)*. Ce Fragment, avec le morceau insignifiant intitulé *Norderney* et avec le *Tambour Le-*

(1) Voir Lavisse, *Études sur l'histoire de la Prusse*, p. 160.

grand, qui a passé à peu près tout entier dans notre biographie du poète, compose le premier volume des *Reisebilder,* le seul qu'on lise aujourd'hui : il fut écrit à peu près à la même époque que le *Livre des Chants,* et c'est à cette époque que doit s'arrêter notre étude.

Heine, après le séjour qu'il fit chez ses parents dans la petite ville de Lünebourg, retourna à Gœttingue pour préparer sérieusement son doctorat : à Berlin, il perdait trop facilement son temps et l'argent de l'oncle Salomon. Mais à peine redevenu étudiant de Gœttingue, il est en proie à l'ennui mortel que respire cette petite ville pédante avec « son aspect grisonnant et posé », ses thés dansants et son Université vieillotte. Ses camarades d'autrefois sont tous partis : il ne rencontre plus que des visages nouveaux... ou trop anciens, et, malgré sa bonne volonté, malgré l'approche de ce doctorat qui doit lui donner les moyens de gagner sa vie, les noms de Justinien, de Tribonien et d'Hermogénien continuent à sonner désagréablement aux oreilles de l'harmonieux auteur d'*Almansor.* Dieu soit loué ! voici enfin les vacances :

« Adieu, salons polis !

« Hommes polis ! dames polies !

« Je veux gravir les montagnes.

« Et laisser sous mes pieds votre fourmilière ! »

Et l'on part, un bâton à la main, le sac au dos, mais surtout la gaîté au cœur et la plaisanterie aux lèvres ! Ah que le grand air fait du bien et que le soleil est beau quand on tourne le dos à Gœttingue et à « l'étable des Pandectes », quand on a vingt-quatre ans et qu'on est poète ! « Sur la chaussée soufflait l'air frais du matin, les oiseaux chantaient avec joie, et je sentais peu à peu la jeunesse et la gaîté revenir aussi dans mon âme. J'avais besoin d'un tel rafraîchissement, les casuistes romains m'avaient couvert l'esprit d'une grise toile d'araignée... La route commençait à s'ani-

mer. Les laitières paraissaient et puis les âniers avec leurs
élèves gris... de temps à autre passait un char traîné par un
cheval unique avec une pile d'étudiants qui partaient pour
les vacances ou pour toujours. » Et, de son pied léger, notre
joyeux piéton s'en va d'un village à un autre, d'Osterode à
Clausthal, et de Goslar au sommet du Brocken, échangeant
les propos les plus baroques, ici avec un petit tailleur « si
mince qu'on aurait pu voir au travers de son corps la lueur
des étoiles », là avec un monsieur, tout habillé de vert, qui
lui rappelle le « roi Nabuchodonosor, lorsqu'il ne mangeait
plus que de la salade. » Le Monsieur vert est accompagné de
deux dames, deux sœurs qui ne se ressemblent guère, car,
si l'une fait songer aux « bastions d'une belle forteresse »,
l'autre donne, dans toute sa personne desséchée, « l'idée
d'une table gratuite pour des étudiants en théologie. » Ces
deux dames, ayant prié notre jeune voyageur de leur indiquer un hôtel convenable à Gœttingue, sont adressées par
lui à l'hôtel de Brühbach : elles n'ont qu'à demander à Gœttingue au premier étudiant venu, ils connaissent tous l'hôtel — je le crois bien ! l'hôtel de Brühbach, c'est le nom
qu'ils donnent à la prison académique.

Quelquefois, arrivé au haut d'une montagne, notre piéton
se souvient qu'il est poète : il fait trêve alors à ses calembours et à ses farces d'étudiant, et il aperçoit là bas, dans
la vallée, Osterode « qui apparaît avec ses toits rouges au-
dessus des verts sapins, comme une rose mousseuse, tandis
que le soleil l'arrose d'une pluie menue de lumière. »

Ayant ainsi passé sa journée à dire des calembredaines à
ses ennemis les Philistins, et des choses aimables à ses
amis les oiseaux et les arbres, qu'il se plaît à interpeller,
notre romantique et facétieux touriste arrive le soir dans une
bonne auberge allemande et reçoit, en récompense de ses
traits d'esprit et de ses effusions sentimentales, d'excellents
soupers dont il a bien soin de nous donner le menu : par

exemple, à Clausthal, c'est une soupe printanière au persil, du chou rouge, un rôti de veau qui est grand comme le Chimboraço, mais le Chimboraço en miniature et enfin des harengs fumés, appelés *Bückinge*, sans doute pour le dessert. Le lecteur français apprend avec plaisir qu'après les susdits *Bückinge*, on a servi du café; toutes les fois du reste qu'il prend du café, notre consciencieux voyageur se fait un devoir de nous en informer et de nous dire même quand il est bon, afin que nous nous réjouissions avec lui; ce ne fut pas le cas à Clausthal : « Une fatalité envieuse me priva de mon café, parce qu'un jeune homme s'établit auprès de moi pour pérorer et tonna d'une façon si orageuse que le lait tourna dans le vase. »

On ne dort point quand on a tant d'esprit, dit Garo, surtout un esprit si fin, et qu'on est de plus un amant de la nuit et un amateur de clair de lune : « Mon logis avait une vue magnifique sur le Rammesberg. Il faisait une belle soirée; la nuit volait sur son coursier noir, dont les longues crinières se jouaient dans le vent; je me mis à la fenêtre et regardai la lune. Y a-t-il réellement un homme dans la lune? Les Slaves disent que cet homme s'appelle Clotar, et qu'il fait allonger la lune en y versant de l'eau. Quand j'étais tout petit, j'avais entendu dire que la lune était un fruit que le bon Dieu cueillait, quand il était mûr, et qu'il mettait, avec les autres pleines lunes, dans la grande armoire qui est au bout du monde, à l'endroit où il est fermé par des planches. Quand je devins plus grand, je remarquai que le monde n'est pas borné aussi étroitement, et que l'esprit humain a brisé les barrières de bois et qu'il a ouvert les sept cieux avec une clef ingénieuse qu'on appelle l'idée de l'immortalité. Immortalité! belle idée! quel est celui qui t'inventa? Était-ce un gros bourgeois de Nuremberg, son bonnet blanc sur la tête et la pipe de terre blanche dans la bouche, qui, assis par une tiède soirée d'été devant sa porte, réfléchissait, bien à son aise, que ce serait pourtant une jolie chose de pouvoir ainsi continuer, sans perdre sa bonne petite pipe, et son petit souffle de vie, à végéter dans la plus douce éternité ! Ou bien était-ce un jeune amant qui rêva, dans les bras de sa maîtresse cette idée d'immortalité, et la rêva parce qu'il la sentait, et parce qu'il ne pouvait sentir ni penser autre chose... Amour ! immortalité ! Mon sein devint tout à coup si brûlant, que je crus que les géographes avaient déplacé l'équateur, et qu'ils le faisaient passer justement alors dans mon cœur. »

On voit, par cette citation et par les anecdotes caractéristiques que nous avons prises çà et là dans le livre et rassemblées en une seule journée, quel est le ton général et aussi quelle est la valeur du récit tout entier : c'est tout simplement le carnet de voyage d'un étudiant en vacances qui dit tout ce qui lui passe par la tête. Au surplus, cet étudiant a beau écrire à ses amis que, « grâce au ciel, il n'est pas Allemand mais Persan, les Persans étant le seul peuple qui ait de l'esprit avec les Français et les Chinois » : en réalité, il parle à peu près le persan comme l'étudiant limousin de Rabelais parlait le parisien, et nous ne pouvons nous tenir de lui dire, à la façon de Pantagruel : Tu es un Allemand pour tout potage !

Il y a de tout dans ce voyage du Harz : des turlupinades d'étudiant, des conversations romantiques avec les fleurettes et les ruisselets de la montagne, des dissertations savantes sur le hareng fumé : « de la choucroute arrosée d'ambroisie, » pour emprunter un mot à l'auteur lui-même ; seulement sa choucroute est très authentique, tandis que son ambroisie est légèrement éventée (1).

(1) Heine se rendait justice : « Ce voyage du Harz n'est au fond qu'un travail de marqueterie formé de toute espèce de choses. »

(Lettre de Heine à Moser, 11 janvier 1825.)

Notre voyageur, par exemple, nous raconte qu'au moment de se mettre en route pour Goslar, il allège son havresac et jette loin de lui une paire de vieilles bottes : eh ! que ne les laissait-il au logis avec « les blancs peignoirs de nuit des montagnes » et « les vertes chevelures des sapins » et tant d'autres oripeaux fripés dont il s'est trop abondamment pourvu, au départ, chez les marchands de bric-à-brac romantique ?

Les Allemands se sont demandé si c'était l'esprit ou l'humour qui dominait dans les *Reisebilder* (1). Les seuls mots vraiment spirituels que nous relevions dans le *Voyage du Harz* sont des traits de satire : ainsi le petit tailleur transparent, que nous connaissons, chante, d'un ton mélancolique, cette chanson saugrenue : « Un hanneton bourdonnait sur la haie : soumm ! soumm ! » et Heine ajoute : « Il y a cela de beau chez nous autres, Allemands, qu'aucun de nous n'est tellement fou qu'il n'en trouve un plus fou pour le comprendre. Il n'y a qu'un Allemand dont la sensibilité puisse s'identifier avec cette chanson au point d'en rire et d'en pleurer à mourir (2). » Et ailleurs, cette critique si juste des écrivains allemands qui veulent tout dire, être « complets », suivant leur mot, quelque sujet qu'ils

(1) Hillebrand lui accorde l'esprit (Witz) non l'humour. (*Die deutsche Nationallitteratur im XIX*[ten] *Iahrhunderte*, t. III, p. 313.)

(2) Dans Jean-Paul, Quintus Fixlein, un professeur de cinquième, part aussi pour un voyage de vacances, et il est si joyeux qu'il « voudrait bien caresser le crâne de l'excellent homme qui a inventé les vacances de la canicule ». Puis il rit et pleure de tendresse en pensant à cette pauvre chère Thiennette, car « dans la poitrine de Thiennette habitait un cœur de massepain sucré qu'on aurait voulu manger par amour ». (Jean-Paul, *Œuvres diverses* ; étude et traduction française par E. Rousse. Hachette, 1885.) On ne saurait trop féliciter M. Rousse d'avoir eu la vaillance nécessaire à un traducteur de Jean-Paul : nous avouons humblement, quant à nous, que nous envions les lecteurs que Jean-Paul a le don d'amuser.

traitent, comme si l'on pouvait jamais se vanter d'avoir
épuisé une question quelconque ! « Le Brocken est un véritable Allemand. C'est avec une exactitude allemande qu'il
nous montre clairement et distinctement, comme dans un
panorama colossal, les centaines de villes, bourgs et villages,
situés pour la plupart au nord, et, tout autour, les montagnes, les forêts, les rivières, les plaines à perte de vue. Mais
aussi tout cela prend l'air d'une carte spéciale de géographie
sèchement dessinée, coloriée avec pureté ; nulle part l'œil
n'est réjoui par des paysages véritablement beaux. La
même chose nous arrive à nous autres, compilateurs allemands, par suite de cette consciencieuse exactitude avec
laquelle nous voulons tout rapporter, sans pouvoir penser
jamais à faire ressortir le détail avec un charme particulier (1).

Voilà de l'esprit véritable, presque voltairien, puisqu'il
nous fait rire et penser par suite d'un rapprochement, à la
fois heureux et imprévu, entre deux choses qui semblaient
n'avoir rien de commun. Mais les autres traits d'esprit de
Heine ne nous font ni penser ni rire, parce que l'auteur à
trop oublié que celui-là même qu'il prendra plus tard pour
modèle, a dit : « Glissez, mortels, n'appuyez pas. » Quand notre
auteur croit avoir fait un mot, il ne sait plus s'en séparer ;
quand il pense avoir trouvé une idée drôle, il la développe
et la délaie tant qu'il peut. Quelque part, assistant à la
fabrication des pièces de monnaie, il fait à un thaler nou-
veau-né des discours que nous écoutons aussi peu que celui
à qui ils s'adressent. Ah ! qu'il y a loin, même « du plus
français des Allemands » à un vrai Français de France !

Quant à l'humour des *Reisebilder*, il nous séduirait tout
à fait, si l'auteur joignait aux caprices de sa fantaisie poétique et à son folâtre badinage un peu de cette émotion

____

(1) *Reisebilder*, p. I, t. 68.

sincère, et partant communicative, sans laquelle il n'y a
peut-être pas de véritable humour. Il ne suffit pas, pour
être un Sterne allemand, de se moquer des transitions et
de la liaison des idées, comme l'auteur du « Voyage sentimental »; d'écrire, par exemple, la première phrase d'un
chapitre en se confiant au Tout-Puissant pour écrire la seconde; il ne suffit pas même de mêler la plaisanterie à la
sentimentalité et à la poésie : il faut encore qu'un rayon
de bonhomie vienne fondre tous ces contrastes heurtés et
échauffer la page qui doit nous attendrir et nous faire sourire à la fois; malheureusement, rien n'est plus étranger
que la bonhomie à notre sarcastique voyageur, à celui qu'on
a appelé le merle moqueur de la forêt allemande (1).

L'auteur des *Reisebilder*, comme il a fait du reste dans
quelques-uns de ses Lieder les moins goûtés, n'a garde de
se laisser aller bonnement et naïvement à sa propre émotion : il veut pouvoir, à la fin d'un développement ému ou
d'une description enthousiaste, nous mystifier par une
plaisanterie inattendue, qui est souvent brutale et vulgaire.
Il est, du reste, bien vite puni d'avoir de la sorte menti au
lecteur : celui-ci, plusieurs fois pris au piège, se méfie à la
fin de l'auteur, de ses grands sentiments et même, ce qui
est plus fâcheux, de sa grande poésie; et quand il rencontre,
par exemple dans les *Reisebilder*, une description magnifique, il est un peu dans la situation pénible et bizarre d'un
spectateur qui, en face d'un panorama réussi, ne croit qu'à
moitié à ce qu'il admire.

Cette absurde manie, qu'on a si souvent et si justement
reprochée à Heine, de se moquer de son lecteur juste au
moment où le lecteur était près de s'attendrir et de donner
ainsi au poète la plus belle preuve et la plus noble récompense de son génie, s'explique sans doute, avant tout, par la

(1) *Spottdrossel.*

tendance bien connue de Heine à la raillerie; il en faut
aussi rendre responsables les théories romantiques qui régnaient alors et auxquelles Heine a payé, dans ses œuvres
en prose, un plus large tribut qu'il n'était disposé à l'a-
vouer plus tard, lorsqu'il fit une guerre ouverte au romantisme. L'ironie des romantiques, leur « bouffonnerie trans-
cendentale » consistait, nous l'avons montré, à jouer avec
ses propres créations, à se tenir supérieur à son œuvre et à
ses lecteurs, c'est-à-dire, au fond, à se moquer de ses lecteurs et de soi-même; est-ce que Frédéric Schlegel, le théoricien du parti, n'appelait pas cette ironie souveraine une
« parodie de soi-même » (Selbstparodie)? C'est exactement cette parodie qui choque, disons le mot, qui agace le
lecteur dans les *Reisebilder* et même dans certains Lieder,
auxquels il ne manque, pour être parfaits, que d'être allégés
du dernier vers et de la bouffonnerie finale. Avons-nous
tort d'expliquer, par l'éducation romantique de Heine, ces
chutes épigrammatiques que tous les admirateurs du poète
connaissent trop bien et qui les ont fait si souvent pester
comme Alceste souhaitant à Oronte la chute que l'on sait,
alors que nous voyons Brentano terminer une ode solennelle
aux dieux par ces mots : « Vous savez, moi j'ai faim ! » ou
Tieck, le père du romantisme, se réjouir de faire fondre en
larmes les bonnes femmes par ses récits passionnés et rire
de « ces oies qui croient tout ce qu'il dit ».

Il y a, dans les *Reisebilder*, deux choses qu'on peut admirer pleinement, sans crainte de se tromper ni de ressem-
bler au trop crédule troupeau des lectrices de Tieck : c'est
d'abord la prose de Heine, une prose nette, rapide, exempte,
Dieu merci ! de ces phrases surchargées d'incidentes et encom-
brées de parenthèses, qui font de certains prosateurs allemands de vrais sphinx dont on se lasse à la fin de déchiffrer
les perpétuelles énigmes. Cette prose n'a pas les larges déve-
loppements, les repos et les molles sinuosités de la phrase

de Gœthe, mais elle est plus vivante, plus incisive, et surtout, quand l'auteur est bien inspiré, plus amusante et plus française. Il y a, en second lieu, dans les *Reisebilder*, certains endroits vraiment dignes de l'auteur de l'*Intermède* et du *Retour* : ce sont les endroits, malheureusement trop rares, où Heine est purement poète ; c'est, par exemple, lorsqu'il nous montre un groupe d'étudiants qui descendent du Brocken : « Le soleil dardait déjà ses plus beaux rayons de fête, et éclairait les joyeux *Burschen* avec leurs costumes bariolés et capricieux : ils pénétraient vivement dans le fourré, disparaissaient ici, reparaissaient plus loin, couraient sur les troncs d'arbres renversés, en guise de pont, dans les endroits marécageux, se coulaient dans les descentes abruptes, le long des racines rampantes, chantaient les mélodies les plus joviales, et recevaient une réponse aussi gaie des oiseaux gazouilleurs, des sapins murmurants, des invisibles sources babillardes, et des échos sonores. Quand la jeunesse joyeuse et la belle nature se rencontrent, elles se mettent réciproquement en belle humeur (1). »

Heine raconte que, parfois, au milieu du Harz, on entend dans le lointain des sons mystérieux comme ceux d'une cloche de chapelle perdue dans les bois : ce sont, dit-il, les clochettes des troupeaux qui, dans le Harz, sont accordées avec tant de charme et de pureté.

Le lecteur, lui aussi, dans cette forêt si bruyante, si babillarde, des *Reisebilder*, entend tout à coup dans le silence de la nuit, sur le sommet de la montagne, des sons vraiment enchanteurs, aussi purs et aussi doux que le son d'une clochette dans les bois : c'est le poète qui a enfin accordé sa lyre pour nous chanter cette idylle pleine de fraîcheur et de naïveté qu'il a appelée l'Idylle de la Montagne (Berg-Idylle.)

____

(1) *Reisebilder*, t. I, p. 85.

I (1).

Sur la montagne est assise la cabane
Où demeure le vieux mineur ;
Au-dessus murmure le vert sapin,
Et brille la lune dorée.

Dans la cabane est un fauteuil à bras
Richement et merveilleusement ciselé ;
Il est heureux, celui qui s'assied dans ce fauteuil,
Et cet heureux mortel, c'est moi.

Sur l'escabelle est assise la jeune fille,
La petite appuie son bras sur mes genoux ;
Ses yeux sont comme deux étoiles bleues,
Sa bouche, comme la rose purpurine.

Et les charmantes étoiles bleues
Me regardent avec toute leur candeur céleste ;

(1)   BERG-IDYLLE.

I.

Auf dem Berge steht die Hütte,
Wo der alte Bergmann wohnt ;
Dorte rauscht die grüne Tanne,
Und erglänzt der goldne Mond.

In der Hütte steht ein Lehnstuhl,
Ausgeschnitzelt wunderlich ;
Der darauf sitzt, Der ist glücklich,
Und der Glückliche bin Ich !

Auf dem Schemel sitzt die Kleine,
Stützt den Arm auf meinen Schooss ;
Aeuglein wie zwei blaue Sterne,
Mündlein wie die Purpurros'.

Und die lieben blauen Sterne,
Schaun mich an so himmelgross ;

18

Et elle met son doigt de lis,
Finement, sur la rose purpurine.

La petite raconte tout bas,
Bien bas et d'une voix étouffée
(Elle m'a déjà confié
Maint secret important) :

« Depuis que la tante est morte,
Nous ne pouvons plus aller
A la fête des arquebuses de Goslar,
Et là-bas, c'est bien beau !

« Ici, au contraire, tout est triste
Sur la hauteur froide de la montagne
Et l'hiver nous sommes tout à fait
Comme enterrés dans la neige. »

II.

Le sapin, avec ses doigts verts,
Frappe aux vitres de la petite fenêtre,

Und sie legt den Lilienfinger,
Schalkhaft auf die Purpurros'.

Und die Kleine flüstert leise,
Leise, mit gedämpftem Laut ;
Manches wichtige Geheimniss
Hat sie mir schon anvertraut.

« Aber, seit die Muhme todt ist,
Können wir ja nicht mehr gehn
Nach dem Schützenhof zu Goslar,
Dorten ist es gar zu schön.

Hier dagegen ist est einsam,
Auf der kalten Bergeshöh',
Und des Winters sind wir gänzlich
Wie begraben in dem Schnee.

II.

Tannenbaum, mit grünen Fingern,
Pocht an's niedre Fensterlein,

Et la lune, aimable curieuse,
Verse sa jaune lumière dans la chambrette.

« Tu ne me fais pas l'effet
De prier trop souvent, mon ami ;
Cette moue de tes lèvres
Ne vient certainement pas de la prière.

« Je doute aussi que tu aies
Ce qui s'appelle avoir la foi ;
N'est-ce pas que tu ne crois pas en Dieu le père,
Ni au Fils, ni au Saint-Esprit ? »

« — Ah ! ma chère enfant, quand, tout petit,
J'étais assis aux genoux de ma mère,
Je croyais déjà en Dieu le père,
Qui plane, en haut, dans la bonté et dans la grandeur ;

« Quand je devins plus grand, ma chère enfant,
Je commençai à comprendre bien davantage,
Et je compris et devins raisonnable,
Et je crus aussi au Fils ;

Und der Mond, der stille Lauscher,
Wirft sein goldnes Licht herein.

« Dass du gar zu oft gebetet,
Das zu glauben wird mir schwer,
Jenes Zucken deiner Lippen
Kommt wohl nicht vom Beten her.

« Auch bezweifl' ich dass du glaubest,
Was so rechter Glaube heisst,
Glaubst wohl nicht an Gott den Vater,
An den Sohn und heil'gen Geist ? »

« Ach, mein Kindchen, schon als Knabe,
Als ich sass auf Mutter Schooss,
Glaubte ich an Gott den Vater,
Der da waltet gut und gross !

Als ich grösser wurde, Kindchen,
Noch Viel mehr begriff ich schon,
Ich begriff und ward vernünftig,
Und ich glaubt' auch an den Sohn ;

« Au fils chéri qui, en aimant,
Nous a révélé l'amour
Et, en récompense, comme c'est l'usage,
A été crucifié par le peuple.

« Aujourd'hui, que je suis homme,
Que j'ai beaucoup lu, beaucoup voyagé,
Mon cœur se dilate et, de tout mon cœur,
Je crois au Saint-Esprit.

« Celui-ci a fait les plus grands miracles,
Et il en fait de plus grands encore à présent ;
Il a brisé les donjons de la tyrannie
Et il a brisé le joug de la servitude.

« Mille chevaliers, bien harnachés,
Ont été choisis par le Saint-Esprit
Pour accomplir sa volonté,
Et il les a armés d'un fier courage.

« Leurs bonnes épées étincellent,
Leurs bonnes bannières flottent.

An den lieben Sohn, der liebend
Uns die Liebe offenbart,
Und zum Lohne, wie gebräuchlich,
Von dem Volk gekreuzigt ward.

Jetzo, da ich ausgewachsen,
Viel gelesen, viel gereist,
Schwillt mein Herz, und ganz von Herzen
Glaub' ich an den heil'gen Geist.

Dieser that die grössten Wunder,
Und viel grössre thut er noch,
Er zerbrach die Zwingherrnburgen,
Und zerbrach des Knechtes Joch.

Tausend Ritter, wohl gewappnet,
Hat der heil'ge Geist erwählt,
Seinen Willen zu erfüllen ;
Und er hat sie muthbeseelt.

Ihre theuren Schwerter blitzen,
Ihre guten Banner wehn !

N'est-ce pas que tu voudrais bien, ma chère enfant,
Voir de ces vaillants chevaliers ?

« Eh bien, regarde-moi, ma chère enfant !
Embrasse-moi et regarde-moi ;
Car moi-même je suis un vaillant
Chevalier du Saint-Esprit ! »

III.

« — Des follets, de petits follets,
Volent notre pain et notre lard ;
La veille, il est encore dans le buffet,
Et le lendemain il a disparu.

« Ces petits démons mangent la crème
Sur notre lait, et laissent
Les vases découverts
Et la chatte boit le reste.

Ei, du möchtest wohl, mein Kindchen,
Solche stolze Ritter sehn ?

Nun, so schau mich an, mein Kindchen,
Küsse mich, und schaue dreist ;
Denn ich selber bin ein solcher
Ritter von dem heil'gen Geist.

III.

« Kleines Völkchen, Wichtelmännchen,
Stehlen unser Brot und Speck,
Abends liegt es noch im Kasten,
Und des Morgens is est weg.

Kleines Völkchen, unsre Sahne
Nascht es von der Milch, und lässt
Unbedeckt die Schüssel stehen,
Und die Katze säuft den Rest.

18.

« Et la chatte est une sorcière ;
Car elle se glisse, pendant la nuit,
Sur la montagne des revenants,
Où est la vieille tour :

« Il y eut jadis un château
Plein de plaisir et d'éclat d'armure ;
De preux chevaliers, des dames et des écuyers
Y tournoyaient dans la danse aux flambeaux.

« Alors une méchante sorcière
Maudit le château et les gens ;
Les ruines seules sont restées debout,
Et les hiboux y font leurs nids.

« Pourtant, ma défunte tante assurait,
Que, si l'on dit *la parole juste*,
La nuit, à l'heure juste,
Là-haut, à la vraie place,

« Les ruines se changent
De nouveau en un château brillant,

Und die Katz'ist eine Hexe,
Denn sie schleicht bei Nacht und Sturm
Drüben nach dem Geisterberge,
Nach dem altverfallnen Thurm.

Dor hat einst ein Schloss gestanden,
Voller Lust und Waffenglanz :
Blanke Ritter, Fraun und Knappen
Schwangen sich im Fackeltanz.

Da verwünschte Schloss und Leute
Eine böse Zauberin,
Nur die Trümmer blieben stehen,
Und die Eulen nisten drin.

Doch die sel'ge Muhme sagte :
Wenn man spricht das rechte Wort,
Nächtlich zu der rechten Stunde,
Drüben an dem rechten Ort,

So verwandeln sich die Trümmer
Wieder in ein helles Schloss,

Et l'on y voit gaiement danser
Preux chevaliers, dames et écuyers ;

« Et celui qui a prononcé ce mot,
Le château et les gens lui appartiennent ;
Les timbales et les trompettes célèbrent
Sa jeune magnificence. »

C'est ainsi que parle la bonne jeune fille,
Et ses yeux, les étoiles bleues,
Versent sur son babil les lueurs
De leur azur féerique,

Et, dans cette chambre tranquille,
Tout me regarde avec des yeux si familiers.
La table et l'armoire sont comme si je les avais
Vues bien des fois auparavant.

Und es tanzen wieder lustig
Ritter, Fraun und Knappentross.

Und wer jenes Wort gesprochen,
Dem gehören Schloss und Leut',
Pauken und Trompeten huld'gen
Seiner jungen Herrlichkeit. »

Also blühen Märchenbilder
Aus des Mundes Röselein,
Und die Augen giessen drüber
Ihren blauen Sternenschein.

Ihre goldnen Haare wickelt
Mir die Kleine um die Händ',
Giebt den Fingern hübsche Namen,
Lacht und küsst, und schweigt am End'.

Und im stillen Zimmer Alles
Blickt mich an so wohlvertraut;
Tisch und Schrank, mir ist, als hätt' ich
Sie schon früher mal geschaut.

Le tic-tac du coucou a un ton amical,
Et la guitare, à peine sensible,
Commence à résonner d'elle-même,
Et je me trouve comme dans un songe.

« C'est l'heure-maintenant,
Nous sommes aussi sur la vraie place ;
Tu t'étonnerais bien, ma chère enfant,
Si moi je prononçais *la parole juste...*

« Et je dis cette parole... Vois-tu,
Voici le jour, tout s'agite,
Les sources et les sapins deviennent plus bruyants,
Et la vieille montagne s'éveille.

« Le son des mandolines et le chant des nains
Retentissent dans les crevasses de la montagne,
Et, comme un insensé printemps,
Sort de la terre une forêt de fleurs.

« Des roses, ardentes comme de rouges flammes,
Jaillissent du milieu de cette végétation ;

Freundlich ernsthaft schwatzt die Wanduhr,
Und die Zither, hörbar kaum,
Fängt von selber an zu klingen,
Und ich sitze wie in Traum.

« Jetzo ist die rechte Stunde,
Und es ist der rechte Ort ;
Ia, ich glaube, von den Lippen
Gleitet mir das rechte Wort.

Siehst du, Kindchen, wie schon dämmert
Und erbebt die Mitternacht !
Bach und Tannen brausen lauter,
Und der alte Berg erwacht.

Zitherklang und Zwergenlieder
Tönen aus des Berges Spalt,
Und es spriesst, wie'n toller Frühling,
Draus hervor ein Blumenwald ;

Rosen, wild wie rothe Flammen,
Sprühn aus dem Gewühl hervor ;

Des lis , semblables à des piliers de cristal,
S'élancent jusqu'au ciel.

« Et les étoiles, grandes comme des soleils
Jettent en bas des rayons de désir;
Dans le calice gigantesque des lis
Coulent en torrent les flots de ces lumières

« Et nous-mêmes, ma chère enfant,
Sommes métamorphosés bien plus encore :
L'éclat des flambeaux, l'or et la soie
Resplendissent gaiement autour de nous.

« Toi, tu es devenue une princesse,
Et cette cabane est devenue un château ;
Et ici se réjouissent et dansent
Preux chevaliers, dames et écuyers.

« Mais moi, j'ai acquis
Toi et tout cela, château et gens ;
Les timbales et les trompettes célèbrent
Ma jeune royauté !

> Lilien, wie krystallne Pfeiler,
> Schiessen himmelhoch empor.
>
> Und die Sterne, gross wie Sonnen,
> Schaun herab mit Sehnsuchtgluth ;
> In der Lilien Riesenkelche
> Strömet ihre Strahlenfluth.
>
> Doch wir selber, süsses Kindchen,
> Sind verwandelt noch viel mehr ;
> Fackelglanz und Gold und Seide
> Schimmern lustig um uns her.
>
> Du, du wurdest zur Prinzessin,
> Diese Hütte ward zum Schloss,
> Und da jubeln und da tanzen
> Ritter, Fraun und Knappentross.
>
> Aber ich, ich hab' erworben
> Dich und Alles, Schloss und Leut' ;
> Pauken und Trompeten huld'gen
> Meiner jungen Herrlichkeit !

(*Buch der Lieder*, p. 281. Édition française : *Reisebilder*, t. I, p. 49.)

Heine a dit vrai et l'auteur de cette ravissante « idylle », qu'on croit lire soi-même dans les yeux bleus de la crédule et naïve enfant, assise aux pieds du poète, avait le droit de se proclamer un des « rois de la poésie ». Heine est, en effet, un magicien qui dispose à son gré de la nature entière, car de telles poésies sont de vrais *charmes* (carmina). Qu'il prononce « les mots justes », c'est-à-dire de ces mots vraiment poétiques dont il a le secret, et aussitôt apparaît, à nos yeux éblouis et ravis, tout un monde enchanté : ici, parmi les flots bleus du Rhin, surgissent les rochers légendaires, séjour des belles et cruelles nixes aux cheveux d'or ; là, au milieu des noires forêts de sapins, s'élève un château gothique dont nous voyons les créneaux blanchir aux rayons de la lune, tandis que, accoudée à la fenêtre d'une vieille tour, une jeune fille au sourire énigmatique écoute, rêveuse ou distraite, les Lieder brûlants et harmonieux d'un poète qui raille pour ne pas pleurer.

Et le « charme » de ses beaux vers agissant sur nous peu à peu, nous croyons voir ces villes merveilleuses qu'il nous montre au fond de la mer et ces antiques manoirs qu'il fait sortir de terre ; nous croyons reconnaître ces étranges jeunes filles, aux yeux bleus comme deux étoiles, si promptes à donner et à reprendre leur cœur, plus innocentes encore que méchantes, car il semble que leur destinée soit d'inspirer et d'ignorer l'amour. Nous nous attristons alors et nous pleurons avec le poète qui s'est vu oublié et trahi et qui aime toujours ; si tantôt, en effet, nous étions romantique avec lui, quand il ressuscitait à nos yeux les hommes et les choses du moyen âge, maintenant nous aimons et nous nous souvenons avec lui, nous revoyons avec lui les sentiers tout parsemés de violettes, les beaux sentiers par où notre jeunesse a passé ; comme lui, nous oublions l'heure présente, la tâche ingrate et la prosaïque réalité et, comme lui, nous avons vingt ans !

Si nous avons bien compris Henri Heine, voici quel est,
pour nous enchanter et nous rajeunir à la fois, le secret
de son génie : il sait donner aux personnes et aux choses
qu'il nous dépeint, même aux plus fantastiques, des figures
si précises et des contours si nets que nous croyons à leur
réalité ; et, d'autre part, quand il parle de lui-même, il s'a-
bandonne si franchement à toutes les émotions de son âme
que nous croyons lire dans le Livre des Chants le poème de
notre propre jeunesse.

En un mot, si Heine est un vrai et un grand poète, ce
n'est pas seulement parce que chez lui, comme chez Gœthe,
la forme des Lieder est parfaite, c'est aussi et surtout parce
que dans ces Lieder si parfaits on sent battre le cœur d'un
vrai jeune homme.

TABLE DES MATIÈRES.

FIN DE LA TABLE.